150 Jahre
Kindergartenwesen
in Bayern

150 Jahre Kindergartenwesen in Bayern

FESTSCHRIFT
anläßlich der 150-Jahrfeier
der von König Ludwig I. genehmigten
»Bestimmungen, die die Einrichtung
von Kinderbewahranstalten betreffen«

Herausgegeben vom
Bayerischen Staatsministerium
für Unterricht und Kultus

Ernst Reinhardt Verlag München Basel

CIP-Titelaufnahme der Deutschen Bibliothek

150 [Hundertfünfzig] Jahre Kindergartenwesen in Bayern :
Festschrift anlässlich der 150-Jahrfeier der von König Ludwig I.
genehmigten "Bestimmungen, die die Einrichtung von
Kinderbewahranstalten betreffen" / hrsg. vom Bayer.
Staatsministerium für Unterricht u. Kultus. – München ; Basel :
E. Reinhardt, 1989
ISBN 3–497–01204–1
NE: Bayern / Staatsministerium für Unterricht und Kultus

© 1989 by Ernst Reinhardt, GmbH & Co, Verlag, München
Dieses Werk, einschließlich aller seiner Teile, ist urheberrechtlich geschützt. Jede Verwertung außerhalb der engen Grenzen des Urheberrechtsgesetzes ist ohne schriftliche Zustimmung der Ernst Reinhardt, GmbH & Co, München, unzulässig und strafbar. Das gilt insbesondere für Vervielfältigungen, Übersetzungen in andere Sprachen, Mikroverfilmungen und für die Einspeicherung und Verarbeitung in elektronischen Systemen.

Printed in Germany

INHALT

Vorwort 7

Grußwort des Herrn Staatsministers *Hans Zehetmair* 8

Grußwort des Herrn Erzbischofs *Friedrich Kardinal Wetter* 10

Grußwort des Herrn Landesbischofs *Dr. Johannes Hanselmann* 12

I. Zur Entwicklung des Kindergartenwesens in Bayern

Günther Erning
Die Geschichte des Kindergartenwesens in Bayern 15

Raimund Külb
Staat und Kindergartenträger - Partner im Dienste der Kinder 30

Bernhard Nagel
Die quantitative Entwicklung des Kindergartenwesens in Bayern 35

II. Pädagogische Konzepte in der Elementarerziehung

Ulrich Diekmeyer
Pädagogische Konzepte im Elementarbereich: Die Entwicklung der 45
Frühpädagogik nach dem zweiten Weltkrieg

Hedi Colberg-Schrader
Der Situationsansatz 60

Helmut Heiland
Die Konzeption Fröbels 71

Theodor Hellbrügge
Montessori-Pädagogik und Montessori-Heilpädagogik im Kindergarten 82

Werner Lachenmaier & Ilse Lehner
Der Waldorfkindergarten 94

III. Institutionen des Kindergartenwesens in Bayern in der Gegenwart

Einrichtungen der Caritas:

Dorothea Bildstein-Hank
Der bayerisches Landesverband kath. Kindertagesstätten e.V. - ein 111
Partner der Caritas

Peter Kuner
Kindergarten und Caritas - Zum Selbstverständnis des katholischen 114
Kindergartens

Franz Minnerrath & Christine Simmerding
Fachberatung in katholischen Kindergärten 119

Sybille Klings
Zukunftsperspektiven katholischer Tageseinrichtungen für Kinder in Bayern 121

Helmut Neuberger
Einrichtungen der Diakonie 123

Wolfgang Stöger
Einrichtungen der Arbeiterwohlfahrt 134

Einrichtungen des Paritätischen Wohlfahrtsverbandes:
Hanna Cramer
Kindergärten - Mitgliedsorganisationen des Deutschen Paritätischen 145
Wohlfahrtsverbandes, Landesverband Bayern (DPWV)

Gabriele Segerer
Der DPWV-LV Bayern als Kindergartenträger 155

Kommunale Einrichtungen:
Albert Loichinger
Kindergärten - Sorgenkinder der Landeshauptstadt München 158

Klaus Wagner
Der "Neue Kindergarten" und die daraus resultierenden Anforderungen 166
an die Kindertagesstätten-Planung in Nürnberg

Hermann Abel
Der Kindergarten Engelsberg 171

Anton Forster
Der Kindergarten der Stadt Spalt - ein Beispiel für die Geschichte und 174
Tradition eines bayerischen Kleinstadtkindergartens

IV. Forschung, Lehre und Ausbildung in der Frühpädagogik in Bayern

Michaela Ulich & Pamela Oberhuemer
Forschung im Wandel: Arbeitsschwerpunkte im Staatsinstitut für 181
Frühpädagogik und Familienforschung

Luis Erler
Elementar- und Familienpädagogik in der Lehre. Zur Etablierung einer 193
neuen pädagogischen Disziplin an der Hochschule

Josef Hederer
Ausbildung von Erziehern und Sozialpädagogen 210

Rita Kagerer
Ausbildungsstätten für Kinderpfleger/innen und Erzieher/innen in Bayern 226

V. Zukunftsperspektiven und Ausblick

Wassilios E. Fthenakis
Entwicklung in der Frühpädagogik - von einer institutionellen zu einer 235
systemorientierten Betrachtung der Elementarerziehung

Autoren 256

Vorwort

Am 4. November 1839, vor 150 Jahren also, genehmigte Seine Majestät König Ludwig I. Bestimmungen über "Kleinkinderbewahranstalten" im Königreich Bayern. Der 150. Jahrestag dieses Ereignisses ist ein guter Anlaß aufzuzeigen, welche Entwicklung der Kindergarten in Bayern in diesen 150 Jahren genommen hat. Gestützt auf staatliche Regelungen, die sich nach dem Grundsatz der Subsidiarität auf das Notwendigste beschränkten, haben Kirchen, Verbände und Kommunen in Bayern ein Kindergartenwesen aufbauen können, das weithin Anerkennung erfährt.

So soll diese Festschrift, die das Bayerische Staatsministerium für Unterricht und Kultus in Zusammenarbeit mit den Spitzenverbänden der freien Wohlfahrtspflege herausgibt, allen, die ihren Anteil an dieser Entwicklung geleistet haben und leisten, Dank und Anerkennung sein.

Besonders erfreulich ist es, daß Vertreter der Verbände, der Kommunen, der Praxis und der Wissenschaft, der Ausbildung und der Verwaltung in e i n e r Publikation zu Wort kommen konnten. Andererseits ist es zu bedauern, daß viele, die auch ein Recht auf einen Beitrag in dieser Festschrift hätten, nicht berücksichtigt werden konnten oder daß, wie z.B. bei den Kommunen, aus Platzgründen eine Auswahl getroffen werden mußte. Diese Festschrift ist auch eine Festschrift aller großen und kleinen Gemeinden, aller Eltern und Privatinitiativen, aller einzelner Träger, Erzieher und Kinderpflegerinnen und nicht zuletzt aller, die im Kindergartenbereich tätig waren oder sind.

Es war die Absicht des Herausgebers, ein möglichst umfassendes und lebendiges Bild vom Kindergarten in Bayern zu zeigen. Jeder Autor hatte die Möglichkeit der Darstellung aus seiner Sicht; die Beiträge geben daher nicht immer die Meinung der Herausgeber wieder.

Allen, die an der Realisierung dieser Festschrift mitgewirkt haben, insbesondere den Autoren, gilt unser besonderer Dank.

GRUSSWORT DES HERRN STAATSMINISTERS HANS ZEHETMAIR

Vor 150 Jahren wurden erstmals in Bayern Vorschriften für "Kinderbewahranstalten", wie sie damals hießen, erlassen. Diese Bestimmungen, die zugleich die ersten Regelungen für den Kindergartenbereich in Deutschland waren, markieren den Beginn des bayerischen Kindergartenwesens.

Mit dem Bayerischen Kindergartengesetz, das am 25. Juli 1972 vom Bayerischen Landtag beschlossen wurde, wurde nicht nur die im Jahre 1939 begonnene Entwicklung konsequent weitergeführt, sondern auch neuen Entwicklungen und Bedingungen in der Gesellschaft Rechnung getragen. So wurde die Zuordnung zum Bildungsbereich betont und zugleich der Grundsatz der Subsidiarität bekräftigt. Durch die vom Gesetz geforderte staatliche Anerkennung des Kindergartens wurden die Rahmenbedingungen und die Voraussetzungen für die pädagogische Arbeit im Kindergarten landesweit verbessert.

Die Bedeutung des Kindergartens in Bayern wird nicht zuletzt auch dadurch deutlich, daß sich seit 1974 die staatlichen Personalkostenzuschüsse vervierfacht haben und im Jahre 1989 im Staatshaushalt bereits 280,3 Millionen DM hierfür ausgewiesen wurden.

In Ergänzung zum Elternhaus nimmt der Kindergarten eine wichtige pädagogische Aufgabe wahr und fördert die gesamte Entwicklung des Kindes. An den hohen Besuchsquoten ist zu erkennen, daß der Kindergarten heute als Bildungs- und Betreuungseinrichtung anerkannt ist. Über 83% der drei- bis unter sechsjährigen Kinder besuchen einen Kindergarten und bei den Fünfjährigen beträgt der Anteil sogar schon fast 90%. Dies zeigt nicht nur, daß die Eltern dem Kindergarten eine wichtige Aufgabe in der Vorbereitung auf die künftige Bildungslaufbahn beimessen, sondern es ist auch ein überzeugender Vertrauensbeweis in die Qualität der pädagogischen Arbeit von über 20.000 Fachkräften, die in den über 4.200 Einrichtungen tätig sind.

Träger, Kommunen und Staat dürfen stolz darauf sein, eine Bildungseinrichtung geschaffen und ausgebaut zu haben, die sich trotz freiwilligen Besuchs und Beitragspflicht eines derartigen Zuspruchs erfreuen kann.

Wir wissen, daß die pädagogische Arbeit im Kindergarten nicht losgelöst gesehen werden kann von den Problemen der Gesellschaft, die ständig neue Anforderungen an sie stellt. Hierbei gewinnen immer mehr Probleme an Gewicht, die sich aus veränderten Familienstrukturen ergeben. Dies erfordert von den pädagogischen Fachkräften sowohl ein Höchstmaß an Einfühlungsvermögen, Einsatzbereitschaft und Geduld, als auch ein hervorragendes Fachwissen. Das bedeutet, daß heute Erzieherinnen und Kinderpflegerinnen über eine qualifizierte und differenzierte berufliche Ausbildung verfügen müssen, die sie auch in die Lage versetzen, sich ständig neuen Anforderungen zu stellen. Es war und ist die Aufgabe von Staat, Kommunen und Trägern, durch Forschung, Lehre und Ausbildung hierfür weiterhin die Voraussetzungen zu schaffen.

Mit Nachdruck habe ich mich dafür verwandt, im Entwurf des Nachtragshaushalts für das Jahr 1990 erhebliche zusätzliche Mittel zur Personalkostenförderung im Kindergarten einzubringen. Es wird ab 1. Januar 1990 möglich sein, für jede Kindergartengruppe eine volle Hilfskraft zu fördern. Die Staatsregierung wird hierdurch einen wesentlichen Beitrag zur Verbesserung der pädagogischen Rahmenbedingungen in unseren bayerischen Kindergärten leisten und hat damit ein Signal für die Herausforderung der 90er Jahre gesetzt.

Alle am Kindergartenwesen beteiligten Kräfte dürfen mit Freude auf 150 Jahre Kindergarten in Bayern zurückblicken. Der Kindergarten wurde in diesem Zeitraum zu einer festen Institution im vorschulischen Bereich. Besonderes Verdienst an dieser Entwicklung haben die pädagogischen Fach- und Hilfskräfte, die in all diesen Jahren ihre Arbeit und Kraft in den Dienst des Kindes gestellt haben.

(Hans Zehetmair)
Bayerischer Staatsminister
für Unterricht und Kultus
für Wissenschaft und Kunst

DER ERZBISCHOF
VON MÜNCHEN UND FREISING

Grußwort

Vor 150 Jahren ermöglichte König Ludwig I. von Bayern durch neue Bestimmungen die Errichtung von Kleinkinderbewahranstalten. Wie segens- und hilfreich dieser Entschluß des Königs seither für Eltern und Kinder gewirkt hat, können vielleicht gerade die Väter und Mütter ermessen, die einmal auf eine Kindergarteneinrichtung angewiesen waren. Wie die staatlichen Angebote kann auch die katholische Kirche auf eine lebendige Geschichte ihrer eigenen Einrichtungen zurückblicken. Dies gibt Anlaß, einen Blick zurück in die Geschichte eigener Kindergärten zu werfen.

Die ersten Kinderbewahranstalten entstanden in Bayern in der Mitte der dreißiger Jahre des vergangenen Jahrhunderts (München 1833; Bamberg 1839). Die Mehrzahl wurde damals von Ordensfrauen oder von Pfarreien gegründet. So gab es allgemein in der Erzdiözese München und Freising 1913 schon 69 Kindergärten in katholischer Trägerschaft. Heute beträgt der Anteil der katholischen Träger von Kindergärten bayernweit ca. 50 % aller vorhandenen Einrichtungen.

Die Möglichkeit solcher Einrichtungen bedeutete und bedeutet auch heute noch für unsere christliche Berufung eine verantwortungsreiche Herausforderung zum Wohl unserer Jüngsten. Es konnten sozial-caritative Einrichtungen geschaffen werden, in denen Kinder die Gemeinschaft mit vielen anderen Kindern erfahren. Sie bieten Gelegenheit, ihren Gemeinschaftssinn zu fördern, was für eine Gesellschaft, die heute mehr und mehr zur Klein- bis Kleinstfamilie tendiert, von besonderer Bedeutung wird. Schließlich tragen sie durch ihre kreativen Angebote zu einem wesentlichen Teil zu einer ganzheitlichen Erziehung in den frühkindlichen Entwicklungsjahren bei.

Durch diese Möglichkeiten kann ein tragfähiges Fundament auch für eine gesunde Glaubensentwicklung geschaffen werden. Die

christlichen Inhalte erreichen das Kind eben viel tiefer und
überzeugender, wenn die emotionale Innen- und die atmosphärische
Außenwelt als stimmig erfahren werden. So kann der Kindergarten
zu einem Lern- und Übungsfeld des Glaubens werden. Dabei ist die
gemeinsame Verantwortung von Pfarrgemeinde, Eltern und Erziehern
eine wichtige Voraussetzung. Der Kindergarten kann dadurch, daß
er Begegnungsstätte ist, auch glaubende Familien zusammenführen
und Glaubensgemeinschaft entstehen lassen.

Mit solchen Einrichtungen wird es möglich, auch das einzelne
Mitglied der Familie in seiner jeweiligen Situation zu erkennen,
ihm in seiner individuellen Befindlichkeit zu helfen, es zu
beraten und zu unterstützen.

So hat auch der Kindergarten der Zukunft den Auftrag, das Kind in
seinem Kindsein anzunehmen und ihm Entfaltungsmöglichkeiten zu
bieten. Es wird in der Kindergemeinschaft in seiner spezifischen
Art und Weise des Erlebens, Wahrnehmens, Empfindens und Denkens
ernstgenommen. Und nicht zuletzt erweitert es durch pädagogische
Anleitung der Fachkräfte seinen Erfahrungshorizont.

In einer Zeit, in der auch in Deutschland viele Völker, Kulturen
und Religionen miteinander konfrontiert werden, bedeutet es
eine große Chance, diese Weitung des Erfahrungshorizontes - ganz
im Geiste des Zweiten Vatikanischen Konzils - auch für eine
Umgangsweise entsprechend dem Evangelium Jesu Christi
auszudehnen.

Die kath. Kirche möchte das Kindergartenpersonal in dieser ihren
ganzen Einsatz erfordernden Arbeit nicht alleinlassen und ist
bereit, nach Kräften ihre Unterstützung und Zusammenarbeit
anzubieten. Ihnen und den Ihnen anvertrauten Kindern erbitte ich
Gottes Segen.
München, den 9. November 1989

+ Friedrich Card. Wetter
Erzbischof von München und Freising

DER LANDESBISCHOF
DER EVANGELISCH-LUTHERISCHEN KIRCHE IN BAYERN

D. DR. JOHANNES HANSELMANN

Meiserstraße 13 · 8000 München 2 · Fernruf (089) 5595-201

27. Oktober 1989

Grußwort
für die Festschrift über die Entwicklung des Kindergartenwesens

Jahrhundertelang wurden Kinder nicht als vollwertige Menschen angesehen. Sie traten, wenn überhaupt, eher als lästige Störenfriede ins Blickfeld der Erwachsenen. Anstöße für ein Umdenken gab und gibt es allerdings nicht erst seit König Ludwig I. Bereits im Jahr 1524 klagte Martin Luther in seiner berühmten Schrift "An die Ratsherren aller Städte deutschen Landes, daß sie christliche Schulen aufrichten und halten sollten", daß täglich Kinder geboren werden und bei uns aufwachsen, und niemand da sei, der sich des armen jungen Volks annehme und es leite. Mit Nachdruck mahnte Luther Rat und Obrigkeit, "die allergrößte Sorge und Fleiß aufs junge Volk zu haben". Sein und unser aller Vorbild dabei ist Jesus Christus. Dieser hat gegen den Widerstand und das Murren der Jünger die Kinder zu sich gerufen und gerade sie als Beispiel für die Nachfolge vor unsere Augen gestellt. Es ist darum nicht nur eine gute christliche Tradition, wenn wir unsere Aufmerksamkeit den Kindern zuwenden, vielmehr können und sollen wir nach dem Gebot Jesu das Allerwichtigste für unseren Glauben von ihnen lernen: "Wahrlich ich sage euch: Wer das Reich Gottes nicht empfängt wie ein Kind, der wird nicht hineinkommen" (Markus 10,15)

Johannes Hanselmann

D.Dr. Johannes Hanselmann D.D.
Landesbischof

I. Zur Entwicklung des Kindergartenwesens in Bayern

Günter Erning

ZUR GESCHICHTE DES KINDERGARTENWESENS IN BAYERN
- ANFÄNGE ÖFFENTLICHER KLEINKINDERERZIEHUNG UND GRUNDLEGENDE KONZEPTIONELLE DEBATTEN

Anfänge

"Die Sache finde ich gut, nur soll in dieser Schule noch gar kein Unterricht, sondern bloß Erziehung zur Frömmigkeit, zur Reinlichkeit etc. sein, auch keine Arbeit, sondern jugendlicher Frohsinn..." (Ziegler 1935, 168) urteilte König Ludwig I. von Bayern am 4. August 1833 in einem Genehmigungsverfahren um die Einrichtung einer "Kleinkinderschule" in München und gab damit den neu entstehenden Anstalten zur Kleinkinderbetreuung seinen Segen. Dieses königliche Wohlwollen hat nicht unmaßgeblich den raschen Ausbau der Kleinkinderbewahranstalten in Bayern befördert.

Seit Mitte der 20er Jahre des 19. Jahrhunderts waren Kleinkinderschulen oder -bewahranstalten, so die häufigsten Bezeichnungen, zu einem vieldiskutierten Thema der gebildeten, bürgerlichen Welt geworden.

Zwar gab es vorher schon vereinzelt Warteschulen oder Strickschulen, in denen kleine, nicht schulpflichtige Kinder betreut wurden, aber die Kenntnis davon war regional begrenzt. Eine überregionale Diskussion um die Notwendigkeit einer außerfamilialen, öffentlichen Kleinkindererziehung (zum Begriff vgl. Erning 1979, 135ff.) entstand in Deutschland erst, als 1826 Samuel Wilderspins Handbuch "On the Importance of Educating the Infant Poor" in einer von dem Wiener Joseph Wertheimer besorgten Übersetzung unter dem Titel "Über die frühzeitige Erziehung der Kinder und die englischen Kleinkinderschulen oder Bemerkungen über die Wichtigkeit, die kleinen Kinder der Armen im Alter von anderthalb bis sieben Jahren zu erziehen" vorlag.

Unter dem Einfluß dieses Werkes wurde nun die gesellschaftspolitische Wirksamkeit derartiger Anstalten erörtert - sie schienen den Zeitgenossen ein Heilmittel gegen die offenkundig werdenden Schäden der Zeit zu bieten.

Die Auswirkungen der wachsenden Verarmung breiter Bevölkerungsschichten sowie die in der Frühindustrialisierung sich abzeichnende Proletarisierung erzwang eine Lohnerwerbstätigkeit auch von Frauen und Müttern, deren unbeaufsichtigte Kinder zu verwahrlosen drohten. Prophylaktische Erwägungen standen im Vordergrund der neuen Anstalten: durch Beaufsichtigung und Bewahrung sollten die Kinder vor körperlicher und sittlicher Verwahrlosung geschützt werden. Zur Entlastung der Eltern sollte vor allem die Freistellung der Mütter zur Erwerbstätigkeit beitragen, da das Familieneinkommen in den unteren Schichten durch den Verdienst des Mannes nicht mehr gesichert war.

Diese von bürgerlichen Schichten im Rahmen privater Wohltätigkeit initiierte Fürsorge entsprang neben den humanitären und caritativen Motiven jedoch auch aus der Sorge vor einer Umschichtung der Eigentumsverhältnisse. Die wachsende Armut nährte die Furcht vor einer Unzufriedenheit der Massen, der man u.a. durch Einrichtungen der Kinderbetreuung zuvorzukommen suchte. Mit diesem Entlastungsangebot hoffte man, die Eltern mit ihren ärmlichen Lebensumständen zu versöhnen und gleichzeitig die Kinder zu fügsamen Mitgliedern der gegebenen Gesellschaftsordnung zu erziehen, indem man sie einem rigiden Anpassungsdruck unterwarf, der sich in der Hinführung zu Tugenden einer "proletarischen Sittlichkeit" (Reyer 1983, 173f.) wie Gehorsam, Fleiß, Arbeitsamkeit, Religiosität, Reinlichkeit und Pünktlichkeit ausdrückte und damit eine kritiklose Akzeptanz der bestehenden Standesverhältnisse erwirken sollte. "... die Achtung, die man ihnen von Kindesbeinen an für die bestehenden gesellschaftlichen Verhältnisse einflößt; die frühzeitige unausgesetzte Subordination, unter welcher sie stehen, die Gewöhnung an Frohsinn und Lebensmuth, indem man sie frühzeitig lehrt, daß man jedem Dinge, jedem Verhältnisse eine schöne Seite abgewinnen kann, sind ebenso viele Schutzwehren gegen Unzufriedenheit und Ungenügsamkeit" formulierte Wertheimer (Wilderspin 1826, 306f.) unmißverständlich 1826 in seinen kommentierenden Zusätzen zum Text Wilderspins.

Während der Restaurationsphase der 20er und 30er Jahre wurde insbesondere durch diese Kommentare Wertheimers das Interesse der Öffentlichkeit geweckt. Erste behördliche Verfügungen in Preußen 1827 (Abdruck bei Dammann/Prüser 1981, 17) und 1828 bezeugen eine Hellhörigkeit und Wachsamkeit der Regierungen, auch wenn sich das Problem der Armenerziehung in den ersten Phasen der industriellen Revolution in Deutschland noch nicht in der Schärfe wie in England stellte.

Diese Erörterungen über den gesellschaftlichen Nutzen einer frühzeitigen Armenerziehung führten in den 30er Jahren in ganz Deutschland zu einer ersten Gründungswelle von Kleinkinderschulen. In Bayern sind die ersten Kleinkinderbewahranstalten nachweisbar (Gutbrod 1884, 131ff.) im Jahre

1831 in Nürnberg
1832 in Ansbach, Burgfarnbach, Nürnberg,
1834 in Augsburg, Bayreuth, München (2),
1835 in Augsburg (2),
1836 in Nürnberg, Schweinfurt, Würzburg,
1837 in Fürth, München.

Die rasche Zunahme der Einrichtungen wurde vom bayerischen Staat sorgfältig registriert. Eine erste Zählung wies 1833/34 bereits 8 Anstalten (einschließlich denen in der linksrheinischen Pfalz) auf.
Die amtliche Statistik zählte im Jahr 1851/52 insgesamt 91 Anstalten, im Jahr 1884/85 sind es 368 und 1911/12 schließlich 795. In diesen Kleinkinderbewahranstalten und Kindergärten wurden 1911/12 rund 71.000 Kinder betreut, was einem Platzangebot von etwa 14% bezogen auf die Altersgruppe der 3- bis 6jährigen Kinder entsprach (vgl. Erning 1983, 325ff.).

Gesetzliche Regulierungen

Bereits im Jahr 1839 wurden auf Befehl des Königs Ludwig I. durch die Kammer des Innern "Allgemeine Bestimmungen die Errichtung und Beaufsichtigung der Kleinkinderbewahranstalten betreffend" erlassen (Abdruck bei Döllinger 1853, 588ff.).
Die Ausführlichkeit der 18 Paragraphen und die Regelungsdichte dieser "Allgemeinen Bestimmungen" erlauben es, von einem ersten bayerischen Kindergartengesetz zu sprechen, dessen inhaltliche Fixierungen die staatliche Wertschätzung dieser neuen Einrichtungen als einer Form der Armenerziehung erkennen lassen.
Diese "Allgemeinen Bestimmungen" sind zugleich die ersten deutschen gesetzlichen Bestimmungen, die jedoch ohne Nachfolge in den übrigen deutschen Bundesstaaten blieben. Preußen begnügte sich z.B. im gleichen Jahr 1839 in der Ausführungsinstruktion über das Privatschulwesen lediglich mit einer nur wenige Zeilen umfassenden Modifizierung des "Wartschulparagraphen" 24 des Regulativs über das Privatschulwesen von 1812 (Abdruck bei Rönne 1855, 294); andere Staaten blieben im 19. Jahrhundert ganz ohne gesetzliche Regelungen.
Nach den "Allgemeinen Bestimmungen" werden die Kleinkinderbewahranstalten als "Privatinstitute" eingestuft und fallen damit unter die Regelungen für die Privaterziehungs- und Unterrichtsanstalten. Sie bedürfen der "obrigkeitlichen Bewilligung", ihre Einrichtung ist überall zu befördern, wo ein Bedürfnis festzustellen ist und die notwendigen Mittel beizutreiben sind. Der Zweck der Anstalten ist, noch nicht schulreifen Kindern "Aufenthalt und Pflege" angedeihen zu lassen, "wie solche von verständigen und gewissenhaften Eltern... gewährt zu werden pflegen".
Deswegen wird auch die sonst übliche Bezeichnung als "Kleinkinderschule" in Bayern untersagt und der Name "Kleinkinderbewahranstalt" vorgeschrieben (§ 1-2). Die folgenden §§ 3-8 behandeln die Beschäftigungsweise der Kinder, die von jeglicher Überforderung frei sein soll: In Anlehnung an das Wort des Königs

von 1833 wird im § 3 ausdrücklich bestimmt, "daß die freie und naturgemäße Entwicklung des kindlichen Gemüthes durch steife Förmlichkeiten nicht gehemmt, der jugendliche Frohsinn" durch schulmäßigen Unterricht "nicht verkümmert" werden dürfe.

Da vorzugsweise Kinder von armen Eltern aufgenommen werden, sollen in den Bewahranstalten jegliche Verwöhnung und Verweichlichung vermieden und keine Bedürfnisse geweckt werden, "die in den spätern Lebensjahren nicht mehr befriedigt werden können". Stattdessen soll "für einen Stand erzogen werden", welcher "Lust und Liebe zu anstrengender Arbeit und möglichste Beschränkung seiner Bedürfnisse... zu seinem äußern Lebensglücke nöthig hat". Ein eigentlicher Unterricht darf nicht stattfinden. Lesen, Schreiben und Rechnen zu lernen wird untersagt, gestattet wird nur als Vorübung für die Schule das Kennenlernen der Buchstaben und Zahlen. Jegliche Beschäftigungsweise soll aber zu einem "fortwährenden Spiele, d.i. zu einer leichten und geregelten, zu einer anregenden, anziehenden und zweckmäßig abwechselnden Unterhaltung" für die Kinder gemacht werden.

Die gesamte Erziehungsweise sei daraufhin abzustellen, daß die Kinder "sich ganz von frommem, christlich religiösem Sinne durchdrungen fühlen". Das Erzählen erbaulicher Geschichten, die Betrachtung von Bildern und Gegenständen, die Einprägung von Denksprüchen und Liederversen sowie die Ausübung leichter Handarbeiten habe auf diesen "Mittelpunkt aller wahren Erziehung" Rücksicht zu nehmen. Beispiel und Gewöhnung müsse die "ganze Behandlungs- und Erziehungsweise" leiten, damit "Aufrichtigkeit und Offenheit, Schamhaftigkeit und Reinlichkeit, Ordnung und Pünktlichkeit, Dienstfertigkeit und Mäßigung, Dankbarkeit und Liebe, strenger Gehorsam und Freude an nützlicher Tätigkeit sammt andern Tugenden des kindlichen Alters" den Kindern "gleichsam zur andern Natur werden, und jenen eigentlich sittlich frommen Sinn oder Charakter begründen, welcher dem Staate und der Kirche eine sichere und erfreuliche Bürgschaft für die Zukunft gewährt."

Die §§ 9-12 regeln die behördliche Aufsicht und die Anforderungen an das Personal. Eine besondere Ausbildung wird für die Wartfrauen und Leiterinnen der Anstalten nicht vorausgesetzt. "Es genügt vielmehr vollständig, wenn dergleichen Leute das gegründete Zeugniß eines frommen Sinnes, eines unbescholtenen Rufes und eines tadellosen Wandels für sich haben" und mit Kindern umzugehen verstehen.

Die folgenden §§ 13 und 14 bestimmen die Freiwilligkeit des Besuchs sowie die Berechtigung der Vorsteher, von den Eltern die Einhaltung bestimmter Besuchsregeln zu verlangen. Die restlichen Paragraphen enthalten Bestimmungen über die

private und nichtöffentliche Finanzierung der Anstalten, über die Vermögensverwaltung und schließlich über das Verfahren bei Auflösung einer Bewahranstalt.
Nicht geregelt werden in diesen Bestimmungen Fragen der räumlichen Ausstattung sowie einer - für die Kinder und das Personal - zumutbaren Gruppengröße.
Daß eine spezifische pädagogische Vorbildung für das Betreuungspersonal nicht notwendig sei, führte indes in der Praxis entgegen den Bestimmungen meist doch zu schulischen Formen der Unterrichtung: War dies doch die einzige Methode, die die Wartfrauen aus eigener Erfahrung kannten und die auch von den Eltern der Kinder gutgeheißen wurde.
Deswegen wurden 1846 in einem eigenen Erlaß die Bestimmungen hinsichtlich der Beschäftigungen wieder in Erinnerung gerufen. Ferner wurde es den Ortsschulbehörden in diesem Erlaß zur Pflicht gemacht, die ortsansässigen Ärzte zur hygienischen Überwachung der Anstalten hinzuzuziehen.
1847 wurden die religiösen Übungen Gegenstand eines Erlasses: Da eine Scheidung der Kinder nach Konfessionen zwar möglich, aber nicht nötig sei, wurde bestimmt, daß jedes Kind zu den in seiner Konfession üblichen religiösen Gebräuchen und Gebeten angehalten werden solle, damit keine "Religionsgleichgültigkeit" eintrete. 1852 wurden die Provinzialregierungen aufgefordert, die Errichtung von Bewahranstalten auch "auf dem platten Lande" anzuregen und nach Kräften zu fördern (Abdruck bei Döllinger 1853, 593f.). Diese gesetzlichen Regelungen blieben bis 1910 in Kraft und wurden dann durch die "Allgemeinen Bestimmungen über Einrichtung und Betrieb von Kinderbewahranstalten" (Ministerialblatt 1910, Nr. 40) ersetzt.
Diese neuen Bestimmungen, denen "in der Hauptsache die Form einer Anleitung und Unterweisung gegeben" ist, geben eine zeitgemäße Anpassung jedoch lediglich in den Fragen der Gesundheitserziehung und der räumlichen Ausstattung, die nun der der übrigen Erziehungs- und Unterrichtsanstalten "tunlichst" entsprechen soll.
Neu ist auch die Begrenzung der Gruppengröße: "die Zahl der einer Aufsichtsperson zugewiesenen Kinder soll, abgesehen von zufälligen und vorübergehenden Mehrungen, nicht über 50-60 betragen und darf auch bei besonderen örtlichen Verhältnissen 80 nicht überschreiten."
Die Anmerkungen zu den Beschäftigungen der Kinder stellen lediglich Umformulierungen der entsprechenden Bestimmungen von 1839 dar.
Auch die Bestimmungen hinsichtlich des Personals spiegeln nicht den zwischenzeitlich erreichten Reflexionsstand über Ausbildungsnotwendigkeiten wider (vgl. Derschau 1987, 67ff.): Nur für die Leitung, nicht für das übrige Aufsichtspersonal wird als Sollbestimmung eine "entsprechende allgemeine Bildung sowie die theore-

tische und praktische Berufsausbildung" ohne weitere konkrete Ausführung gefordert. Es sei jedoch "darauf hinzuwirken, daß wenigstens die neuaufzustellenden Leiterinnen größerer Anstalten eine entsprechende Fachschule besucht und durch erfolgreiche Ablegung einer Prüfung den Nachweis ihrer Befähigung erbracht haben." Nach diesen Sollbestimmungen war es auch weiterhin möglich, daß das Hilfspersonal außer einer praktischen Eingewöhnung keine besondere Ausbildung vorzuweisen brauchte und daß die formale Qualifizierung des pädagogischen Personals nach sehr unterschiedlichen Standards erfolgen konnte.

Trägerschaft und Finanzierung

In der Regel wurden Kleinkinderschulen und -bewahranstalten im 19. Jahrhundert durch private Wohltätigkeit ins Leben gerufen. Die meist bürgerlichen Initiatoren bedienten sich dabei der Rechtsfigur des Vereins, um Finanzmittel zusammenzutragen und zweckbestimmt einzusetzen. Zudem diente die Vereinsform auch dazu, eventuelle Regreßpflichten, die beim Betrieb einer Anstalt entstehen konnten, auf das Vereinsvermögen zu beschränken und eine Privathaftung zu verhindern. Auch von den Kirchen eingerichtete Kleinkinderbetreuungseinrichtungen wurden meistens in der Rechtsform eines gesonderten Vereins begründet.
Die nach dem Vereinsrecht (Reyer 1984, 28ff.) notwendige staatliche Genehmigung bot dabei die Gewähr, daß nur staatsloyale Gruppierungen als Träger von Betreuungseinrichtungen tätig werden konnten. Zudem konnte jederzeit die Genehmigung zum Betrieb einer Kleinkinderbewahranstalt von den Distriktsbehörden widerrufen werden, da diese als "Privatinstitute" der "obrigkeitlichen Bewilligung", wie die Allgemeinen Bestimmungen 1839 festlegten, unterworfen waren.
Die Wirksamkeit dieser Vereine dauerte unterschiedlich lange. Angewiesen auf Beiträge der Mitglieder, die geringen Aufsichts- und Kostgelder der Eltern, die Spendenfreudigkeit der Bürger sowie meist unregelmäßige kommunale Zuschüsse bestand stets die Gefahr eines defizitären Jahresabschlusses. Ein Rechtsanspruch auf Unterstützung bestand im 19. Jahrhundert noch nicht, dieser wurde erstmalig im Bayerischen Kindergartengesetz von 1972 formuliert (Erning 1987b, 82ff.).
Vereinsauflösungen waren deshalb häufig, jedoch wurde in vielen Fällen die Trägerschaft der Einrichtungen von der Kommune oder den Kirchenstiftungen übernommen.
So übernahm die Stadt München bereits 1907 die 23 Einrichtungen des "Kindergartenvereins" (Lex 1928, 1ff.). Andere Vereine fallierten in der Zeit der Inflation, als das Vereinsvermögen dahinschmolz.

Nur wenige Vereine bestanden über einen Zeitraum von 100 Jahren: Zu diesen zählt der Bamberger "Verein für die Kleinkinderbewahranstalt", der 1839 gegründet erst im Jahre 1952 sich auflöste und das Vereinsvermögen der Kirchenstiftung St. Martin übergab (vgl. Erning 1989).
Der letzte noch bestehende Trägerverein ist der "Kinderschulverein" in Aschaffenburg, der 1987 sein 150jähriges Bestehen feiern konnte (vgl. Körner 1987).
Die Finanzlage führte in den Einrichtungen überall zu einer sparsamsten Wirtschafts- und Betriebsführung. Da aber viele Einrichtungsträger ihre Arbeit als eine "Nothilfe" für Kinder der ärmeren Bevölkerungsschichten betrachteten, verband sich die wirtschaftlich erzwungene Sparsamkeit nahtlos mit den Interessen einer gesellschaftspolitisch fundierten Armenerziehung, deren oberstes Gebot es war, die Kinder nicht "über ihren Stand" zu erziehen und jegliche "Verwöhnung" zu vermeiden (Hübener 1888, 289).
Die überwiegende Mehrzahl der Kinderbetreuungseinrichtungen in Bayern war konfessionell orientiert. Auch die bürgerlichen Trägervereine haben meist Betreuungsverträge mit kirchlichen Kongregationen geschlossen und ihnen die Betriebsträgerschaft übertragen. Zu dieser Entwicklung hat beigetragen, daß der Aufschwung der weiblichen Kongregationen im 19. Jahrhundert diese nach neuen Arbeitsgebieten suchen ließ und daß zum anderen auch die finanziellen Konditionen für die Trägervereine bei der Anstellung einer Ordensschwester günstiger waren als bei Laienkräften. Ebenso ließ sich das Problem der Personalkontinuität mit Hilfe einer Ordenskongregation leichter lösen.
Diese organisatorischen Modalitäten haben dazu geführt, daß der Anteil der Kindergärten gegenüber der Zahl der Bewahranstalten von einem Viertel im Jahr 1884/85 (75 zu 293) auf ein Zehntel im Jahr 1911/12 (83 zu 712) (Beiträge zur Statistik 1887, 224ff. und Statistisches Jahrbuch 1913, 334) zurückging.

Betreuungspersonal

Die Zielbeschränkung der Bewahranstalten, Kinder der ärmeren Schichten zu einer "proletarischen Sittlichkeit" zu erziehen, erforderte zunächst keine besondere Ausbildung der Wartfrauen. Die Anleitung der Kinder zu Reinlichkeit und Gehorsam und die Gewöhnung an einen frommen Sinn wurde vom Trägerverein mittels der "Aufsichtsdamen" überwacht: Damen aus der Bürgerschaft übernahmen ehrenamtlich die Aufgabe, täglich in der Bewahranstalt nach dem Rechten zu sehen und die Wartfrau zu kontrollieren. Die Unselbständigkeit der Position einer Wartfrau wurde noch dadurch unterstrichen, daß in vielen Bewahranstalten

für die "ernsteren" Übungen zur Zahlen- und Buchstabenkenntnis Volksschullehrer angestellt waren, die stundenweise in der Bewahranstalt Dienst taten. Erst die Entwicklung eigener Ausbildungsgänge im Rahmen der Fröbelschen Kindergartenpädagogik sowie innerhalb klösterlicher Kongregationen brachte eine Ablösung dieser Praxis.
Der erste Ausbildungslehrgang zur "Kleinkinderschullehrerin" mit einer Dauer von wenigen Monaten wurde durch Theodor Fliedner 1836 in Kaiserswerth eingerichtet. Die Ausbreitung des Diakonissenamtes in der protestantischen Kirche führte rasch zur Gründung weiterer "Mutterhäuser", denen wie z.b. dem Mutterhaus in Neuendettelsau (vgl. Löhe 1868) nach dem Vorbild von Kaiserswerth Bewahranstalten als praktische Ausbildungsstätten beigegliedert wurden.
Auf katholischer Seite wurde der erste Ausbildungsgang in Bayern Anfang der 40er Jahre in München von den "Armen Schulschwestern von Unserer Lieben Frau" eingerichtet und im Laufe der Zeit zu einem einjährigen Kursus ausgebaut. Um 1850 gab der Orden einen (heute nicht mehr auffindbaren) "Leitfaden für Kinderbewahranstalten" heraus, der ebenso wie "Der katholische Kindergarten" (1872) des Ordensspirituals P. Siegert dem Unterricht zugrundegelegt wurde. Im Jahre 1881 umfaßte der Lehrplan neben der pädagogischen Unterweisung Sprach- und Sachunterricht, Zeichnen, Handarbeitsunterricht, Musik und Turnen. Diese Fächer mit insgesamt 16 Wochenstunden wurden ergänzt durch eine praktische Ausbildung von 15 Stunden wöchentlich sowie durch eine hauswirtschaftliche Ausbildung. Allein vom Orden der "Armen Schulschwestern" wurden bis 1920 über 650 "Kinderschwestern" ausgebildet (Ziegler 1935, 129f).
Andere Ordenskongregationen folgten dem Beispiel der "Armen Schulschwestern" und richteten eigene Ausbildungsstätten ein. Da aber eine einheitliche staatliche Ausbildungsregelung in Bayern bis nach dem 2. Weltkrieg ausstand, reichte das Niveau der Ausbildung von einer praktischen Eingewöhnung nach Art einer Handwerkslehre bis zu einjährigen spezifischen Ausbildungslehrgängen. Auch in der ersten Hälfte unseres Jahrhunderts war ein Dienst von nur mangelhaft ausgebildeten Ordensfrauen nicht ungewöhnlich.
Das erste Kindergärtnerinnenseminar in Bayern wurde 1870 in München als eine private Anstalt eingerichtet. Die hier in einem zunächst einjährigen, seit 1911 zweijährigen Kursus ausgebildeten Kindergärtnerinnen konnten vom Münchener Kindergartenverein eine Anstellung erlangen. "Sie erreichten nach 1- bis 5jähriger unentgeltlicher voller Dienstzeit (32 Pflichtstunden wöchentlich) Anstellung gegen ein monatliches Taschengeld von 30 M. bei 30- bis 40jähriger Dienstzeit erreichten sie ein Höchstgehalt von 72 M. monatlich." (Lex 1928, 12)

Nach der Übernahme der Kindergärten durch die Stadt München änderte sich diese magere Besoldung. Seit 1907 wurden die Kindergärtnerinnen den Kanzleibeamtinnen und seit 1920 den Fachlehrerinnen der Volksschule gleichgestellt (Lex 1928, 2). Diese günstige Einstufung blieb in München bis zur neuen Tariffestsetzung in den 50er Jahren in Kraft. Von anderen Kommunen wurde dieses Münchener Beispiel der Kindergärtnerinnenbesoldung jedoch nicht übernommen. Bis in die 30er Jahre schwanken in Bayern die gezahlten Gehälter der Kindergärtnerinnen zwischen den Gruppen VI bis XI der Besoldungsordnung (Rundbrief 1930, Nr. 1598/29).

Die Konzeption der Kleinkinderbewahranstalten nach Johann Georg Wirth

Das erste deutsche Handbuch zur Pädagogik der Bewahranstalten wurde von Johann Georg Wirth (1807 - 1851), dem Leiter der Augsburger Bewahranstalten, vorgelegt.
Neben einer frühen Bestandsaufnahme aller Bewahranstalten (1840a) und einem "Mütterbuch" mit Handreichungen zur häuslichen Erziehung (1840b) publizierte Wirth 1838: "Über Kleinkinderbewahr-Anstalten. Eine Anleitung zur Errichtung solcher Anstalten so wie zur Behandlung der in denselben vorkommenden Lehrgegenstände, Handarbeiten, Spiele und sonstigen Vorgänge..." Die umfangreiche Publikation im Umfang von 302 Seiten enthält in der ersten Abteilung einen Überblick über die Notwendigkeiten der inneren und äußeren Einrichtung einer Bewahranstalt. In der zweiten Abteilung folgen Überlegungen zur Didaktik und Methodik, die an den Beschäftigungsarten "Unterricht", "Arbeit" und "Spiel" exemplifiziert werden. In einer dritten Abteilung werden "besondere Vorgänge": Herausragende Feste im Jahresablauf, aber auch Geburtstage, Krankheits- und Sterbefälle von Kindern in die Überlegungen miteinbezogen.
Kennzeichnend für diesen umfassenden Beschäftigungskatalog ist, daß Wirth bei seinen Ausführungen die beiden negativen Pole der frühen Entwicklung, die bloße Verwahrung und die verschulende Pedanterie konzeptionell überwunden hat. Das zeigt sich insbesondere in seinen Bemerkungen zum Kinderspiel, das von ihm als eine "selbstgemachte Welt" verstanden wird, in der die Kinder "was sie im wirklichen Leben gesehen, gehört, erfahren haben, in ihre eigene Welt" (Wirth 1838, 263) übertragen. Neben der Respektierung der freien Spieltätigkeit tritt bei Wirth in Ansätzen bereits der Gedanke der Spielförderung auf.
Die - wenn auch erst in Ansätzen - feststellbare Zentrierung aller Beschäftigungen auf die kindlichen konkreten Lebensbedürfnisse unterschied das pädagogische

Konzept Johann Georg Wirths vom Lehrplan Wilderspins ebenso wie von den zahllosen Broschüren der Zeit über die Kleinkinderschulen.

Boten diese meist ein ungeordnetes Sammelsurium von Beschäftigungsvorschlägen, so sah Wilderspin die Kinder nur in einer Funktion als Schüler, denen ein fest umrissener Lehrplan zugemutet wurde, der sie strikt auf ihre spätere Funktion als Lohnarbeiter vorbereiten sollte.

Von Wirth selbst ist eine institutionalisierte Ausbildung des Personals für Bewahranstalten nie ins Auge gefaßt worden. So konnte seine auf praktischen Erfahrungen beruhende Konzeption nicht unmittelbar weiterwirken. Zudem bestimmten seit den 50er Jahren die Richtungskämpfe zwischen der Kleinkinderschule streng konfessionellen Zuschnitts und der Fröbelpädagogik die öffentliche Diskussion - das Werk Johann Georg Wirths geriet in Vergessenheit (vgl. Erning 1977, 1980).

Einigen Einfluß scheint Wirths pädagogisches Konzept jedoch auf die Ausbildung der "Armen Schulschwestern" genommen zu haben, deren Ordensgründerin Theresia Gerhardinger bei Wirth hospitierte (Ziegler 1935, 169).

Wie weitgehend dieser Einfluß war, läßt sich für die 40er und 50er Jahre nicht mehr feststellen. Der 1871 vom Ordensspiritual P. Siegert publizierte "Katholische Kindergarten" erwähnt jedenfalls Wirth nicht mehr.

Konzeptionsdebatte zwischen konfessionellen Bewahranstalten und dem Fröbelschen Kindergarten

Der Ausbau von Einrichtungen zur Kleinkinderbetreuung in der zweiten Hälfte des 19. Jahrhunderts war begleitet von einer scharfen Auseinandersetzung um die Begründung und Zielsetzung öffentlicher Kleinkindererziehung (zum folgenden vgl. Reyer 1987, 43ff.).

Der Streit wurde zwischen Vertretern der Fröbelpädagogik und Vertretern konfessionell gebundener Kleinkinderschulen bzw. -bewahranstalten geführt, insbesondere zwischen dem "Deutschen Fröbel-Verband" (gegründet 1874) und dem "Oberlin-Verein" (gegründet 1871) als Verband der evangelischen Kleinkinderschulen; der entsprechende "Zentralverband katholischer Kleinkinderanstalten" wurde erst 1916 gegründet.

Die grundlegende Diskussion zwischen diesen Verbänden überschritt die Grenzen landesstaatlicher Entwicklung. Abhängig vom Geschäftssitz dieser Verbände - Preußen bzw. Berlin - wurde diese Diskussion weitgehend ohne bayerische

Beteiligung geführt, hatte aber Auswirkungen auf die weitere Entwicklung in Bayern.

Aus einem theologisch fundierten Verständnis von Familie leiteten die Vertreter konfessioneller Kleinkinderschulen ein normatives Familienbild mit strenger Rollenteilung für Mann und Frau ab. Die Tatsache mütterlicher Erwerbsarbeit konnte entsprechend nur als Notarbeit interpretiert werden, deren unmittelbare Folge eine Verwahrlosung der Kinder sein müsse (Neumann 1987, 82ff.).

Die Lösung der sozialen Probleme müsse, so die Hoffnung, auch eine Rückkehr zur alten, gottgegebenen Familienform beinhalten, in der die Mutter die ausschließlich Erzieherin der Kinder sei. Danach wurden Kleinkinderanstalten als momentan notwendige Einrichtungen begrüßt, ihre prinzipielle Existenzberechtigung jedoch bestritten. Der Aufnahmemodus in den konfessionellen Einrichtungen entsprach dieser Vorstellung: Nur Kinder, deren Mütter notwendig erwerbstätig sein mußten, sollten betreut werden. Zudem sollte eine Bedarfsweckung durch eine großzügige Bereitstellung von Plätzen vermieden werden, weil dadurch Eltern nur zur Abschiebung ihrer Kinder verführt würden.

Unter diesen restriktiven Vorzeichen konnte eine Ausweitung der Betreuung für alle Kinder und daraus folgend ein Verständnis der Kleinkinderanstalten als erster Stufe eines allgemeinen Bildungssystems von dieser Seite nicht gedacht werden.

Das aber war der Punkt, auf den die Vertreter der Fröbelpädagogik hinzielten: Der Kindergarten sollte jedem Kind offenstehen als eine Bildungsmöglichkeit neben der Familie - der restriktiven Familienfürsorge der konfessionellen Verbände wurde ein allgemeines Bildungsprogramm gegenübergestellt.

Die Weiterentwicklung der Fröbelpädagogik durch Bertha von Mahrenholtz-Bülow (1811-1893) und besonders durch Henriette Schrader-Breymann (1827-1899) führte zudem zu einer Öffnung der Kindergärten in der Form der "Volkskindergärten".

In diesen Einrichtungen wurde der Bildungsgedanke Fröbels mit familienfürsorgerischen Prinzipien verbunden, hier fanden "nichtbürgerliche" Kinder neben den Kindern des Bürgertums, auf die sich der Kindergarten bislang beschränkt hatte, Aufnahme.

Dies führte zu einer Annäherung der beiden Lager und ebnete dem Fröbelschen Beschäftigungssystem den Weg in die Bewahranstalten und Kleinkinderschulen.

Auf dieser unteren Ebene einer wechselweisen Aufgaben- und Methodenübernahme wurde um 1900 in der Praxis eine Einigung zwischen der konfessionellen Kleinkinderbetreuung und der Fröbelpädagogik möglich.

Zwei Streitpunkte blieben jedoch:

Der romantischen Anthropologie einer "Selbstentfaltung" des Kindes bei Fröbel stand eine theologische Anthropologie mit der Betonung der Erbsünden- und Gnadenlehre unversöhnlich gegenüber. Der Vorwurf atheistischer und sozialistischer Tendenz blieb gegenüber der Fröbelpädagogik trotz der 1860 erfolgten ausdrücklichen Rücknahme des Fröbelverbotes von 1851 durch die preußische Regierung unvermindert bestehen (Hübener 1888, 264ff.).

Diese unterschiedlichen anthropologischen Entwürfe sind nie ausdiskutiert worden, dieser Streit ist mit der Zeit gewissermaßen eingeschlafen.

Der zweite Streitpunkt blieb länger virulent:

Schüler und Freunde Fröbels forderten seit der Rudolfstädter Lehrerversammlung 1848 immer wieder, den Kindergarten obligatorisch - das heißt als Regelanstalt einzuführen und darin seine pädagogischen Vorstellungen zu realisieren. Insbesondere der Fröbel-Verband hat in mehreren Denkschriften an die preußische Regierung diesen Gedanken dargelegt.

Der Staat hatte sich während des Kaiserreiches einer Erörterung dieser Forderungen fast stets mit dem Argument entzogen, daß eine Bevorzugung einer pädagogischen Richtung nicht in den Kompetenzbereich der staatlichen Verwaltung falle. Dahinter standen jedoch massive finanzielle Bedenken, da eine öffentliche Kleinkindererziehung als Regeleinrichtung nicht ohne erhebliche staatliche Kostenbeteiligung machbar gewesen wäre.

Die Vertreter der konfessionellen Kleinkinderschulen und -bewahranstalten waren gegen eine Regeleinrichtung, weil dies nicht in Einklang zu bringen war mit dem erwähnten normativen Familienbild - aber sie bezogen gegen den Gedanken einer Regeleinrichtung auch deswegen Stellung, weil sie den dann unausbleiblichen Einfluß des Staates in ihre inneren Belange sehr skeptisch beurteilten und letztendlich eine "Verstaatlichung" ihrer Einrichtungen befürchteten.

Die Rede vom obligatorischen Kindergarten blieb zwischen den Parteiungen ein Reizthema, bis im Reichsjugendwohlfahrtsgesetz eine vorläufige Lösung festgeschrieben wurde.

Gesetzliche Fixierung der öffentlichen Kleinkindererziehung im Reichsjugendwohlfahrtsgesetz

Nachdem auf der Reichsschulkonferenz von 1920 (Die Reichsschulkonferenz 1929, 691ff.) die konträren Positionen noch einmal in voller Schärfe aufgebrochen waren, gelang es erst im Reichsjugendwohlfahrtsgesetz von 1922, eine gesetzliche Regelung (vgl. Reyer 1987) für den Bereich der öffentlichen Kleinkindererziehung zu schaffen.

Danach war als bedingte Pflichtaufgabe der Jugendämter bestimmt, für die "Wohlfahrt der Kleinkinder" (§ 4,4 RJWG) Sorge zu tragen unter subsidiärer Heranziehung der freien Wohlfahrtsverbände. Die Zuordnung des Kindergartens zur Jugendwohlfahrt bedeutete eine Absage an den Gedanken der Vorschulpflichtigkeit. Einrichtungen der öffentlichen Kleinkindererziehung blieben ein Angebot der Jugendpflege und Familienhilfe, ein allgemeiner Bildungsauftrag der Einrichtungen wurde nicht formuliert.

Somit hatte sich nicht viel geändert, im RJWG wurde lediglich ein defacto-Zustand gesetzlich legitimiert.

Die staatliche Aufsicht über die Einrichtungen wurde mittels der "Pflegekinderparagraphen" 19-31 RJWG geregelt. Die vorgesehene Befreiung der Kindergärten von der Pflicht, zur Betreuung der Kinder die jedesmalige Erlaubnis des Jugendamtes einzuholen (§ 29 RJWG) hatte zur Folge, daß von staatlicher Seite Richtlinien erlassen wurden, die die organisatorischen Bedingungen der Gruppengröße, Personal- und Raumausstattung usw. festlegten.

Mit der Zeit führten diese Richtlinien der Jugendämter - trotz der großen wirtschaftlichen Schwierigkeiten in der Weltwirtschaftskrise bzw. der Nachkriegszeit - zu einer Vereinheitlichung der Standards der Kleinkinderbetreuung.

Die gesetzliche Festschreibung der öffentlichen Kleinkindererziehung blieb in nivellierter Form im Jugendwohlfahrtsgesetz bis zur Gegenwart bestehen.

Erst die aus den Diskussionen um die Vorschulreform erwachsenen Kindergartengesetze einzelner Bundesländer, als Ausführungsgesetze zum JWG seit 1970 erlassen, bringen erweiterte Bestimmungen und erkennen den Bildungsauftrag des Kindergartens an. Lediglich Bayern hat mit seinem Kindergartengesetz vom 25. Juli 1972 auch gesetzestechnisch eine Einordnung des Kindergartens in den Bildungsbereich vorgenommen.

Literatur

Beiträge zur Statistik (1887) des Königreiches Bayern, Heft 52/1887, 224 ff.

Dammann, E./Prüser, H.. (Hrsg.) (1981): Quellen zur Kleinkinderziehung. Die Entwicklung der Kleinkinderschule und des Kindergartens. München 1981

Die Reichsschulkonferenz 1920. Ihre Vorgeschichte und Vorbereitung und ihre Verhandlungen. Amtlicher Bericht, erstattet vom Reichsministerium des Inneren. Leipzig 1921

(Döllinger) Strauß, F. von (1853): Fortgesetzte Sammlung der im Gebiete der inneren Staatsverwaltung des Königreiches Bayern bestehenden Verordnungen von 1835 bis 1852, aus amtlichen Quellen bearbeitet von... Vierter Band der neuen Folge. als Fortsetzung der Döllinger'schen Sammlung XXIV. Bd. München 1853, 588ff.

Derschau, D. von (1987): Personal, Entwicklung der Ausbildung und der Personalstruktur im Kindergarten. In: Erning/Neumann/Reyer, Geschichte des Kindergartens, Bd II, 67ff.

Erning, G. (1977): Die Gründung der Augsburger Kleinkinderbewahranstalt 1832-1834. Archivalische Dokumente aus der Frühzeit öffentlicher Kleinkindererziehung. In: Pädagogische Rundschau, Jg 31/1977, 587ff.

Erning, G. (1979): Zum Begriff der "öffentlichen Kleinkindererziehung". Vorüberlegungen zu einer Geschichte der öffentlichen Kleinkindererziehung in Deutschland. In: Sozialpädagogische Blätter, 5/1979, 135 ff.

Erning, G. (1980): Johann Georg Wirth und die Augsburger Bewahranstalten. Ein Beitrag zur Gründungsgeschichte vorschulischer Einrichtungen der Stadt Augsburg. In: Zeitschrift des Historischen Vereins für Schwaben, 74. Bd. Augsburg 1980, 169ff.

Erning, G. (1983): Abriß der quantitativen Entwicklung von Einrichtungen der öffentlichen Kleinkindererziehung (Bewahranstalten, Kleinkinderschulen, Kindergärten) in Deutschland bis ca. 1914. In: Pädagogische Rundschau, 37/1983, 325ff.

Erning, G./Neumann, K./Reyer, J. (Hrsg.) (1987): Geschichte des Kindergartens. 2 Bde. Freiburg 1987

Erning, G. (1987a): Bilder aus dem Kindergarten. Bilddokumente zur geschichtlichen Entwicklung der öffentlichen Kleinkindererziehung in Deutschland. Freiburg 1987

Erning, G. (1987b): Entwicklung und Formen der Finanzierung und Kostentragung öffentlicher Kleinkindererziehung. In: Erning/Neumann/Reyer, Geschichte des Kindergartens, Bd 2, 82ff.

Erning, G. (Hrsg.) (1989): 150 Jahre Kindergarten St. Martin in Bamberg 1839-1989. Bamberg 1989

Gutbrod, F.X. (1884): Die Kinderbewahr-Anstalt in ihrem Zwecke und in den Mitteln zur Erreichung dieses Zweckes dargestellt von.. Augsburg 1884

Hübener, J. (1888): Die christliche Kleinkinderschule, ihre Geschichte und ihr gegenwärtiger Stand. Gotha 1888

Körner, P. (1987): "Veränderte soziale Verhältnisse rufen Vater und Mutter zur Arbeitsstätte". 150 Jahre "Suppenschule" in Aschaffenburg 1837-1987. Hrsg. v. Kinderschulverein e.V. Aschaffenburg. Aschaffenburg 1987

Lex, F. (1928): Die Münchener städtischen Kindergärten. In: Münchener Wirtschafts- und Verwaltungsblatt, Jg. 3/1928, Nr. 10/Juli 1928, 1ff.

Löhe, W. (1868): Von Kleinkinderschulen. Ein Dictat für die Diaconissenschülerinnen von Neuendettelsau. Nürnberg 1868

Ministerialblatt (1910) für Kirchen- und Schulangelegenheiten im Königreich Bayern, Nr. 40/24.12.1910

Mühlbauer, K. (1985): Die Entstehung von Kleinkinderbewahranstalten und die Beschäftigung von Kindern in Fabriken als Folge des Aufbruchs in das Zeitalter der Industrie. In: Aufbruch ins Industriezeitalter, Bd. 2, Aufsätze zur Wirtschafts- und Sozialgeschichte Bayerns 1750-1850. Hrsg. v. R.A. Müller unter Mitarbeit v. M. Henker, München 1985, 356ff.

Neumann, K. (1987): Kinder und Eltern. Die bürgerliche Familie als Leitbild, gesellschaftliche Widersprüche und die Vermittlungsfunktion der öffentlichen Kleinkindererziehung. In: Erning/Neumann/Reyer, Geschichte des Kindergartens, Bd II, 135ff.

Reyer, J. (1983): Wenn die Mütter arbeiten gingen... Eine sozialhistorische Studie zur Entstehung der öffentlichen Kleinkindererziehung im 19. Jahrhundert in Deutschland. Köln 1983

Reyer, J. (1984): Die Rechtsstellung und der Entfaltungsraum der Privatwohltätigkeit im 19. Jahrhundert in Deutschland. Vorschläge zur sozialhistorischen Verortung. In: Bauer, R. (Hrsg.): Die liebe Not. Zur historischen Kontinuität der "Freien Wohlfahrtspflege". Weinheim/Basel 1984, 28ff.

Reyer, J. (1987): Geschichte der öffentlichen Kleinkindererziehung im Deutschen Kaiserreich, in der Weimarer Republik und in der Zeit des Nationalsozialismus. In: Erning/Neumann/Reyer, Geschichte des Kindergartens, Bd I, 43ff.

Rönne, L. von (1855): Das Unterrichts-Wesen des Preußischen Staates... Bd I, Berlin 1855, 286ff und 294ff.

Rundbrief (1930) der Geschäftsstelle des Bayerischen Städtebundes an alle Mitgliedsstädte vom 25. Juni 1930, Nr. 1598/20

Siegert (1872): Der katholische Kindergarten. München 1872 (Anonym erschienen)

Statistisches Jahrbuch (1913) für das Königreich Bayern, Jg. 1913, 334

Wilderspin, S. (1826): Über die frühzeitige Erziehung der Kinder und die englischen Klein-Kinder-Schulen, oder Bemerkungen über die Wichtigkeit, die kleinen Kinder der Armen von anderthalb bis sieben Jahren zu erziehen... Übersetzt von J. Wertheimer. Wien 1826, 2. Aufl. 1828

Wirth, J.G. (1838): Über Kleinkinderbewahr-Anstalten. Eine Anleitung zur Errichtung solcher Anstalten so wie zur Behandlung der in denselben vorkommenden Lehrgegenstände, Handarbeiten, Spiele und sonstigen Vorgänge... Augsburg 1838

Wirth, J.G. (1840a): Mittheilungen über Kleinkinderbewahranstalten und aus denselben, so wie über Kleinkinderschulen und Rettungsschulen für verwahrloste Kinder... Augsburg 1840

Wirth, J.G. (1840b): Die Kinderstube, ein Buch für Mütter und Kindsmägde, besonders aber für Familienväter, Lehrer, Hofmeister, Gouvernantinnen, Kleinkinderbewahranstalten etc. ... Augsburg 1840

Ziegler, M.L. (1935): Die Armen Schulschwestern von Unserer Lieben Frau. Ein Beitrag zur bayerischen Bildungsgeschichte. München 1935

Die Bestimmungen »die Errichtung und Beaufsichtigung der Kleinkindbewahranstalten betr.« vom 15. Nov. 1839

Friedrich Wilhelm August Fröbel (1782–1852)

Statuten der Kinderbewahranstalt in Spalt.

I.
Zweck der Anstalt.

Zweck der Anstalt ist:
1. Die Kinder vor Gefahren des Leibes und der Seele zu bewahren, die Entwicklung der Kräfte des Körpers und des Geistes angemessen zu leiten und den Grund zu einer guten Erziehung zu legen.
2. Diejenigen Eltern, welche der arbeitenden Klasse angehören, in der Erziehung und Ernährung zu unterstützen, um ihnen möglich zu machen, ihrer Arbeit unbesorgt und ungestört den Tag über obliegen zu können.

II.
Leitung der Anstalt.

Die Pflege und Leitung der Anstalt übernimmt nach geschehenen Uebereinkommen der Orden der armen Schulschwestern d. N. D., der sie durch eine Schwester und deren Gehilfin versehen lassen wird.

III.
Bestimmungen über die Aufnahme der Kinder.

1. Jedes aufzunehmende Kind von dasier beheimatheten Eltern muß, sofern nicht Dispensationen stattfinden können, das 3. Lebens-Jahr zurückgelegt haben, nachweislich geimpft, gesund und körperlich kräftig genug sein, um eine besondere Pflege entbehren zu können. Bereits schulpflichtige Kinder können selbstverständlich nicht mehr in die Anstalt aufgenommen werden; auch solche nicht, deren Aufnahme vom Magistrat nicht gebilligt wird.
2. Die Aufnahme der Kinder, welche zu jeder Zeit stattfinden kann, erfolgt von der Vorsteherin der Anstalt mit einzuholender Genehmigung des Herrn Stadtpfarrers und des Magistrats.

IV.
Bestimmungen hinsichtlich der aufgenommenen Kinder.

1. Die Kinder besuchen an den Wochentagen die Anstalt und zwar in den Wintermonaten von früh 8 Uhr bis zum Einbruche der Dunkelheit, in den Sommermonaten aber von früh 6 Uhr bis Abends 7 Uhr.
2. Die Kinder müssen gewaschen, gekämmt, reinlich gekleidet und mit einem Taschentuche versehen zur Anstalt gebracht, und damit ihnen kein Unfall auf dem Wege begegnet, von da wieder abgeholt werden.
3. Jedes Kind hat täglich Vor- und Nachmittags je ein Stückchen Brod in die Anstalt mitzubringen, welches ihm dort aufbewahrt und um 10 Uhr früh und 3 Uhr Nachmittags zum Essen verabreicht wird.
4. Soll ein Kind über Mittag in der Anstalt bleiben, so wird ihm gegen sofortige Entrichtung von 7 Pf. eine gesunde, nahrhafte Suppe verabreicht. Diejenigen Kinder, welche

zu Hause essen, werden um 11 Uhr entlassen und haben um 12 Uhr wieder in der Anstalt zu erscheinen.

5. An Sonn- und Feiertagen bleibt die Anstalt geschlossen und in der Ferienzeit 14 Tage lang, wozu aber nicht die Hopfenernte genommen werden darf.

V.
Entlassung und Austritt.

Entlassen wird ein Kind:
1. sobald es schulpflichtig geworden;
2. wenn seine Eltern ihre Verbindlichkeit gegen die Anstalt nicht erfüllen;
3. wenn das Kind das Wohlsein anderer Kinder — sei es moralisch oder physisch — gefährden würde.

Der freiwillige Austritt ist zu jeder Zeit gestattet.

VI.
Bestreitung der Ausgaben.

Die Ausgaben der Anstalt werden gedeckt, wie folgt:

1. Ein jedes Kind bezahlt für die Aufsicht wöchentlich 20 Pf., wobei es keinen Unterschied macht, ob das Kind an allen Wochentagen die Anstalt besucht oder nicht.
2. Durch Legate und Schankungen, deren sicherer Anlage und Verwendung vom Magistrate besondere Fürsorge gewidmet werden wird.
3. Das zur Beheizung und Beleuchtung des Lokales erforderliche Material stellt die Stadtgemeinde, und die Armenpflege deckt die Kosten für arme Kinder.

VII.
Auflösung der Anstalt.

Sollte sich die Anstalt auflösen, so soll das etwa vorhandene Vermögen vom Magistrate für andere Unterrichts- und Wohlthätigkeitszwecke verwendet werden.

VIII.
Rechnungsstellung.

Alle Jahre legt der Magistrat öffentlich Rechnung über die Einnahmen und Ausgaben der Kleinkinderbewahranstalt ab.

Berathen und beschlossen in der gemeinschaftlichen Sitzung des Magistrats und der Gemeinde-Bevollmächtigten der Stadt Spalt den 22. März 1878.

L. S. **Dauber**, Bürgermeister.

Werzinger, Gem.-Bevollm., Vorstand.

Hard, Stadtschreiber.

Druck von G. Köper in Weißenburg.

Raimund Külb

STAAT UND KINDERGARTENTRÄGER
- PARTNER IM DIENSTE DER KINDER

Eine umfassende Darstellung des Verhältnisses zwischen Staat und Kindergartenträger in den letzten 150 Jahren wäre sicherlich der wissenschaftlichen Bearbeitung wert, würde jedoch den Rahmen eines Beitrages zu dieser Festschrift sprengen. Es soll deshalb hier versucht werden, zwei prägende Grundzüge des Verhältnisses von Staat und Kindergarten, Förderung und Partnerschaft aufzuzeigen.

Das Kindergartenwesen in Bayern ist von seiner Entstehung an gekennzeichnet von einem engen und partnerschaftlichen Verhältnis zwischen Staat und Kindergartenträger. Dies zeigt sich exemplarisch an der Gründung eines der ersten und des ältesten heute noch bestehenden Kindergartenträgers in Bayern, des "Vereins für Kindertagesstätten in München", ehemals "Verein für die Kleinkinderbewahranstalten in München links der Isar". König Ludwig I als Spitze des Staates hatte persönlich die Anregung zur Gründung des Vereines gegeben. Hohe königliche Beamte und Vertreter der Kirchen griffen diese auf und gründeten am 9.6.1833 den Verein. Die "Vereinsgrundsätze", heute würde man sagen die Satzung, wurde am 17. September 1833 gebilligt, die Gründer wurde ausdrücklich "des Allerhöchsten Wohlgefallens versichert". Der oberste Repräsentant des Staates war aber nicht nur Anreger, sondern auch der erste Förderer des neu gegründeten Vereins. Er spendete 1.000 Gulden und setzte damit ein Vorbild, das von den Angehörigen des Königlichen Hauses, den Beamten und der Bürgerschaft als beispielgebend empfunden und nachgeahmt wurde.

Die Grundsätze partnerschaftlichen Zusammenwirkens prägen auch die nur wenige Jahre später erlassene Ministerialentschließung vom 4. November 1839, "Die Errichtung und Beaufsichtigung von Kleinkinderbewahranstalten betreffend". Den Kleinkinderbewahranstalten (Kindergärten) wird ein "wohlthätiger Zweck" bescheinigt, "ihre Errichtung und Erhaltung ist allenthalben zu befördern", d.h. der Staat fühlt sich als Förderer des Kindergartenwesens. Zugleich wird jedoch ausdrücklich festgestellt, daß die Kindergärten als "Privatinstitute zu betrachten" sind. Damit wurde bereits vor 150 Jahren der Grund gelegt für die heutige Aufgabenverteilung.

Kindergärten werden in freier oder kommunaler, nicht aber in staatlicher Trägerschaft geführt, der Staat sieht jedoch seine Aufgabe darin, diese Einrichtungen zu unterstützen und zu fördern. Weitere Ministerialentschließungen vom 12. Juni 1846, vom 23. August 1847 und vom 22. Februar 1852 sind zunächst das äußere Zeichen für das fortdauernde staatliche Interesse an der neuen Einrichtung. Sie zeigen die Anteilnahme des Staates, bestätigten, daß die Einrichtungen unter staatlicher Fürsorge "wohl gedeihen" (Entschließung vom Jahre 1846) und lassen auch deutlich werden, wo Schwerpunkte staatlichen Interesses in jenen Jahren liegen. Dies ist - aus heutiger Sicht verwunderlicherweise - insbesondere der pädagogische Bereich. Bereits die Ministerialentschließung von 1839 hatte der Pädagogik viel Raum eingeräumt und u.a. auch die nach 150 Jahre noch grundlegende Festlegung enthalten, daß es die "Hauptaufgabe" des Kindergartens sein müsse, "die gesamte Beschäftigungsweise der Kinder zu einem fortwährenden Spiele" anzuhalten. Schon die nächste, sich wieder mit dem Kindergarten beschäftigende Ministerialentschließung vom Jahre 1846 greift diese pädagogische Anliegen wieder auf. Ganz im Sinne partnerschaftlichen Verhaltens wird zunächst die Entschließung vom Jahre 1839 "in Erinnerung" gebracht und zugleich im Sinne der Fürsorge die staatliche Verwaltung aufgefordert, die Befolgung der darin ausgesprochenen Grundsätze "sorgfältig zu überwachen und gemessenen Ernstes einzuschreiten, wenn dagegen gehandelt werden sollte". Klingt auch in der Wortwahl ein wenig der Obrigkeitsstaat des 19. Jahrhunderts durch, so läßt doch die Zielsetzung des Erlasses keinen Zweifel daran, daß ihm pädagogische Erwägungen zugrundeliegen und daß es um das Wohl der Kinder geht, wenn dort festgelegt wird, daß die Kinder nicht durch "übergroße Anstrengung beeinträchtigt werden sollen", daß kein "eitles Prunkspiel" getrieben werden soll und daß die Benutzung von Lernmitteln wie Schiefertafeln oder Sandtischen nur "bei gehöriger Vorsicht" gestattet werden könne.

Ein frühes Zeichen des Respektes vor dem Eigenleben der Kindertagesstätten und ein - unter der Regierungszeit König Ludwig I. keineswegs selbstverständliches - Zeichen religiöser Toleranz enthält der Erlaß vom 23. August 1847, der ausdrücklich feststellt, daß es in Kindergärten nicht erforderlich ist, "die Kinder nach Konfessionen zu scheiden". Beinahe wie ein Vorgriff auf die heutige Zurückhaltung des Staates in diesem Bereich scheint die Bestimmung zu sein, daß "Niemanden angemuthet werden dürfe, an Gebeten oder religiösen Gebräuchen Antheil zu nehmen, welche mit den Grundsätzen seiner Kirche nicht vereinbar sind". Auch die letzte der in kurzer Folge ergangenen Ministerialentschließungen zum Kindergarten vom 22. Februar 1852 zeigt die Fürsorge des Staates für den

Kindergarten. Auf Befehl seiner Majestät des Königs Maximilian II. wird darin festgestellt, daß nicht nur in Städten, sondern auch in vielen Landgemeinden das Bedürfnis nach Kindergarten bestehe und "namentlich gar viele Eltern auf dem platten Lande" für ihre Kinder eines Kindergartens bedürfen. "In allerhöchster Berücksichtigung der wohltätigen Wirkungen", welche Kindergärten "auf das geistige und leibliche Wohl der aufgenommenen Kinder äußern, werden deshalb die staatlichen Behörden aufgefordert, auch auf dem platten Lande, soweit dafür ein Bedürfnis besteht, Kinderbewahranstalten in Anregung zu bringen und möglichst zu fördern".

Nur am Rande sei vermerkt, daß in derselben Zeit als Reaktion auf die Revolution vom Jahre 1848 die Fröbel'schen Kindergärten im Königreich Preußen verboten waren.

Vom Jahre 1852 bis zum Jahre 1910 erging nur eine weitere verbindliche Regelung, in der ganz im Sinne der Fürsorge der Klage nachgegangen wird, daß in "Fröbel'schen Kindergärten" die Kinder zu Arbeiten angehalten werden, die das Augenlicht schädigen könnten. Nach Augenschein in Münchner Kindergärten und Beteiligung des königlichen Obermedizinalausschusses kommt die Regierung zu dem Ergebnis, daß bei sachgemäßer Anleitung keine Schädigung zu befürchten sei.

Bei wohlwollender Betrachtung kann diese Zurückhaltung zunächst damit begründet werden, daß die Ministerialentschließungen aus dem Jahre 1839 bis 1852 für die nächsten 60 Jahre eine tragfähige Grundlage boten. Man könnte darüber hinaus fast soweit gehen, zu sagen, daß das Fehlen verbindlicher staatlicher Regelungen als Beweis dafür aufzufassen ist, daß der Staat im Sinne eines partnerschaftlichen Verhältnisses die Entwicklung des Kindergartenwesens nicht mehr als notwendig beeinflussen wollte.

Die am 18. Dezember 1910 erlassenen "Allgemeinen Bestimmungen über die Errichtung und Betrieb von Kinderbewahranstalten" stellen das Kindergartenwesen in Bayern auf eine neue Grundlage. Sie sind ausführlich und umfassend. Man kann dies als Zeichen staatlicher Fürsorge betrachten, geht aber wohl nicht fehl, wenn man auch den zunehmenden Wunsch nach Perfektion der staatlichen Verwaltung dafür mitverwortlich macht.

Hier finden wir nun die Definition der Einrichtung, die Anforderungen an die räumliche Ausgestaltung, die Aufnahme und die Gesundheitspflege der Kinder,

die pädagogischen Grundsätze und die Personalqualifikationen sowie auch Regelungen zur staatlichen Aufsicht. Bezeichnend ist jedoch wohl, daß auch diese Bestimmungen mit dem Satz beginnen, die zuständigen Behörden "sollen die Anstalten nach Möglichkeit zu fördern suchen".
Über das Jugendwohlfahrtsgesetz aus dem Jahre 1924, das den Kindergarten in einen breiteren Zusammenhang mit anderen Einrichtungen der Jugendfürsorge und der Jugendwohlfahrt stellt und den kommunalen Jugendämtern den Auftrag erteilt, u.a. Kindergärten "anzuregen, zu fördern und ggf. zu schaffen", führt ein gerader Weg zu den Bestimmungen des Bayerischen Kindergartengesetzes. Neu und von anderen Bundesländern bisher nicht nachvollzogen ist das klare Bekenntnis des Bayerischen Kindergartengesetzes zum Bildungsauftrag des Kindergartens. Geblieben jedoch ist der traditionelle Auftrag an den Staat, fördernd und partnerschaftlich mit den Kindergartenträgern zusammenzuarbeiten.

Partnerschaft nach heutigem Verständnis setzt die Respektierung der unterschiedlichen Aufgaben von Staat und Träger voraus. Unverzichtbar ist der Auftrag des Staates, also der Gemeinschaft Aller, dafür zu sorgen, daß das Wohl des einzelnen Kindes im Kindergarten nicht gefährdet wird. Auch die staatliche Aufsicht, der gem. Art. 130 der Bayerischen Verfassung das gesamte Bildungswesen unterliegt, kann nicht in Frage gestellt werden. Partnerschaftliches Verständnis und staatliche Förderung durchziehen jedoch wie ein roter Faden das Bayerische Kindergartengesetz. Dies zeigt sich z.B. deutlich an der Verankerung des Subsidiaritätsgrundsatzes, d.h. des Grundsatzes, wonach ein kommunaler Kindergarten nur dann errichtet werden darf, wenn kein geeigneter freigemeinnütziger Träger in der Lage ist, den Kindergarten zu betreiben. Die Beteiligung der Träger am Ausbau des Kindergartenwesens gehört ebenfalls in diesen Zusammenhang.

Noch deutlicher wird der Begriff der Partnerschaft im pädagogischen Bereich. Aufgabe des Staates ist es, durch allgemeine Vorschriften "Mindestanforderungen" an die Erziehungs- und Bildungsziele aufzustellen. Aufgabe des Trägers ist es, in eigener Verantwortung für die Erziehungs- und Bildungsarbeit diese Anforderungen zu erfüllen. Das System sichert zugleich ein gemeinsames pädagogisches Niveau aller bayerischen Kindergärten und läßt jedem einzelnen Kindergarten die Freiheit, innerhalb eines weit gesteckten Rahmens eigene Wege zur Erreichung der Erziehungs- und Bildungsziele des Kindergartens zu gehen.
Staatliche Förderung und Unterstützung sind schließlich auch die vom Freistaat Bayern geleisteten Baukosten- und Personalkostenzuschüsse. Seit dem Inkrafttreten des Gesetzes hat der Freistaat Bayern Baukostenzuschüsse in Höhe von

369,3 Mio DM gewährt und für die Personalkostenförderung werden im Jahr 1990 voraussichtlich mehr als 300 Mio DM zur Verfügung stehen.

Gleichsam als "Geburtstagsgeschenk" hat die Bayerische Staatsregierung beschlossen, im Rahmen des Nachtragshaushaltes für das Jahr 1990 zusätzliche Mittel vorzusehen, um eine volle Hilfskraft in allen Kindergartengruppen in die Förderung einzubeziehen.

Die staatliche Unterstützung hat wesentlich zu einem nahezu beispiellosen Ausbau des bayerischen Kindergartenwesens beigetragen. Gab es am 1.1.1973 3.166 Kindergärten mit rund 235.000 Kindern, waren es zum 1.1.1989 4.273 Kindergärten mit fast 285.000 Kindern. In demselben Zeitraum stieg die Besuchsquote, d.h. der Anteil der Drei- bis Fünfjährigen, die einen Kindergarten besuchen, von 45 auf 83,1%. Es gibt wohl kaum einen überzeugenderen Beweis für die erfolgreiche Zusammenarbeit zwischen Staat und Trägern als die Tatsache, daß 88,3 % aller Fünfjährigen am 1.1.1989 einen Kindergarten besuchten. Diese Zahlen sind ein stolzer Beweis für das hohe Ansehen und die Leistungsfähigkeit der bayerischen Kindergärten vor allem dann, wenn man sich in Erinnerung ruft, daß der Kindergartenbesuch freiwillig ist und darüber hinaus von den Eltern noch in Form des Kindergartenbeitrages finanzielle Beiträge verlangt.

Die Grundsätze von Förderung und Partnerschaft haben sich also in 150 Jahren bewährt, sie prägen die Arbeit der bayerischen Kindergärten und sind gleichzeitig ein tragendes Fundament für den weiteren Ausbau des bayerischen Kindergartenwesens, das uns durch neue pädagogische Anforderungen und steigende Geburtenzahlen in den nächsten Jahren vor zusätzliche Herausforderungen stellen wird.

Bernhard Nagel

DIE QUANTITATIVE ENTWICKLUNG DES KINDERGARTENWESENS IN BAYERN SEIT 1973

Mit in Kraft treten des Bayerischen Kindergartengesetzes (BayKiG) vom 25.7.1972 (GVBl S. 297) am 1.1.1973 wurde dem Kindergarten ein eigener Bildungsauftrag erteilt. Seit diesem Zeitpunkt wird in Bayern jährlich eine statistische Erhebung im vorschulischen Bereich durchgeführt, die in den Erhebungsmerkmalen weit über die bis dahin im Rahmen der Jugendhilfestatistik erhobenen Grunddaten hinausgeht. Bayern verfügt damit über differenzierte statistische Angaben zum vorschulischen Bereich wie nur wenige Bundesländer.

Die Einrichtung Kindergarten

Nach Art.1 BayKiG sind Kindergärten Einrichtungen im vorschulischen Bereich, die der Erziehung und Bildung der Kinder vom vollendeten 3. Lebensjahr bis zum Beginn der Schulpflicht dienen. Schulpflichtig sind die Kinder, die am 30. Juni mindestens 6 Jahre alt sind. Der Besuch des Kindergartens ist freiwillig.

Schulkindergärten sind besondere Einrichtungen nach Art.7 Abs.3 BayKiG, die sich vom "Allgemeinen" Kindergarten dadurch unterscheiden, daß sie in der Regel für Kinder sind, die gemäß Art.8 Abs. 2 oder 3 Schulpflichtgesetz (SchPG) zurückgestellt sind.
Nur diese Kinder können in selbständigen Gruppen zusammengefaßt werden; eigene Vorschulgruppen sind nicht statthaft.

Die Entwicklung der Einrichtungen

Dem festgestellten Bedarf an Kindergartenplätzen wurde durch die Einrichtung neuer Kindergärten und die Erweiterung des Platzangebotes Rechnung getragen. So erhöhte sich seit 1973 die Zahl der Kindergärten um 1107 Einrichtungen von 3166 auf 4273 im Jahre 1989; das entspricht einer Zunahme von 35% (s.a. Abb.1). Während die Anzahl der Allgemeinen Kindergärten kontinuierlich zunahm, war die Entwicklung bei den Schulkindergärten weniger einheitlich. Zwischen 1973 und 1980 wuchs die Zahl dieser Einrichtungen von 52 auf 80 an. In den folgenden Jahren sank diese Zahl wieder auf 71 und schwankt seitdem zwischen 74 und 80. Zu Beginn des Jahres 1989 gab es 78 Schulkindergärten. Die Entwicklung der Zahlen weist darauf hin, daß bei entsprechend großem Platzangebot die Allgemeinen Kindergärten auch von vom Schulbesuch zurückgestellten Kindern bevorzugt besucht werden.

Abbildung 1   **Kindergärten und Träger der Einrichtungen seit 1973**

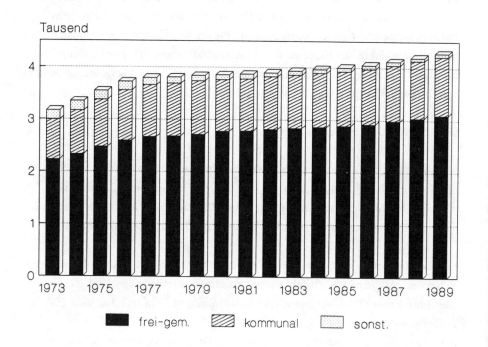

Träger der Einrichtungen

Entsprechend dem Subsidiaritätsprinzip ist die Mehrzahl der Einrichtungen in freigemeinnütziger Trägerschaft. Die Gemeinden und Landkreise können nur dann zum Bau und Betrieb von Einrichtungen verpflichtet werden, wenn die freigemeinnützigen Träger diese Aufgabe nicht übernehmen oder übernehmen können. Seit 1973 lag der Anteil der Kommunalen Träger bei den Allgemeinen Kindergärten konstant bei etwa einem Viertel. Dagegen nahm der Anteil der Sonstigen Träger seit 1973 ständig von 5,7% auf 1,4% im Jahre 1989 ab, während

sich die Quote der freigemeinnützigen Träger in dieser Zeit von 71,3% auf 73,8% erhöhte (s.a. Abb.1).
Bei den Schulkindergärten war das Verhältnis zwischen den Anteilen der freigemeinnützigen (1989: 25,6%) und kommunalen Trägern (1989: 74,4%) genau umgekehrt. Sonstige Träger gibt es seit 1977 nicht mehr.

Gruppen / Gruppengröße

Vor allem aus pädagogischer Sicht interessant ist die Entwicklung der Gruppengrößen. So war man 1973 von der angestrebten Regelgruppengröße von 25 Kindern pro Gruppe im Allgemeinen und 15 Kindern pro Gruppe im Schulkindergarten noch deutlich entfernt. Von den Kindern, die im Jahre 1974 einen Allgemeinen Kindergarten besuchten, waren lediglich 36,8% in Gruppen mit max. 25 Kindern, 13,2% waren sogar in Gruppen mit mehr als 35 Kindern. Bereits 1978 waren jedoch schon 76,3% in Gruppen mit max. 25 Kindern und lediglich 2,1% in Gruppen mit mehr als 35 Kindern. In den Schulkindergärten waren es 1988 14,4% der Kindergartenkinder, die eine Gruppe mit mehr als 15 betreuten Kindern besuchten. Und auch diese Gruppen lagen meist nur unerheblich über der Regelgruppengröße. Nicht unerheblich sind regionale Unterschiede in der Gruppengröße. Hierbei fällt auf, daß es die meisten Gruppen mit mehr als 25 Kindern dort gibt, wo die Besuchsquote am höchsten ist, d.h. in Oberfranken (1988: 31,7% der Kinder) und in Unterfranken (1988: 25,8%), gegenüber Oberbayern (1988: 10,4%) und Oberpfalz (1988: 9,2%); der Regierungsbezirk Oberpfalz hat nach Niederbayern die niedrigste Besuchsquote.
In den Schulkindergärten verlief die Entwicklung völlig anders. So besuchten im Jahre 1974 lediglich 3,1% der Kinder eine Gruppe mit mehr als 15 Kindern und 38,1% sogar Gruppen mit weniger als 15 Kindern, während im Jahre 1978 bereits 41,2% der Kinder eine Gruppe mit mehr als der Regelgröße besuchen mußten. Danach nahm der Anteil der "großen" Gruppen wieder ab und im Jahre 1988 betrug der Anteil der Kinder in Gruppen mit mehr als 15 Kindern nur noch 19,7%.

Platzangebot

Als Maßzahl für die Aufnahmekapazität der Kindergärten gilt die von der amtlichen Statistik erhobene Anzahl der Ganztagsplätze. Dieser Wert gibt jedoch die Untergrenze der Kapazität an, da in vielen Kindergärten die Plätze am Vormittag und Nachmittag von verschiedenen Gruppen mit verschiedenen Kindern belegt

Übersicht 1: **Ganztagsplätze und betreute Kinder in den Kindergärten seit 1973**

Jahr (jeweils 1.1.)	Plätze				Betreute Kinder				
	insgesamt	davon in Einrichtungen			insgesamt	und zwar			
		kommunaler	freigemeinnütziger Träger	sonstiger		halbtags	%	ganztags	%

Allgemeine Kindergärten

Jahr	insgesamt	kommunaler	freigem.	sonstiger	insgesamt	halbtags	%	ganztags	%
1973	207.676	49.347	151.990	6.339	234.374	108.606	46,3	125.768	53,7
1974	208.937	50.770	151.388	6.779	240.368	120.395	50,1	119.973	49,9
1975	218.580	54.165	158.016	6.399	247.113	128.044	51,8	119.069	48,2
1976	223.799	55.534	162.380	5.885	249.012	131.504	52,8	117.508	47,2
1977	221.113	55.540	160.551	6.022	245.593	128.503	52,3	117.090	47,7
1978	213.491	54.305	155.187	3.999	238.896	123.040	51,5	115.856	48,5
1979	212.041	54.607	154.037	3.397	234.502	118.978	50,7	115.524	49,3
1980	212.606	52.733	156.887	2.986	235.612	117.758	50,0	117.854	50,0
1981	213.595	53.213	157.350	3.032	237.274	119.134	50,2	118.140	49,8
1982	215.562	54.542	158.525	2.495	240.216	122.280	50,9	117.936	49,1
1983	217.361	54.564	160.462	2.335	243.000	123.944	51,0	119.056	49,0
1984	217.948	54.341	161.393	2.214	246.991	126.683	51,3	120.308	48,7
1985	221.905	55.364	164.566	1.975	254.758	133.253	52,3	121.505	47,7
1986	226.110	56.546	167.506	2.058	265.519	140.043	52,7	125.476	47,3
1987	231.597	57.784	171.804	2.009	274.196	146.636	53,5	127.560	46,5
1988	237.781	59.839	176.194	1.748	279.447	149.677	53,4	129.770	46,6
1989	244.054	61.894	180.521	1.639	282.835	148.451	52,5	134.384	47,5

Schulkindergärten

Jahr	insgesamt	kommunaler	freigem.	sonstiger	insgesamt	halbtags	%	ganztags	%
1973	1.027	784	243	–	990	845	85,4	145	14,6
1974	1.102	787	300	15	1.073	960	89,5	113	10,5
1975	1.136	813	323	–	1.102	946	85,8	156	14,2
1976	1.178	900	260	18	1.145	1.053	92,0	92	8,0
1977	1.263	926	337	.	1.180	989	83,8	191	16,2
1978	1.387	949	438	.	1.355	897	66,2	458	33,8
1979	1.275	912	363	.	1.200	973	81,1	227	18,9
1980	1.346	967	379	.	1.244	981	78,9	263	21,1
1981	1.194	861	333	.	1.132	933	82,4	199	17,6
1982	1.148	801	347	.	1.094	801	73,2	293	26,8
1983	1.193	816	377	.	1.104	813	73,6	291	26,4
1984	1.254	876	378	.	1.151	773	67,2	378	32,8
1985	1.319	868	451	.	1.235	754	61,1	481	38,9
1986	1.285	918	367	.	1.240	783	63,2	457	36,8
1987	1.340	948	392	.	1.289	791	61,4	498	39,6
1988	1.277	929	348	.	1.252	811	64,8	441	35,2
1989	1.302	934	368	.	1.241	798	64,3	443	35,7

sind, d.h. daß vorhandene Plätze durch zwei Halbtagsgruppen (eine Vor- und eine Nachmittagsgruppe) doppelt ausgelastet sind. So standen 1989 in den Allgemeinen Kindergärten 244.054 Plätzen 282.835 betreute Kinder gegenüber. Damit lag die Zahl der in den Allgemeinen Kindergärten betreuten Kinder um 15,9% (d.s. 38.781 Kinder) über dem Angebot an Ganztagsplätzen. Im Jahre 1973 lag dieser Wert noch bei 12,9% (d.s. 26.698), was 207.676 Plätzen gegenüber 234.374 Kindern entspricht.

Insgesamt nahm das Platzangebot an den Allgemeinen Kindergärten erst seit 1979 kontinuierlich zu. Zwischen 1976 und 1979 nahm die Anzahl der Plätze um 11.758, d.s. 5,3%, ab. 1988 gab es 30.105, d.s. 14,5%, Plätze mehr als 1973 und 25.740, d.s. 12,1%, mehr als 1979.

Auch hier ist die Entwicklung bei den Schulkindergärten anders. Seit 1973 ist das Angebot an Ganztagsplätzen immer geringfügig größer als die Anzahl der betreuten Kinder.

Betreute Kinder

Die Entwicklung bei der Anzahl der betreuten Kinder verläuft ähnlich der beim Platzangebot. In den Allgemeinen Kindergärten folgt einem Anstieg von 234.374 Kinder im Jahre 1973 auf 249.012 im Jahre 1976 ein Rückgang bis auf 234.502 Kinder im Jahre 1979. Erst danach beginnt ein stetiges Ansteigen der Zahl der im Allgemeinen Kindergarten betreuten Kinder; 1989 besuchten 282.835 Kinder diese Einrichtung, das sind 20,7% mehr als 1973 und 20,6% mehr als 1979. Der zwischenzeitliche Rückgang der Anzahl der Kindergartenkinder ist - wie sich bei den Besuchsquoten noch zeigen läßt - in der Hauptsache durch den Rückgang der absoluten Geburtenzahlen in den Jahren davor begründet.

Auch im Schulkindergarten nahm die Zahl der betreuten Kinder zwischen 1973 und 1989 um 25,4% zu, allerdings blieb in den letzten fünf Jahren die Zahl der Kinder, die lediglich zwischen 1235 und 1289 schwankte, relativ konstant.

Besuchsquote

Eine wichtige Bezugsgröße ist die Besuchsquote, d.h. der Anteil der Kinder im Kindergartenalter, die tatsächlich einen Kindergarten besuchen. Wurden im Jahre 1973 in Bayern lediglich 45,9% der drei- bis unter sechjährigen Kinder in einem Kindergarten betreut, so waren es 1989 bereits 82,3%. Dazwischen lag eine kontinuierliche Zunahme der Besuchsquote, die selbst in den Jahren anhielt, als die absoluten Besucherzahlen zurückgingen, was, wie schon erwähnt, im vorausgehenden Rückgang der Geburtenzahlen begründet ist. Besonders stark war bei den fünfjährigen Kindern die Zunahme der Besuchsquote, die nach 50,9% im Jahre 1974 zu Beginn 1989 bereits 87,5% betrug. Nicht ganz so ausgeprägt ist der Zuwachs bei den drei- bis vierjährigen Kindern, bei denen 1989 79,6% einen Kindergarten besuchten gegenüber 48,9% im Jahre 1974 (s.a. Abb. 2).

Bei den Besuchsquoten werden regionale Unterschiede am auffälligsten. Während im Kindergartenjahr 1988/89 in Unterfranken praktisch alle Kinder im Kindergartenalter einen Kindergarten besuchten, waren es in Niederbayern nur 73,8%. Differenziert man zwischen den Drei- bis Vierjährigen und den Fünfjährigen, so zeigt sich, daß der Unterschied besonders groß bei den jüngeren und deutlich geringer bei den älteren Kindern ist.

In den Regierungsbezirken lagen die Quoten bei den Drei- bis Vierjährigen zwischen 66,6% in Niederbayern und 100% in Unterfranken, bei den Fünfjährigen zwischen 85,8% in Oberfranken und 91,2% in Unterfranken.

Vergleicht man die Entwicklung der Besuchsquoten in den einzelnen Regierungsbezirken, wird bei den Fünfjährigen eine deutliche Abnahme der Differenzen zwischen den einzelnen Regierungsbezirke seit 1974 erkennbar, während bei den Drei- bis Vierjährigen der Unterschied zwischen den jeweiligen Quoten meist gleich geblieben ist, wenn auch auf höherem Niveau.

Abbildung 2 **Entwicklung der Besuchsquote im Kindergarten seit 1973**

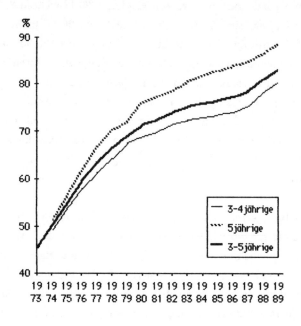

Vom Schulbesuch zurückgestellte Kinder

Ein Kind, das am 30. Juni eines Jahres mindestens sechs Jahre alt wird, kann für die Dauer eines Schuljahres zurückgestellt werden, wenn auf Grund seiner Entwicklung ein erfolgreicher Schulbesuch noch nicht zu erwarten ist.
Diesen Kindern, die im Gegensatz zu den gleichaltrigen Schulkindern nicht unter eine Bildungspflicht fallen ist es freigestellt eine außerfamiliäre Förderung wahrzunehmen. Als institutionelle Einrichtung wurde hierfür neben dem Allgemeinen Kindergarten der Schulkindergarten eingerichtet. Der Schulkindergarten, der speziell eine Einrichtung für vom Schulbesuch zurückgestellte Kinder ist, bereitet diese Kinder auf den Schulbesuch im kommenden Schuljahr vor.
Im Jahre 1989 wurden 78 Schulkindergärten mit 1302 Plätzen von 1241 Kindern besucht. Davon waren über 2/3 der Einrichtungen in den bayerischen Großstädten. Allerdings werden diese Einrichtungen seit ihren Bestehen nicht einmal von 1/5 der vom Schulbesuch zurückgestellten Kinder besucht. Der weitaus größte Teil besucht einen Allgemeinen Kindergarten.

Ausländische Kinder im Kindergarten

Die bayerischen Kindergärten wurden zu Beginn des Jahres 1989 von 16.687 ausländischen Kindern besucht, nachdem es im Jahre 1973 6.237 waren und einem Höchststand im Jahre 1982 mit 18.399 Kindern. Damit betrug der Anteil der ausländischen Kinder an allen Kindergartenkinder 1989 5,9% (gegenüber 2,7% 1973 und 7,6% 1982).
Den größten Anteil bei den ausländischen Kindergartenkindern stellen schon seit Jahren die Kinder türkischer und jugoslawischer Nationalität mit 39,6% (1975: 23,8%) bzw. mit 16,3% (1975: 18,4%). So besuchten im Jahre 1988 6575 türkische und 2702 jugoslawische Kinder einen Kindergarten. Diese beiden Gruppen verzeichnen auch den größten Zuwachs seit 1973. So nahm allein im Jahre 1980 die Zahl der betreuten türkischen Kinder um über 50% zu.
Wenn auch die Besuchsquote der ausländischen Kinder im Kindergartenalter, die einen Kindergarten besuchen, nur schwer geschätzt werden kann kann davon ausgegangen werden, daß dieser Anteil heute deutlich über 2/3 liegt.
Schon seit Jahren ist der Anteil an ausländischen Kindern besonders hoch in den Städten München, Nürnberg, Fürth, Augsburg und Kempten. Fast die Hälfte der ausländischen Kinder, die einen Kindergarten besuchen, werden in diesen fünf Städten betreut.

Erziehungspersonal

Den kräftigsten Zuwachs im Kindergartenbereich gab es beim Erziehungspersonal, deren Anzahl von 11.316 im Jahre 1973 auf 20.384 1989 anstieg, das entspricht einer Zunahme von 80,1%. Dabei nahm in diesem Zeitraum die Zahl der Fachkräfte von 5789 auf 11.413, d.h. um 97,2%, zu. Die Zahl der Hilfskräfte, das sind in der Regel Kinderpflegerinnen, nahm von 3772 auf 7292 zu, d.h. um 93,3%. Dieser Zuwachs beim Erziehungspersonal ist um so bemerkenswerter als im gleichen Zeitraum die Anzahl der betreuten Kinder "nur" um insgesamt 20,7% zunahm. Das bedeutet, daß im Jahre 1973 im Durchschnitt auf eine im Kindergarten tätige Kraft 20,8 Kinder kamen, während es im Jahre 1989 nur noch 13,9 Kinder waren. Es ist zu erwarten, daß diese Relation noch günstiger wird, wenn am 1.1.1990 die Bezuschussung einer vollen Hilfskraft pro Gruppe in Kraft tritt.

Übersicht 2: **Erziehungspersonal in Bayern seit 1973**

Jahr (jeweils 1.1.)	insgesamt	davon				
		teilzeit beschäftigt		Fachkräfte	Hilfskräfte	sonstige
			%			
1973	11.316	1.065	9,4	5.789	3.772	1.755
1974	12.883	1.131	8,8	6.510	4.650	1.723
1975	14.108	1.485	10,5	7.825	4.874	1.409
1976	14.856	1.620	10,9	8.742	4.906	1.208
1977	15.308	1.783	11,7	9.419	4.922	967
1978	15.562	1.888	12,1	9.962	4.863	737
1979	15.850	2.017	12,7	10.183	4.935	732
1980	16.023	2.206	13,8	10.226	4.650	1.147
1981	16.455	2.272	13,8	10.385	4.727	1.343
1982	16.857	2.412	14,3	10.343	5.066	1.448
1983	17.216	2.560	14,9	10.439	5.119	1.658
1984	17.619	2.788	15,8	10.505	5.372	1.742
1985	17.986	3.008	16,7	10.801	5.573	1.612
1986	18.665	3.453	18,5	11.123	5.895	1.647
1987	19.246	3.913	20,3	10.839	6.791	1.616
1988	19.810	4.255	21,5	11.274	6.940	1.596
1989	20.384	4.467	21,9	11.413	7.292	1.679

II. Pädagogische Konzepte in der Elementarerziehung

Ulrich Diekmeyer

PÄDAGOGISCHE KONZEPTE IM ELEMENTARBEREICH: DIE ENT-WICKLUNG DER FRÜHPÄDAGOGIK NACH DEM ZWEITEN WELTKRIEG

Einführung

Ein Überblick über die verschiedenen pädagogischen Konzepte im Elementarbereich der Nachkriegszeit kann im Rahmen dieses Beitrags lediglich eine Skizze ausgewählter Stationen sein. In einzelnen Phasen haben sich pädagogische Ansätze verstärkt, überschnitten oder auch zu Dissens geführt, und der zeitliche Abstand zu diesen Jahren ist noch zu gering, um zu einer ausgewogenen Darstellung kommen zu können. Leicht zugänglich sind die Empfehlungen, Gutachten und Studien des Deutschen Bildungsrates, der Bund-Länder-Kommission und der entsprechenden Arbeitsgruppen und Kommissionen, während viele andere Vorschläge und Bemühungen demgegenüber, obwohl sie vor Ort viel bewegt haben mögen, unbeachtet bleiben müssen. So wird - wesentlich auch aufgrund des beschränkt zur Verfügung stehenden Raumes - auf die einzelnen Reformbemühungen, -ansätze und -umsetzungen in den Bundesländern kaum eingegangen, obwohl die Kulturhoheit in der Bundesrepublik Deutschland aufgrund der föderativen Struktur bei diesen liegt. Eine Rechtfertigung für die getroffene thematische Auswahl liegt in der Bedeutung und Reichweite der Vorschläge des Deutschen Bildungsrates, die für die Reform konstituierend waren und der Bereitstellung der erheblichen, finanziellen Mittel der Bundesministerien.

Soweit pädagogische Konzepte Gegenstand spezifischer Beiträge in dieser Festschrift sind (vgl. z.B. Situationsansatz und Curriculum Soziales Lernen des Deutschen Jugendinstituts), werden sie in diesem Beitrag lediglich kurz erwähnt.

1. Entwicklungen in den Jahren 1945 - 1965

Der Zusammenbruch des Dritten Reiches 1945 hinterließ auch ein weithin zerstörtes Kindergartenwesen (Hoffmann, 1971, 59). Nachdem die konfessionellen Trägerorganisationen Widerstand gegen die Nationalsozialistische Volkswohlfahrt und deren Zielsetzungen geleistet hatten, lag das Anknüpfen an pädagogische Konzeptionen der Weimarer Republik nahe, soweit nicht die erforderlichen Nothilfemaßnahmen den Kindergarten zur Wahrnehmung der Aufbewahrungs- und Betreuungsfunktion aufgrund der Lebenssituation der Kinder und Mütter zwangen, er also auf bereits überwundene Stadien zurückfiel.

Während in der russischen Besatzungszone bereits 1946 im "Gesetz zur Demokratisierung der deutschen Schule" festgesetzt wurde, daß der Bildungsweg des Kindes mit dem Kindergarten beginne und zur Schulreife führen solle (Hoffmann, 1971, 59), wurde in der Bundesrepublik Deutschland mit der Verabschiedung des Grundgesetzes festgelegt, daß "Pflege und Erziehung das natürliche Recht der Eltern und die zuvörderst ihnen obliegende Pflicht" sei. Damit war auch vorgezeichnet, daß der Kindergarten primär eine familienergänzende Aufgabe wahrnehme, und entsprechend seine mögliche bildungspolitische Aufgabe als nachrangig betrachtet wurde (Neumann, 1987a, 84 ff).

Der Fröbelsche Ansatz mit der "Pflege des kindlichen Tätigkeitstriebes" war das grundlegende Konzept in diesen Jahrzehnten. Blochmann (1970, 329) charakterisiert die wesentlichen Leitlinien wie folgt: "Die Arbeit im Kindergarten ... ist durch zwei Momente ... gekennzeichnet. Das erste ist die Atmosphäre von Behaglichkeit und Wärme, Heiterkeit und Frische, die dort herrscht ... Das zweite ist der Rhythmus des Lebens, das heißt der natürliche Wechsel zwischen Bewegung und Ruhe, Anspannung und Entspannung, Aufnehmen und Schaffen, der die Tagesordnung durchzieht. Für beides zu sorgen ist die Hauptaufgabe der Kindergärtnerin." (zit. nach Neumann, 1987a, 101). Damit ist auch die Bedeutung des freien Spiels für die Entwicklung des Kindes, die man entsprechend der verschiedenen Phasenlehren als überwiegend festgelegt auffaßte, markiert. Die Betonung der Methode des Spiels als der im Kindergarten grundlegenden und erwünschten Tätigkeit und Lernform des Kindes zieht sich bis heute wie ein roter Faden durch die verschiedenen pädagogischen Konzepte.

Allerdings widersprach die Praxis in vielen Kindergärten dieser Theorie der Kleinkindpädagogik. Die gesellschaftliche Realität wich erheblich von der geschilderten Idylle ab, weil der Tagesablauf z.B. häufig noch nach stundenplanmäßiger Einteilung vollzogen wurde (Grossmann, 1974, 86 ff).

2. Entwicklungen in den Jahren 1965 - 1970/71

Mit der Konstituierung der Bildungskommission des Deutschen Bildungsrates 1966 und seinem Vorhaben, sich ein Bild vom Stand der Begabungsforschung zu machen - ein Projekt, das 1969 mit der Veröffentlichung von "Begabung und

Lernen" abgeschlossen wurde - veränderte sich die Bildungslandschaft wesentlich. "Der Mensch ist nicht begabt - er wird begabt" (Hamm-Brücher, Eröffnungsvortrag zum Vorschulkongreß 1970) - dieses Motto war ein wesentliches Moment in der Entdeckung der Möglichkeiten und der Bedeutung von Vorschulerziehung. Schmalohr (1972, 76) nennt als wesentliche Aspekte den Sputnik-Schock, der Wissenschaftler und Pädagogen mobilisierte, den Beginn des Head Start-Programmes 1964 in den USA und die provokanten Thesen von Lückert ab dem Jahr 1966, der die basale Begabungs- und Bildungsförderung für Kinder vor dem Schuleintritt forderte. Insbesondere die angezielte Einführung des frühen Lesens, die Lückert als Teil der Förderung der kognitiven Funktionen betrachtete, machte in der Öffentlichkeit Furore und rüttelte die Fachvertreter der Kindergartenpädagogik auf, die bisher vorrangig, in Übereinstimmung mit dem Jugendwohlfahrtsgesetz, den traditionellen, sozialpädagogischen Auftrag des Kindergartens wahrgenommen hatten (vgl. auch Lückert, 1970a, b).

Inhaltliche Anregungen brachte weiterhin die Diskussion um die kompensatorischen Programme im Anschluß an erste Ergebnisse der Head Start-Programme in den USA. Letztere sollten dazu beitragen, die Chancengleichheit für alle Mitglieder der Gesellschaft herbeizuführen, wobei besonders der Einfluß der Sprache für die Schichtzuschreibung gesehen wurde. Daß im Zusammenhang mit der angestrebten Chancengleichheit auch der Kindergartenbesuch durch alle Kinder einen hohen Stellenwert hat, war in Fachkreisen allgemein anerkannt.

Die Stiftung Volkswagenwerk initiierte ab 1968 das Förderprogramm CIEL (Curriculum der Institutionalisierten Elementarerziehung), und ließ eine inhaltliche Konzeption durch einen Beraterkreis von Bildungsforschern und Experten der Bildungsadministration erarbeiten. Umstritten blieb bei einem workshop auf der Trendelburg bei Kassel, ob die Konzeptionen der Curricula funktionsorientiert, inhaltlich orientiert, defizit-orientiert oder entscheidungsorientiert ausgerichtet werden sollten, eine Fragestellung, die auch in den folgenden Jahren unterschiedlich beantwortet wurde (Bennwitz, Engelhardt, Weinert, 1973, 312 ff).

Nach der bundesweiten Ausschreibung des Förderprogramms wurden in den Jahren 1970/71 von 33 eingereichten Anträgen 8 angenommen, die diese unterschiedlichen Konzeptionen belegen, u.a. 1. "Weg in die Zukunft" (naturwissenschaftlich orientiertes Curriculum auch für die Eingangsstufe), 2. "Entwicklung eines Curriculum zur Entfaltung sozialer Fähigkeiten und der Verbesserung sozialer Orientierung", 3. "Konstruktion und Validierung von Intelligenz-Trainingsspielen für Kindergartenkinder und Schüler", 4. "Entwicklung von Sprachcurricula und von sprachlichen Performanztests", 5. "Entwicklung und Erprobung eines Teilcurriculum für die mathematische Früherziehung" (Bennwitz, Engelhardt, Weinert, 1973, 319 ff).

Weiterführend war schließlich auch die aufkommende Diskussion um die Vorklassen. Die Programme der drei großen Parteien enthielten schon die Forderung nach Vorklassen für Fünfjährige (FDP 1967, CDU/CSU 1969, SPD 1969), berichtet Schulz (1970, 197). Allerdings wurde die Forderung nach der Einführung von Vorklassen für 5-jährige unter verschiedenen Perspektiven artikuliert. Einige Vertreter dieses Ansatzes sahen die besonderen Vorteile darin, daß die Kinder wenigstens als 5-jährige einer Institution zugeführt werden sollten, die primär Förderung und Bildung als Zielsetzung sah, andere wollten auf diesem Weg die Gesamtdauer der Schulzeit abkürzen, andere dachten an einen gleitenden Übergang vom Kindergarten in die Grundschule mit deutlicher Akzentsetzung auf dem spielenden Lernen als einer Fortsetzung der Kindergartenpädagogik. Der Deutsche Bildungsrat leitete mit dem Strukturplan für das Bildungswesen, der im Februar 1970 verabschiedet wurde, die nächste Phase der Reform ein (vgl. unten).

Es sei jedoch noch an eine weitere Initiative zur Veränderung der Kindergärten erinnert, die Entstehung der Kinderläden im Kontext der Studentenbewegung 1968. Antiautoritäre Erziehung war das Stichwort, und eine Abwendung von der bisherigen Kindergartenpädagogik angestrebt. Kinder sollten möglichst großen Freiraum erhalten, der Erzieher zurücktreten, die Eltern sollten sich intensiv an der Kinderladenarbeit beteiligen im Sinne emanzipatorischer Erziehung. Dammann und Prüser schreiben dazu: "die Konzepte der Kinderläden (haben) zu einer erregten öffentlichen Diskussion geführt und dadurch eine allgemeine Sensibilisierung gegenüber den Autoritätsstrukturen in Familie, Kindergarten und Schule bewirkt" (1987a, 27).

Dieselben Autoren fassen die Entwicklung wie folgt zusammen: "Erst die Ergebnisse der Sozialisations-, Intelligenz-, Lern- und Motivationsforschung der 60er Jahre brachten - verbunden mit der bildungspolitischen Neuorientierung, d.h. der Einbindung des Kindergartens in das gesamte Bildungssystem - nicht nur rechtliche, organisatorische und konzeptionelle, sondern auch inhaltliche Innovationen und Impulse größeren Ausmaßes für die praktische Arbeit im Kindergarten (1987b, 133).

3. Entwicklungen in den Jahren 1970/71 - 1980

3.1 Der Strukturplan für das Bildungswesen

Der Strukturplan bezieht sich dem Inhalt nach auf eine Konzeption für das allgemeine Schulwesen in der Bundesrepublik Deutschland, die von allen Vertretern der im Bildungsrat repräsentierten Bundesländer ohne Minderheitsgutachten akzeptiert wurde. Im Hinblick auf Kinder in den ersten Lebensjahren wurden folgende weitreichenden Empfehlungen ausgesprochen:

" - Ausbau der vorschulischen Erziehung für die Drei- und Vierjährigen,
- Einschulung der Fünfjährigen,
- Umwandlung der Grundschule" (Deutscher Bildungsrat, 1970, 19).

Mit diesen Aussagen war vorgebahnt, daß die Fünfjährigen primär dem Bildungsbereich - also der Schule - zugeordnet werden sollten. Für den Kindergarten konnte dies nur eine Einbuße bedeuten, das Altersspektrum würde dadurch eingeengt werden, die Betreuung von Kindern als Aufgabenstellung in den Vordergrund treten und der Verantwortungsbereich der Träger der gemeinnützigen und freien Wohlfahrtspflege beschnitten.

Allerdings war noch nicht klar, wie die geänderte Struktur inhaltlich zu füllen sei. "Strukturreform und Curriculum-Reform stehen in enger Wechselwirkung ... Die Curricula selber aber ... sind erst zu schaffen. Niemand kann sie herbeizaubern. Daher hat die Bildungskommission ... auf die Notwendigkeit hingewiesen, die Curriculum-Forschung zu institutionalisieren und kräftig auszubauen. Man wird ... dahin gelangen müssen, für den Bereich der empirischen und entwickelnden Erziehungswissenschaften in Dimensionen der Großforschung zu denken." (a.a.O., 17).

Als besonders wichtig wurden die folgenden, allgemeinen Zielsetzungen angesehen: a) "Fähigkeit des einzelnen zu individuellem und gesellschaftlichem Leben, verstanden als seine Fähigkeit, die Freiheit und die Freiheiten zu verwirklichen, die ihm die Verfassung gewährt und auferlegt" (a.a.O. 29), b) Verwirklichung der Gleichheit der Bildungschancen bei Aufhebung der Benachteiligungen durch regionale, soziale und individuelle Voraussetzungen (a.a.O. 30), c) Förderung der Fähigkeit zu lernen, u.a. wegen des Tempos der gesellschaftlichen, technisch-wissenschaftlichen und wirtschaftlichen Entwicklung (a.a.O. 33),

d) individuelles Lernen aufgrund unterschiedlicher Lerngeschwindigkeiten und Motivation (a.a.O. 36).

3.1.1 Die Aufgaben des Elementarbereichs

Als wesentliche Merkmale einer Neuorientierung für den Kindergarten im Sinne eines "unverzichtbaren Bestandteils des gesamten Bildungssystems" nennt der Strukturplan

" - Orientierungs- und Konzentrationsfähigkeiten,
- Wahrnehmungs- und motorische Fähigkeiten,
- begriffliche und sprachliche Fähigkeiten...

Eine erneuerte Kindergartenpädagogik muß sich neben der Förderung der kognitiven und sozialen Entwicklung in verstärktem Maße dem Problem der emotionalen Entwicklung eines Kindes widmen" (a.a.O. 114).

Bei den genannten Schwerpunkten handelt es sich um Funktionen des Kindes, die angesprochen werden sollen, um psychische Faktoren. Der Strukturplan greift damit frühere Konzepte der Förderung im Kindergarten ("Sinnesschulung") auf und hebt dabei insbesondere die kognitiven Funktionen hervor.

3.1.2 Die Aufgaben der Eingangsstufe

Die zweijährige Eingangsstufe (Fünf- und Sechsjährige) und die zweijährige Grundstufe bilden den Primarbereich. Allerdings sind systematisch entwickelte und erprobte Curricula noch nicht vorhanden, eine Ordnung der Lernprozesse in schwierigere und anspruchsvollere Sequenzen nicht geleistet. Als Funktionsbereiche für zu entwickelnde Curricula werden aufgezählt:
" - Bewegung und Körperbeherrschung
- analytische Wahrnehmung
- Denk- und Erkenntnisverfahren bei der Informationssammlung und -verarbeitung
- manuelles Gestalten
- Musik und Gymnastik
- Sprache
- Umgang mit Menschen
- soziale Bezüge und Rollenspiele" (a.a.O., 136).

Das zweite Jahr der Eingangsstufe greift wesentliche Inhalte des bisherigen ersten Schuljahres auf, berücksichtigt allerdings die neuen, allgemeinen Zielsetzungen (u.a. Chancengleichheit, individuelles Lernen, Lernen nach dem Ansatz "Struktur der Disziplin" (structure of discipline) und/oder "Prozesse als Inhalte" (process as content)). Mit dem ersten der beiden genannten Termini ist zugleich die Klassifikation von Curricula nach Disziplinen (Wissenschaften/Wissenschaftszweigen) vorgezeichnet, die in den folgenden Jahren zur Typologisierung pädagogischer Konzepte verwandt wird.

Bei allen diesen weitreichenden Vorschlägen muß berücksichtigt werden, daß der Deutsche Bildungsrat seine Ergebnisse durchaus als offen und revidierbar eingeschätzt hat, sie sollten Orientierung in einem Suchprozeß sein (a.a.O. 28).

3.2 Entwicklung von Curricula im Elementarbereich

Ohne direkten Bezug auf den Strukturplan des Deutschen Bildungsrates hat die Bundesarbeitsgemeinschaft der Freien Wohlfahrtspflege 1972 Forderungen verabschiedet, die den Kindergarten als eigenständige Einrichtung der Jugendhilfe definieren. Kindergartengesetze sollten nur als Ausführungsbestimmungen zum Jugendwohlfahrtsgesetz erlassen werden (wie z.B. in Rheinland-Pfalz 1970). In den nächsten Jahren wurden u.a. die folgenden, pädagogisch bedeutsamen Forderungen wirksam: a) jedem Kind im Alter von 3 - 6 Jahren soll ein Kindergartenplatz angeboten werden, b) in Abgrenzung von der Schule werden die stärkere Familienbezogenheit, der Vorrang der Gesamtförderung des Kindes vor der Teilförderung und das Lernen durch Spiel ohne Leistungsdruck für wichtig gehalten, c) Kindergartengesetze sollten die Gestaltungsfreiheit von Trägern nicht einengen, d) die Elternarbeit wird als Auftrag des Kindergartens deutlich herausgestellt, e) bei der Entscheidung über Erprobungsmaßnahmen in Kindergärten ist die Beteiligung der freien Träger erforderlich (Bundesarbeitsgemeinschaft der Freien Wohlfahrtsverbände e.V., 1972). Damit war seitens der Wohlfahrtsverbände bereits 1972 mindestens eine Vorentscheidung über die Zuordnung der Fünfjährigen gefallen, die sich allerdings nicht auf Ergebnisse von Modellversuchen oder Projekten stützen konnte.

Im Jahr 1973 verabschiedete der Deutsche Bildungsrat die Empfehlung der Bildungskommission "Zur Einrichtung eines Modellprogramms für Curriculum-Entwicklung im Elementarbereich". Nach (und neben) den zahlreichen Ansätzen für curriculare Entwicklungen und pädagogischen Ansätzen der Volkswagenstiftung, der Länder, einzelner großer Städte, von Trägerverbänden und Trägern sollte nun ein umfassender Ansatz vorgelegt werden, der bisherige Einseitigkeiten vermeiden und dem Konzept nach möglichst offen sein sollte.

Inhaltliche Zielsetzungen waren vor allem die Entwicklung von Spiel- und Lernangeboten, die von Situationen der Kinder ausgehen und ihre Lernvoraussetzungen, -bedürfnisse,- möglichkeiten und ihre Lebensbedingungen einbeziehen sollten, die Professionalisierung der Mitarbeiter und das Einbeziehen von Eltern. Ein Training isolierter Funktionen wird in der Empfehlung abgelehnt. Die Entwicklung von didaktischen Einheiten sollte möglichst weitgehend unter Einbezug von Erziehern, Pädagogen, Psychologen und Soziologen vor Ort in verschiedenen Kindergärten und Modellzentren erfolgen unter Beteiligung und Mitwirkung der Eltern.

Die Wahl des Terminus "Didaktische Einheiten" sollte u.a. zeigen, daß keine Bindung an ein bestimmtes Curriculum beabsichtigt war, daß vielmehr in Erweiterung der Aussagen des Strukturplans auch nicht-kognitive Aspekte eingeschlossen sein sollten, die Tendenz zu schulischen Angeboten nicht perpetuiert werden und der Erwerb instrumenteller Fertigkeiten dem sozialen Lernen untergeordnet sein sollten. Zielsetzung war neben der Entwicklung derartiger Einheiten auch die Verbreitung und Übertragung des Konzepts, die Erprobung und die Kooperation mit anderen Einrichtungen, die ebenfalls Entwicklungsarbeit leisteten (vgl. Deutscher Bildungsrat 1973, 34 f). Die Ausschreibung des Modellprogramms erfolgte wie bei dem CIEL - Projekt öffentlich (a.a.O., 68 f). Das wohl umfangreichste Projekt, das im Zusammenhang mit dieser Initiative des Deutschen Bildungsrates in der Folge gefördert wurde, war das Curriculum "Soziales Lernen" des Deutschen Jugendinstituts sowie das umfangreiche Erprobungsprogramm der Jahre 1975 - 1978 (vgl. unten).

Eine breit angelegte Inititative zur Entwicklung von möglichst übergreifenden, curricularen Ansätzen schien auch geboten, weil die Heterogenität der verschiedenen Projekte und Modelle zu diesem Zeitpunkt bereits sehr groß war. In einem Arbeitsbericht der Arbeitsgruppe Vorschulerziehung des Deutschen Jugendinstituts werden zu einzelnen Bereichen jeweils die folgenden Anzahlen von Projekten, die von Ländern, kommunalen und freien Trägern, wissenschaftlichen Institutionen und Förderungseinrichtungen initiiert worden waren, in den Jahren 1972/73 usw. dokumentiert: Eingangsstufe - 15, Kindergarten - 16, Vorklasse - 10, Initiativgruppen - 17, Randgruppenarbeit - 10, Fachcurricula - 13, insgesamt 81 (Arbeitsgruppe Vorschulerziehung des Deutschen Jugendinstituts, 1974).

Zugleich wurde auch die Diskussion um die Zuordnung der Fünfjährigen zur Institution Kindergarten oder Schule immer lebhafter. So betont der Deutsche Bildungsrat bereits in seinen Empfehlungen 1973, gestützt auf die zunehmende Interpretation, daß die Entwicklung des Kindes als kontinuierlicher Prozeß verlaufe, es müsse mehr Kontinuität für den Übergang von der vorschulischen zur schulischen Förderung gesichert werden (a.a.O., 72). Damit war eine weitere Schiene der Reform bezeichnet, die in der Folge zu Modellversuchen, Erprobungen und Empfehlungen in verschiedenen Bundesländern führte.

Im Bildungsgesamtplan, der von der Bund-Länder-Kommission für Bildungsplanung 1973 veröffentlicht wurde, werden der Elementarbereich als Einrichtung familienergänzender Bildung und Erziehung der Drei- und Vierjährigen beschrieben, davon abgehoben Einrichtungen für Fünfjährige und der Primarbereich. Besondere Perspektiven sind dabei u.a. a) der intensive Ausbau des Platzangebotes (bis 1985 sollen 70% der Drei- und Vierjährigen eine Einrichtung des Elementarbereichs, 100% der Fünfjährigen eine Einrichtung des Primarbereichs oder als Alternative 40% den Elementarbereich und 60 % den Primarbereich besuchen), b) die Durchführung von Modellversuchen zur Entscheidung über die Zuordnung der Fünfjährigen sowie des gleitenden Übergangs vom Elementarbereich in den Primarbereich und c) die Verbesserung des Personalschlüssels (Bund-Länder-Kommission für Bildungsplanung, 1973, 18 ff).

In Bayern veröffentlichte das Bayerische Staatsministerium für Unterricht und Kultus das umfangreiche Werk "Der Übergang vom Kindergarten zur Grundschule" als curricular orientierte Richtlinien für die Erziehung und Bildung der Kinder vor dem Schuleintritt und leitete einen Modellversuch ein, der eine Entscheidungshilfe für die Zuordnung der Fünfjährigen zum Elementarbereich oder der Eingangsstufe (Primarbereich) sein sollte. Der Modellversuch wurde vom Staatsinstitut für Frühpädagogik durchgeführt (vgl. den Beitrag von Oberhuemer und Ulich).

3.3 Ordnung der verschiedenen curricularen Ansätze

In die verwirrende Vielfalt der verschiedenen pädagogischen Ansätze und Konzepte versuchte Flitner 1974 Ordnung zu bringen. Nach seiner Auffassung lassen sich vor allem die folgenden vier Ansätze künftiger Curricula unterscheiden:

a) Wissenschaftsorientierter Ansatz: Curricula können nach dem System der Wissenschaften eingeteilt werden und schon für 3 - 6jährige Kinder sei dieser Zugang sinnvoll - so argumentierten Vertreter dieses Ansatzes unter Berufung auf die Aussage von Bruner, daß "jeder Gegenstand jedem Kind jeder Entwicklungsstufe auf intellektuell redliche Weise erfolgreich gelehrt werden könne" (Bruner 1960, zit. nach Flitner, 1974, 50). Flitner wendet sich gegen diesen Ansatz für den Elementarbereich; sinnvoll sei der wissenschaftsorientierte Zugang erst, wenn ein Kind genügend Welterfahrung gesammelt hat und von sich aus mehrere Perspektiven anzulegen bereit ist - erfahrungsgemäß sei das nicht einmal in der Grundschule der Fall.

b) Funktionsorientierter Ansatz: Nach diesem Konzept geht es darum, welche Fähigkeiten, Qualifikationen und Verhaltensweisen ein Kind erwerben solle, u.a. Motorik, kognitive Funktionen, formale Fertigkeiten, sprachliche Sicherheit. Flitners Einwand gegen entsprechend orientierte Curricula fußt auf der Feststellung, daß derartige Funktionen immer in bestimmten Situationen erworben werden und nicht leicht zu übertragen sind: "Sprache in Sprachtrainingsprogrammen bleibt für die Kinder tot ..." (a.a.O. 51). Lediglich in eng umschriebenen Leistungsbereichen ist nach Flitners Meinung ein Funktionstraining sinnvoll und übertragbar.

c) Situationsorientierter Ansatz: Flitner führt dazu aus, daß vor allem dieser Ansatz am besten ausgearbeitet und begründet worden ist, vor allem durch Robinsohn in Berlin, durch Zimmer (Deutsches Jugendinstitut) und die Modellarbeiten in Hessen und Rheinland-Pfalz. "Die Stärke des situationsbezogenen Ansatzes liegt eindeutig im Ernstnehmen des kindlichen Standpunktes und der kindlichen Lebensbedürfnisse, in der Bereitschaft, sich wirklich auf die Kapazität, den Entwicklungsstand, die individuelle Situation des Kindes einzustellen." (a.a.O., 51). Im Situationsansatz werden darüber hinaus Elemente des disziplin- und funktionsorientierten Ansatzes eingearbeitet.

d) Sozialisationsansatz: Mit dem Übergang des Kindes aus der Familie in den Kindergarten ergeben sich die nächsten wichtigen Aufgaben in der Sozialisation: die grundlegenden Prozesse des Ich-Aufbaus und der Sozialerlebnisse zu stützen, z.B. durch Bestätigung des Selbstkonzepts des Kindes, Gewöhnung an neue Bezugspersonen, Ausbildung der Sprache, Förderung von Selbstdarstellung und Neugier, Ausdrucksvermögen und sozialer Kommunikation. Die abschließende Bemerkung in der Abhandlung von Flitner läßt darauf schließen, daß er diesem Ansatz die größte Bedeutung zuschreibt - in der weiteren Curriculum-Diskussion blieb dieser Ansatz allerdings eher wenig beachtet.

3.4 Das Erprobungsprogramm im Elementarbereich

Die Bund-Länder-Kommission für Bildungsplanung und Forschungsförderung empfahl die Förderung eines Erprobungsprogramms im Elementarbereich für die Jahre 1975 - 1978. Das Programm wurde von 9 Bundesländern unter Koordination der Arbeitsgruppe Elementarbereich der Bund-Länder-Kommission durchgeführt. Die folgenden Erprobungsmaterialien wurden dabei einbezogen: 1. Curriculum "Soziales Lernen" (Deutsches Jugendinstitut e.V.), 2. Elementare Sozialerziehung-Konzeptionelle Überlegungen und didaktische Einheiten (Der niedersächsische Kultusminister), 3. Arbeitshilfen zur Planung der Arbeit im Kindergarten (Ministerium für Arbeit, Gesundheit und Soziales des Landes Nordrhein-Westfalen, 4. Bremer Bögen: A. Beobachtungsbögen für Kinder im Vorschulalter und B. Fragebögen zur Erfassung praktischer und sozialer Selbständigkeit - für Eltern und Erzieher 4 - 6jähriger Kinder (Psychologisches Institut der Universität Göttingen), 5. Medienpaket "Sport im Kindergarten" (Verein für Unterrichtsforschung e.V.), 6. Ästhetische Elementarbildung - ein Beitrag zur Kreativitätserziehung (R. Seitz / Staatsinstitut für Frühpädagogik (Hrsg.)), 7. Musik und Bewegung im Elementarbereich (G. Zöller / Staatsinstitut für Frühpädagogik (Hrsg.)) (vgl. dazu Bund-Länder-Kommission für Bildungsplanung und Forschungsförderung, 1982, 46-47).

Als Abschlußbericht erschien 1982 ein Bericht mit mehreren Stellungnahmen im Umfang von lediglich 86 Seiten - überwiegend ein Auszug aus dem auf Anfrage erhältlichen vollständigen Auswertungsbericht der Bund-Länder-Kommission. Vor allem das Curriculum "Soziales Lernen" sowie die Materialien "Elementare Sozialerziehung" und "Arbeitshilfen zur Planung der Arbeit" wurden differenziert besprochen. Folgende Ergebnisse scheinen besonders wichtig (vgl. dazu Bund-Länder-Kommission für Bildungsplanung und Forschungsförderung, 1982, 6-10):

- Die Materialien haben sich im wesentlichen bewährt.
- Das Prinzip und der Begriff "Situationsansatz" sind mehrdeutig und bedürfen künftig weiterer Klärung.

- Eine Erhebung von Entwicklungsfortschritten bei Kindern wurde nicht durchgeführt, auch keine systematische Erhebung über die Einstellungs- und Verhaltensänderungen bei Erziehern.
- Das Planungsverhalten und die Arbeit nach dem Situationsansatz hat sich seitens der Erzieher in den Jahren der aktiven Mitwirkung nach und nach verbessert, die Kinder wurden daran vermehrt beteiligt und die altersgemischte Gruppe erleichterte das situationsorientierte Arbeiten.
- Die Auseinandersetzung aller Beteiligten mit Materialien und Konzepten hat erheblich zur Professionalisierung der Erzieher und zur Innovation im Kindergarten beigetragen.
- Die Öffnung des Kindergartens zum Gemeinwesen hin war ein wesentliches Element, Elternarbeit und die Zusammenarbeit mit der Schule sind intensiviert worden.
- Veränderungen im Kindergartenbereich sind nur erwartbar durch ein Zusammenwirken neuer Ansätze bei den eingesetzten Curricula, der Aus- und Fortbildung sowie entsprechender Rahmenbedingungen.
- Das Erprobungsprogramm wurde von fast allen Stellen und Fachkräften, die für den Elementarbereich Verantwortung tragen, wesentlich unterstützt. Dabei ergab sich zwischen Personen, Institutionen und Organisationen - über Ländergrenzen hinweg - eine bislang nie praktizierte Kommunikation und Kooperation.
- Die Länder haben die Erprobung überwiegend in eigener Verantwortung durchgeführt - eine Gesamtkonzeption für die Erprobung lag nicht vor - mit entsprechenden Konsequenzen (Koordination der Erhebungen, verwendete Erhebungsinstrumente, Art der Koordination, Auswertungsstrategien).

Als Abschluß der 70er Jahre kann man die Fachtagung Elementarbereich '80 sehen, die der Pestalozzi-Fröbel-Verband auf Anregung des Bundesministeriums für Bildung und Wissenschaft und des Bundesministeriums für Jugend, Familie und Gesundheit ausrichtete. Als pädagogische Ziele in der Arbeit mit Kindern wurden vor allem festgehalten a) die notwendige Öffnung des Kindergartens nach innen und außen, b) situationsbezogene Pädagogik und gemeinwesenorientierte Arbeitsweise, c) zwischenmenschliche Offenheit zu Kindern, Erziehern und Eltern, d) offene Curricula.

Es gehe nun vor allem darum, wurde von verschiedenen Referenten artikuliert, die Reformansätze und die Innovationen auf breiter Basis umzusetzen, wobei die Auseinandersetzung mit curricularen Materialien Kompetenzerweiterung für die

Erzieher mit sich bringe und als Fortbildung eingeschätzt werden könne. Besonders wichtig sei, die Bedürfnisse und Ansprüche der Kinder mehr zum Ausgangspunkt pädagogischen Handelns zu machen und die Weiterentwicklung von Fortbildung, Ausbildung und Praxisberatung zu initiieren (vgl. Pestalozzi-Fröbel-Verband, 1980). Beklagt wurde gleichzeitig, daß das Bundesministerium für Bildung und Wissenschaft die bisherige Schwerpunktbildung beim Elementarbereich nicht weiterhin aufrechterhalte und damit die Reform möglicherweise versande.

3. Entwicklungen nach 1980

Vergleicht man die 70er Jahre mit den 80er Jahren, so kann man sich des Eindrucks nicht erwehren, daß die hohe Intensität der Weiterentwicklung auf der Ebene der Curricula, der Veränderung in Kindergärten und -tagesstätten, der Aufgeschlossenheit und Anstrengungen der Experten und Fachkräfte erheblich geschwunden ist. Sicher sind weiterhin auch wichtige Modellversuche fortgeführt oder auch neu gestartet worden, z.B. zum Übergang zwischen Kindergarten und Grundschule, zur gemeinsamen Förderung deutscher und ausländischer Kinder und zur Integration behinderter und nichtbehinderter Kinder - es fehlt jedoch die breite Übertragung von Ergebnissen dieser Reformphase, u.a. a) die Übertragung des situationsorientierten Arbeitens in alle Kindergärten b) die Umgestaltung der Aus- und Fortbildung von Erziehern, c) das intensive Einbeziehen der Eltern in die Kindergartenarbeit, d) die systematische Entwicklung von Angeboten für Kinder, insbesondere für die jüngsten Kinder und die Kinder vor dem Schuleintritt. Zimmer formuliert das so: "Nun hätten wir fast die erfolgreichste Reform im Bildungswesen der Bundesrepublik gehabt ... Nun fallen sie wieder in den Tiefschlaf." (1986, 71).

Die Diskussion um das bedarfsgerechte Angebot und die Flexibilisierung des Angebots, ggf. verengt auf die Öffnungszeiten, ist lediglich das Bearbeiten der Tagesprobleme, die u.a. aufgrund der Veränderung der Familie und des zunehmenden Wunsches von Frauen nach Berufstätigkeit in unserer Gesellschaft ausgelöst sind. Die notwendige höhere Einstufung von Erziehern, die Aufgaben des Bildungsbereichs wahrnehmen, ohne auch nur annnähernd vergleichbar Grundschullehrern eingestuft zu sein, die notwendige Veränderung der Ausbildung und der Ausbau des Platzangebots im Krippen- und Hortbereich sind gegenwärtig gegebene, ungelöste Aufgaben, die von der Weiterentwicklung der Pädagogik für den Elementarbereich ablenken.

Literatur

Arbeitsgruppe Vorschulerziehung des Deutschen Jugendinstituts: Vorschulische Erziehung in der Bundesrepublik Deutschland. Eine Bestandsaufnahme zur Curriculumentwicklung. München: Juventa Verlag 1974

Bayerisches Staatsministerium für Unterricht und Kultus (Hrsg.): Der Übergang vom Kindergarten zur Grundschule. Richtlinien für den Elementarbereich. Donauwörth: Verlag Ludwig Auer 1973

Bennwitz, H., Engelhardt, L. & Weinert, F.E.: CIEL - Genese und Perspektive. In: Bennwitz, H. & Weinert F.E. (Hrsg.): CIEL. Ein Förderungsprogramm zur Elementarerziehung und seine wissenschaftlichen Voraussetzungen. Göttingen: Vandenhoeck & Ruprecht 1973

Bundesarbeitsgemeinschaft der Freien Wohlfahrtsverbände e.V./ Partzsch, K.: Forderungen zur Kindergartengesetzgebung der Länder, Welt des Kindes (50), 1972, 5, 198 - 200

Bund-Länder-Kommission für Bildungsplanung (Hrsg.): Bildungsgesamtplan. Band 1, Stuttgart: Ernst Klett Verlag 1973

Bund-Länder-Kommission für Bildungsplanung und Forschungsförderung (Hrsg.)/ Krappmann, L. & Wagner, J.: Erprobungsprogramm im Elementarbereich. Bericht über eine Auswertung von Modellversuchen. Bühl/ Baden: Konkordia GmbH 1982

Dammann, E. & Prüser, H.: Namen und Formen in der Geschichte des Kindergartens. In: Erning G., Neumann, K. & Reyer, J. (Hrsg.): Geschichte des Kindergartens. Band I: Entstehung und Entwicklung der öffentlichen Kleinkindererziehung in Deutschland von den Anfängen bis zur Gegenwart. Freiburg i. Br.: Lambertus-Verlag 1987a

Dammann, E. & Prüser, H.: Praxis im Alltag: Kontinuitäten, Veränderungen, Entwicklungen. In: Erning G., Neumann, K. & Reyer, J. (Hrsg.): Geschichte des Kindergartens. Band I: Entstehung und Entwicklung der öffentlichen Kleinkindererziehung in Deutschland von den Anfängen bis zur Gegenwart. Freiburg i. Br.: Lambertus-Verlag 1987b

Deutscher Bildungsrat (Hrsg.): Zur Einrichtung eines Modellprogramms für Curriculum-Entwicklung im Elementarbereich. Empfehlungen der Bildungskommission. Bonn: Bundesdruckerei 1973

Erning G., Neumann, K. & Reyer, J. (Hrsg.): Geschichte des Kindergartens. Band I: Entstehung und Entwicklung der öffentlichen Kleinkindererziehung in Deutschland von den Anfängen bis zur Gegenwart. Freiburg i. Br.: Lambertus-Verlag 1987

Erning G., Neumann, K. & Reyer, J. (Hrsg.): Geschichte des Kindergartens. Band II: Institutionelle Aspekte, Systematische Perspektiven, Entwicklungsverläufe. Freiburg i. Br.: Lambertus-Verlag 1987

Flitner, A.: Curricula für die Vorschule. Hochgesteckte Ziele - nur wenige praktikable Vorschläge. b:e 1974, 12, 49 - 53

Grossmann, W.: Vorschulerziehung. Historische Entwicklung und alternative Modelle. Köln: 1974

Hamm-Brücher, H.: Eröffnungsreferat: Die bildungspolitische Priorität der Vorschulerziehung. In: Arbeitskreis Vorschule (Hrsg.): Dokumentation Vorschulkongreß 1970. Velber: Friedrich Verlag o.J. (1970?)

Hoffmann E.: Vorschulerziehung in Deutschland. Historische Entwicklung im Abriß. Witten: Luther-Verlag 1971

Lückert, H.-R.: Die Akzente der Sprachförderung (1970 a) und: Die Vordringlichkeit einer Förderung der kognitiven Funktionen 1970 b). In: Arbeitskreis Vorschule (Hrsg.): Dokumentation Vorschulkongreß 1970. Velber: Friedrich Verlag o.J. (1970?)

Neumann K.: Geschichte der öffentlichen Kleinkindererziehung von 1945 bis in die Gegenwart. In: Erning G., Neumann, K. & Reyer, J. (Hrsg.): Geschichte des Kindergartens. Band II: Institutionelle Aspekte, Systematische Perspektiven, Entwicklungsverläufe. Freiburg i. Br.: Lambertus-Verlag 1987

Pestalozzi-Fröbel-Verband u.a. (Hrsg.): Fachtagung Elementarbereich '80. Dokumentation. Berlin: Geschäftsstelle des Pestalozzi-Fröbel-Verbandes 1980

Schleicher, K.: Diskussion Curriculum. Welt des Kindes. (53) 1975, 300 - 310

Schmalohr, E.: Die sozialpädagogischen Aufgaben des Kindergartens heute. Welt des Kindes (50) 1972, 2, 76 - 80 und 3, 136 - 142

Schulz, W.: Vorklassenplanung im Zielkonflikt. In: Arbeitskreis Vorschule (Hrsg.): Dokumentation Vorschulkongreß 1970. Velber: Friedrich Verlag o.J. (1970?)

Staatsinstitut für Frühpädagogik (Hrsg.): Die bayerischen Modellversuche zur Förderung Fünfjähriger - Erfahrungen und Ergebnisse - Schlußbericht. München 1978

Zimmer, J. (Hrsg.): Curriculumentwicklung in Vorschulbereich, Band 1 und Band 2, München: R. Piper & Co. Verlag 1973

Zimmer, J.: Erziehung in früher Kindheit. Bd. 6. In: Lenzen, D. (Hrsg.): Enzyklopädie Erziehungswissenschaft: Handbuch der Erziehung in 11 Bänden. Stuttgart: Ernst Klett Verlag 1984

Zimmer, J.: Die vermauerte Kindheit. Bemerkungen zum Verhältnis von Verschulung und Entschulung. Weinheim: Beltz Verlag 1986

Hedi Colberg-Schrader

DER SITUATIONSANSATZ

1. Entstehungsgeschichte und Einflüsse

Der Situationsansatz entstand in der Bildungsreform der 70er Jahre als Gegenbewegung zu damals herrschenden Trends in der Vorschulerziehung. Unter dem Einfluß der günstigen wirtschaftlichen Entwicklung wie auch der Forderung nach Chancengleichheit bestand zu der Zeit weitgehende Übereinstimmung über die bildungspolitische Priorität des Ausbaus institutioneller vorschulischer Erziehung. Die öffentliche Diskussion bezog sich auf Aussagen der Begabungs- und Sozialisationsforschung, in denen der Zusammenhang von Begabung und sozialer Herkunft und die Chancen frühkindlicher Förderung akzentuiert wurden. Die Reformbewegung begann mit heftigen Kontroversen: Frühlesekurse, Intelligenztrainingsprogramme auf der einen, antiautoritäre Kinderläden auf der anderen Seite entstanden in Absetzung von der als veraltet betrachteten Kindergartenpraxis. In dieser Situation kontroverser Diskussionen und breiter Suche nach Neuorientierungen des Kindergartens als Bildungseinrichtung wurde der Situationsansatz entwickelt. Ziel war es, ein eigenständiges sozialpädagogisches Konzept für den Kindergarten zu entwerfen, das den leistungsbezogenen Lernformen der damals betonten Vorschulförderung alternative lebensweltbezogene Förderungsansätze, die von den alltäglichen Erfahrungen der Kinder ausgingen, entgegensetzen konnte.

Situationsbezogene Ansätze wurden von verschiedenen Gruppen mit unterschiedlichen Schwerpunkten konzipiert[1], in der Öffentlichkeit ist der Situationsansatz vor allem durch die Arbeitsgruppe Vorschulerziehung des Deutschen Jugendinstituts bekannt geworden, die in Zusammenarbeit mit Modellkindergärten in Rheinland-Pfalz und Hessen das Curriculum "Soziales Lernen" entwickelte und länderübergreifend erprobte. Der Situationsansatz - wie er im Deutschen Jugendinstitut konzipiert wurde - hat seine Wurzeln in folgenden verschiedenen Diskussionssträngen und Traditionen:

Die in der Zeit der Bildungsreform diskutierte *Curriculumtheorie* forderte mit der Kritik an festgelegten Lerninhalten eine ständige Überprüfung und Aktualisierung von Lernzielen und -inhalten im Hinblick auf gegenwärtige und zukünftige Lebenssituationen von Kindern und Erwachsenen. Der Situationsansatz hat diese Orientierung für die Bestimmung von Lerninhalten übernommen und insofern weitergeführt, als daß im Kindergarten die Beteiligten selbst - die Erzieher/innen, die Kinder, die Eltern - aushandeln sollen, was jeweils Ziele und Inhalte des gemeinsamen Lernens sind. In der Praxis des Situationsansatzes bedeutet dies, daß die Erschließung von bedeutsamen Lebenssituationen, die Gegenstand gemeinsamen Lernens sind, ein Schritt der Planung und der Zusammenarbeit mit Kindern und beteiligten Erwachsenen ist.

Einfluß auf die Entwicklung des Situationsansatzes hatten auch die *Elterninitiativen* der Studentenbewegung. Die Kinderläden boten alternative Modelle zu den teilweise verkrusteten Strukturen des Kindergartens und zeigten neue Formen eines die Kinder mit ihren gegenwärtigen Bedürfnissen ernstnehmenden Umgangsstils sowie Formen einer Beteiligung der Eltern am Kindergartenleben auf. In diesem Einfluß liegt die Wurzel für das partizipative Element des Situationsansatzes.

Der Streit um die Frage, ob die Vorschule oder der Kindergarten die geeignetere Institution zur Förderung der Kinder sei, führte dazu, daß der Kindergarten ein sozialpädagogisches Förderkonzept als Alternative zur altershomogenen Vorschulklasse formulieren und sich damit der Diskussion stellen mußte. Mit dem Situationsansatz wurde - auf dem Hintergrund der international geführten *Entschulungsdebatte* - eine vom Fächerkanon unabhängige Lernform konzipiert, die Leben und Lernen integrieren will und dabei gerade die Chancen der altersgemischten Gruppe für lebensnahes Lernen aufgreift.

Schließlich bedeutete die Entwicklung des Situationsansatzes eine kritische Auseinandersetzung mit den Traditionen des Kindergartens, wobei man sich vor allem der Konzepte und Erfahrungen der *reformpädagogischen Zeit* erinnerte, die in der Gestaltung des Binnenlebens des Kindergartens eine pädagogisch und sozialpolitisch bewußte Antwort auf Lebensverhältnisse von Kindern jener Zeit fanden.

2. Merkmale des Situationsansatzes

Folgende Aspekte haben als Merkmale des Situationsansatzes Eingang in die Praxis gefunden und die Kindergartenlandschaft programmatisch geprägt:

- Bezug zu Lebenssituationen von Kindern

Das Lernen im Kindergarten sollte nicht durch abgehobene Inhalte oder "Fächer" bestimmt werden, sondern etwas mit den Erfahrungen, Erlebnissen und Herausforderungen, die sich den Kindern gegenwärtig und zukünftig stellen, zu tun haben. Kinder sollen lernen, ihre Lebenssituation selbstbestimmt und sachgerecht zu bewältigen.

- Lernen in Erfahrungszusammenhängen

Um den Lernmöglichkeiten und Aneignungsformen jüngerer Kinder entgegenzukommen, sollte das sachbezogene Lernen dem sozialen Lernen untergeordnet werden. Soziales Lernen meint, daß das Kind spezielle Kompetenzen in realen Situationen (nicht in künstlichen Lernsituationen) lernt. Soziales Lernen ist insofern ein Prinzip, das dafür sensibel machen soll, daß der Tagesablauf des Kindes nicht in unzusammenhängende Lernspiele zerfällt. Wie die bisherige Forschung zeigen kann, entwickeln sich Kinder in ihrer Intelligenz und in ihrem sozialen Verhalten am besten in einer anregungsreichen Umgebung, in der nicht nur viel zu sehen, zu begreifen, auszuprobieren ist, in der auch das Zusammenleben mit anderen, gemeinsames Handeln, Freude und Enttäuschungen erlebt werden können, und in der das Aushandeln von Interessen, das Lernen von anderen und Verantwortung für andere eingeübt werden können. Kinder können im Kindergarten Ernsthaftes mittun und im Zusammenleben der Gruppe verantwortliches und folgenreiches Handeln lernen, wobei auch ihr Wissen und ihre Fertigkeiten gefördert werden.

- Lernen in altersgemischten Gruppen

Das Zusammenleben von Kindern verschiedenen Alters ermöglicht vielfältigere soziale Erfahrungen, erleichtert die Integration von Kindern unterschiedlicher Entwicklungsvoraussetzungen und setzt eine stärkere Individualisierung der pädagogischen Arbeit voraus. Die Kinder selbst haben bei der Altersmischung mehr Spielraum für individuelle Entwicklungsabläufe und werden weniger durch die Konkurrenz einer Gleichaltrigengruppe überfordert. Die Altersmischung ist gerade bei der wachsenden Zahl von Einzelkindern von Bedeutung, weil in dieser Gruppenkonstellation elementare soziale Erfahrungen, die für die Identitätsfindung wie für das Erlernen von sozialverantwortlichem Handeln grundlegend sein dürften, eher möglich sind.

- Mitwirkung von Eltern an der pädagogischen Arbeit

Eltern werden bei einer situationsorientierten Arbeitsweise nicht als bloße Konsumenten sozialer Dienstleistungen oder gar als zu belehrende Laien betrachtet. Stattdessen wird die Erziehung der Kinder als gemeinsame Aufgabe von Familie und Institution betrachtet, wobei vom Kindergarten aus der Kontakt zu den Eltern gesucht, die Mitwirkung von Eltern am Kindergartenleben angeregt wird, wie auch das Angebot des Kindergartens immer wieder daraufhin überprüft werden muß, ob es den Erfordernissen von Kindern und Eltern entspricht.

- Engere Verbindung von Kindergarten und Gemeinwesen

Lernen für Lebenssituationen meint auch Lernen an Orten außerhalb der Mauern des Kindergartens. Ein zentrales Anliegen ist dabei, den Kindergarten so in seine Wohnumgebung einzufügen, daß Bezüge zu den Eltern, zu Nachbarn, zu wichtigen Personen und Orten im Umfeld geschaffen werden und der Kindergarten selbst sein eigenes regional geprägtes Gesicht bekommt. Wenn familiäre und nachbarschaftliche Bezugsnetze der Kinder wahrgenommen und bei der pädagogischen Arbeit einbezogen werden, dann verschafft die Öffnung zum Wohnquartier auch wieder mehr Teilhabe der Kinder am Leben in für sie überschaubarer Umgebung. Bei einer solchen Vorgehensweise können auch generationsübergreifende Kontakte angestoßen werden, von denen nicht nur die Kinder profitieren.

3.   Der Situationsansatz ist ein institutionenkritischer Ansatz

Situationsbezogene Kindergartenpädagogik nimmt ihren Ausgangspunkt in einer kritischen Sicht der Lebenswirklichkeit der Kinder. Kinder geraten infolge der zunehmenden Arbeitsteilung, Spezialisierung und Technisierung des Lebens immer mehr ins Abseits - ein Abgetrenntsein, das auch darin seinen Ausdruck findet, daß Erwachsene mit Kindern häufig nur mehr "pädagogisch" umzugehen wissen. Kindergärten selbst sind Folge und Ausdruck der Ausgrenzung von Kindern. In einer Zeit, in der das organisierte und geplante Lernen in eigens dafür geschaffenen Einrichtungen das Leben von Kindern zunehmend bestimmt, gilt es, die Öffnung und Entschulung der Lernorte und die Herausbildung eines teilhabeorientierten Lernbegriffs als widerständige Momente dagegenzusetzen.

Mit dieser Orientierung ist der Situationsansatz eigentlich ein institutionenkritischer Ansatz, der darauf aufmerksam machen will, daß Kinder heute den Lebensbereichen der Erwachsenen ferngehalten und in spezialisierten Einrichtungen versorgt werden. Kinder leben heute gleichsam in "Inseln", es ist das Anliegen des Situationsansatzes, nicht die Insel Kindergarten und damit die Ausgrenzung der Kinder durch pädagogische Arrangements weiter zu perfektionieren, sondern den Kindern erweiterte Lebensformen zu erschließen. Die Kinder werden mit ihren gesamten Lebensbezügen wahrgenommen, sie werden also nicht auf den Teil ihres Lebens in der Institution reduziert, sondern es wird versucht, das ganze Kinderleben mit seinen vielfältigen Einbindungen in den Blick zu nehmen. Der Beitrag, den der Kindergarten für die Lebensbewältigung des Kindes jeweils leisten kann, ist in diesem Verständnis immer wieder neu zu verorten.

Mit diesem ökologisch ausgerichteten Ansatz wird auch das Verhältnis des Kindergartens zu den Eltern neu gewichtet: Die Einrichtung versteht sich nicht als Ort, wo Defizite des Familienlebens ausgeglichen und wo Eltern in Erziehungsfragen belehrt werden, vielmehr werden die Eltern als wichtigste Bezugspersonen der Kinder begriffen, mit denen man sich verständigt, die man mit den Angeboten der Institution ein Stück weit entlastet und die man motiviert, über den Kindergarten Kontakte zu anderen Familien aufzunehmen. So verstanden ist der Situationsansatz weder eine bestimmte Vermittlungsmethode (Didaktik) noch ein verbindlicher Katalog von Lerninhalten, sondern er berührt das Verhältnis von Erwachsenen und Kindern und das Selbstverständnis der Institution Kindergarten mit ihrem Beitrag für die Lebensgestaltung von Kindern und Familien grundlegend. Der Situationsansatz ist ein pädagogisches Konzept, das gerade das Spannungsverhältnis zwischen der familiären Lebenswelt des Kindes und veranstalteter öffentlicher Kindererziehung aufgreift und das künstliche Inseldasein des Kindergartens immer wieder aufzubrechen versucht.

4. Die Rolle der Erzieher/innen

Die pädagogische Arbeit des Kindergartens ist (und das ist kein Nachteil) bisher weitgehend frei von inhaltlichen Vorgaben in Form von Lehrplänen. Es ist - im Verständnis des Situationsansatzes - Aufgabe der Erzieher/innen, den "Lernstoff", der auf die jeweils konkreten Lebensbedingungen von Kindern, Familien und Einzugsgebiet zugeschnitten ist, selbst zu entwickeln. Ausgehend von Überlegungen und Beobachtungen zur Lebenssituation der Kinder, ihrer Fragen und Probleme, soll der Kindergarten zu einem Erfahrungsraum gestaltet werden, der Anregungen bietet, Bewegungsraum ermöglicht, vielfältige Kontakte zwischen Kindern und Erwachsenen schafft wie auch Rückzugsmöglichkeiten und Ruhe gestattet. Die Arbeit im Kindergarten umfaßt sowohl die Analyse der regionalen

Lebensbedingungen, eine offene Planung für die Angebote in der Gruppe wie auch die lebendige Auseinandersetzung mit alltäglichen Abläufen und Ereignissen in der Einrichtung wie im Wohnumfeld.

Materialien und Curricula können den Erzieher/innen die Aufgabe der eigenen Planung und lokalspezifischen Gestaltung des Angebots nicht abnehmen, sie verstehen sich ausdrücklich nur als Anregungen, als Erfahrungsberichte aus anderen Praxisfeldern, die Anstöße und Beispiele geben können, die aber nicht nachgemacht oder angewendet werden können. Insofern wird den Erzieher/innen mit dem Situationsansatz eine zentrale Rolle und eine anspruchsvolle Tätigkeit zugemutet, die einiges an Fähigkeiten und Selbstbewußtsein voraussetzt. Ein Umdenken erfordert vor allem, daß das Verhältnis zwischen Erzieher/innen und Kindern weniger dem klassischen Lehr-/Lernverhältnis als vielmehr einem von Erwachsenen und Kindern gemeinsam getragenen Erfahrungs- und Kommunikationsprozeß entspricht. So wird die Erzieherin nur einen Bruchteil dessen, was die Kinder lernen und erfahren, selbst an sie herantragen. Der überwiegende Anteil des Lernens der Kinder geschieht im Umgang miteinander, in Spielen und Gesprächen in Kleingruppen, in Erlebnissen außerhalb des Kindergartens, in der Möglichkeit, das Kindergartenleben mit seinen alltäglichen Entscheidungen und Ereignissen mitzugestalten. Für die Erzieherin bedeutet das, daß sie sich Gedanken dazu machen muß, wie der Kindergarten als Umgebung und Lebensraum mit seinen Spielregeln und selbstverständlichen Abläufen auf die Kinder einwirkt, ob er genügend Entfaltungsspielraum bietet, ob anregende, Kinder und Erwachsene interessierende Ereignisse das Kindergartenleben berühren, ob ein angenehmes Zusammenleben gelingt, ob Lernen als aktive Teilhabe an der Gestaltung des Kindergartenlebens für Kinder möglich ist. So beeinflussen Erzieher/innen z.B. durch eine persönliche Gestaltung und Ausstattung der Räume das Leben in der Gruppe, sie ermöglichen durch flexible Gestaltung des Tagesablaufs den Kindern mehr eigenständige Aktivitäten, sie stiften durch gemeinwesenorientierte Arbeit Beziehungen zwischen Kindern und Erwachsenen. Die Aufgabe der Erzieher/innen ist es also, die Rahmenbedingungen in der Einrichtung dafür zu schaffen, daß die Kinder selbst vielfältige sinnstiftende Erfahrungen machen können, und darüber hinaus auch solche Ereignisse außerhalb des Kindergartens einzubeziehen, die zum Erfahrungsschatz der Gruppe werden können.

Eine Arbeitsweise, die den Kindergarten für Kinder und Erwachsene zu einer erlebnisreichen Umgebung werden läßt, setzt nicht nur erhebliche professionelle Kompetenz, sondern auch ein weitgehendes Maß an Autonomie in der Gestaltung der Arbeit voraus. Lernen in und an der Lebenswirklichkeit von Kindern und des Einzugsbereichs kann nicht von außen oder "von oben" organisatorisch geregelt werden, es muß von den in der Einrichtung Tätigen und von den an der Einrichtung Interessierten unter Berücksichtigung individueller und lokaler Gegebenheiten gestaltet werden. Eine solche Arbeitsweise ist allerdings von angemessenen Qualifizierungsprozessen abhängig: In den Modelleinrichtungen wurden die Erzieherinnen durch die Mitarbeit in der Curriculumentwicklung, durch regionale Arbeitskreise und durch Fachberatung in ihrer Arbeit unterstützt - Bedingungen, die in der Praxis heute kaum in vergleichbarer Weise gegeben sind.

5. Situationsansatz heute

Der Situationsansatz hat sich mittlerweile als tragfähige Orientierung für die Arbeit in Kindertageseinrichtungen erwiesen[2] und hat in der Kindergartenpraxis Akzentuierungen gesetzt[3], die - zumindest programmatisch - auch heute noch gelten. Zwar haben sich die Innovationsprozesse nicht auf breiter Ebene durchsetzen können und erreichten nur einen begrenzten Ausschnitt der Praxis. Vor allem auf der Ebene der qualitätsbestimmenden Rahmenbedingungen ist die Entwicklung hinter den Reformansätzen zurückgeblieben. Dennoch ist mit dem Situationsansatz eine grundlegende Reform der vorschulischen Erziehung in Gang gesetzt worden, mit der das Verständnis vom Kindergarten als Teil einer umfassenderen Lebenswelt des Kindes und damit eine verstärkte Verbindung des Kindergartens mit Familie und Gemeinde verbreitet wurde und mit der die Vorstellung vom Kindergarten als Lebensraum und damit die Betonung einer ganzheitlichen Förderung des Kindes und die Ablehnung eines einseitigen Funktionstrainings verfestigt wurde.

Mit der Idee dieses lebensweltorientierten Arbeitskonzepts hat sich der Kindergarten zu einem Ort entwickeln können, an dem die Integration unterschiedlicher Bevölkerungsgruppen stellenweise gelingt. Die sinnstiftenden Erfahrungsprozesse außerhalb herrschender Lern- und Leistungsvorstellungen kommen beispielsweise den Bedürfnissen ausländischer Kinder beim ersten Kontakt mit deutschen Institutionen entgegen. Immer mehr Kindergärten sind auch erfolgreich bei der Integration behinderter Kinder in eine Einrichtung, in der es auf individuelle Förderung und nicht auf standardisierte Leistungen ankommt, in der man "anders" sein kann, ohne daß es zu Sanktionen führt und in der auch die Familien motiviert werden, aus dem engeren familiären Kreis herauszutreten und mehr Kontakte zu anderen Familien aufzunehmen.

Die Diskussion um die Arbeitsweise von Kindergärten hat sich seit der Zeit, in der der Situationsansatz entwickelt wurde, verändert und dabei haben sich auch die Schwerpunkte situationsorientierter Kindergartenarbeit verändert:

Während es in den siebziger Jahren im Kontext der Bildungsreform vor allem darum ging, das Bildungsangebot des Kindergartens und die Lernprozesse der Kinder darzustellen und zu begründen, werden heute angesichts zurückgehender Kinderzahlen in Familie und Nachbarschaft und angesichts der Entwertung des Nahbereichs als Spielraum für Kinder sehr viel stärker die Möglichkeiten des Kindergartens, Treffpunkt und Lebensraum für Kinder zu sein, herausgestellt. Der Kindergarten hat heute seine Bedeutung vor allem als Ort, wo Kinder in stabilen Kindergruppen elementare Sozialerfahrungen und erste Schritte in öffentliche Räume machen können.

Während es in der Konzeptionsphase des Situationsansatzes darum ging, die Kluft zwischen Familien und Einrichtung durch verschiedene Formen der Elternmitwirkung abzubauen, suchen heute immer mehr Eltern von sich aus nach Formen von familienübergreifenden Zusammenschlüssen (Initiativgruppen, Mutter-Kind-Gruppen), weil sie ihren Kindern soziale Kontakte verschaffen wollen und auch selbst ein Interesse an Öffentlichkeit und breiter gefaßten Lebensformen über die Familie hinaus haben. Mit dieser Suche nach Formen von "Elternöffentlichkeit" kommen neue Anforderungen auf die Kindergärten zu, denn sie sind auch als Begegnungsorte für Eltern gefragt. Dieses erweiterte Angebot, nicht nur Raum für Kinder sondern auch Anlaufstelle für Familien zu sein, wird in Zukunft wahrscheinlich mehr als bisher nötig werden, da die bis jetzt noch verfügbaren sozialen Netze zur gegenseitigen Hilfe bei der Kinderbetreuung (z.B. Großmütter, Verwandte) bei der zunehmenden Differenzierung von Lebensverhältnissen und Lebensabläufen eher dünner werden und Eltern sich über Kindergartenkontakte neue Netze aufbauen müssen.

Lebensentwürfe und -verläufe von Frauen sind im Umbruch und machen vielfältigere, den verschiedenen Lebensformen angemessene Arrangements in der Kinderbetreuung erforderlich. Eine zuverlässige zeitweise Kinderbetreuung ist für viele Frauen der entscheidende Punkt, Familie und Beruf in Einklang zu bringen. In den Kindergärten hat die Diskussion zu flexibleren Öffnungszeiten und zu Abstimmungen mit den Arbeitszeiten der Eltern begonnen.

Kindergärten haben heute vielfältige Bedürfnisse und Belastungen von Kindern aufzufangen. Nicht wenige Kinder, die angesichts fehlender Spielräume in der Wohnumgebung ihren Bewegungsdrang ungebremst in die Einrichtung bringen, geraten in die Gefahr, als "verhaltensauffällig" definiert zu werden. Es erfordert eine reflexive und kompetente Praxis, um einerseits den Kindern ohne vorschnelle Etikettierungen und aussondernde Normalitätserwartungen zu begegnen, andererseits aber auch in hilfreicher Weise mit schwierigen und von Beziehungsproblemen belasteten Kindern umzugehen und ihnen gegebenenfalls fachliche Hilfen von Spezialdiensten zu vermitteln. Es wird zunehmend Aufgabe von Kindergärten, Kinder auch dabei zu unterstützen, sich in ihrer Identität zu erleben, Lebensperspektiven und Lust auf Zukunft zu entwickeln.

Der Situationsansatz mit seiner Orientierung - nämlich von den Lebensbedingungen der Kinder und Familien auszugehen, den Spielraum von Kindern zu erweitern und mit ihnen sinnvolle Erfahrungen zu erschließen wie auch die Familien in das Kindergartenleben einzubeziehen - bietet Perspektiven für eine Weiterentwicklung der Praxis, die den heutigen Anforderungen gerecht werden kann. Folgende Entwicklungslinien situationsbezogener Kindergartenarbeit werden in aktuellen Modellversuchen[4] verfolgt:

- Zur Entlastung familiärer Zeitabläufe und zur Sicherung der Teilhabe von Kindern an generationsübergreifenden Lebenszusammenhängen sollten Tageseinrichtungen für Kinder wohnungsnah angesiedelt und in nachbarschaftliche Lebensräume eingebettet sein. Sie sollten sich je nach Bedarf für erweiterte Altersgruppen, für Kinder unterschiedlichster Voraussetzungen sowie für verschiedene Betreuungszeiten öffnen.

- Kindergärten müssen angesichts pluraler werdender Lebensformen ein breiteres Angebotsspektrum entwickeln. Neben der herkömmlichen Kindergartenarbeit können in einer Art Nachbarschaftszentrum vielfältigere Betreuungs- und Beratungsformen aufgebaut werden, können nachbarschaftliche Unterstützungsnetze initiiert und gestützt werden, können Begegnungsräume für Familien geschaffen werden. Neben den Gruppenangeboten für Kinder können Kindergärten neuen sozialen Beziehungsmustern von Kindern und Erwachsenen Raum geben.

- In Zusammenarbeit mit den Eltern können Kindergärten ihre Aufgabe auch darin sehen, den Kindern wieder Umwelten über die Institution hinaus zu schaffen, die Spielraum, ungefährdete Streifräume, vielfältige Begegnungen und Erfahrungen ermöglichen. Die Vertretung der Belange von Kindern bei Entscheidungen in der Arbeitswelt, bei der Verkehrsplanung, beim Wohnungs- und Städtebau, bei Stadterneuerungs- und Dorfentwicklungsprogrammen wäre Voraussetzung für solche kinderfreundlichen kommunalen Initiativen.

Die notwendige Weiterentwicklung des Kindergartens zu mehr Familiennähe, zu flexibleren Organisationsformen und zur Vernetzung mit jeweils lokalspezifischen Ressourcen wird allerdings in den meisten Praxisfeldern Utopie bleiben, solange Platzknappheit und Mangelverwaltung das Verhältnis zwischen Familie und Einrichtung belasten, solange bei der Qualifizierung der Erzieher/innen den erweiterten Aufgaben nicht Rechnung getragen wird und solange Erzieher/innen unter Arbeitsbedingungen tätig sein müssen, die keine Luft lassen für die anspruchsvollen vielfältigeren Aufgaben eines situationsorientierten Vorgehens.

Literatur

Arbeitsgruppe Vorschulerziehung und Erzieherinnen aus Modellkindergärten der Länder Rheinland-Pfalz und Hessen, 1980/81: Curriculum Soziales Lernen. München

Colberg-Schrader, H./Krug, M., (3) 1986: Lebensnahes Lernen im Kindergarten. Zur Umsetzung des Curriculum Soziales Lernen. München

Deutsches Jugendinstitut, Projektgruppe Erprobungsprogramm, 1989: Das Erprobungsprogramm im Elementarbereich. 3 Bände. München

Krappmann, L., 1985: Das Erprobungsprogramm und seine Folgen. In: Enzyklopädie Erziehungswissenschaft. Band 6. Erziehung in früher Kindheit. Hg. von Zimmer, J., Stuttgart, S. 39-54

Projektgruppe Ganztagseinrichtungen 1984: Leben und Lernen in Kindertagesstätten. München

Zimmer, J., 1985: Der Situationsansatz als Bezugsrahmen der Kindergartenreform. In: Enzyklopädie Erziehungswissenschaft. Band 6. Erziehung in früher Kindheit. Hg. von Zimmer, J., Stuttgart, S. 21-38

Anmerkungen

1. Modellversuche zur Entwicklung situationsbezogener Konzepte wurden in den Bundesländern Niedersachsen ("Elementare Sozialerziehung"), Nordrhein-Westfalen ("Arbeitshilfen zur pädagogischen Arbeit"), Rheinland-Pfalz und Hessen (Curriculum "Soziales Lernen") durchgeführt.

2. Zur Evaluation und Dissemination situationsorientierter Konzepte wurde das bundesweite Erprobungsprogramm im Elementarbereich durchgeführt, siehe: Bund-Länder-Kommission für Bildungsplanung und Forschungsförderung (Hrsg.), 1982: Erprobungsprogramm im Elementarbereich. Bonn

3. Siehe dazu: Bundesarbeitsgemeinschaft der freien Wohlfahrtspflege, 1983: Die Kindergartenreform hat erst begonnen. Bonn

4. Die Weiterentwicklung des Situationsansatzes mit Bezug auf regionalspezifische Anforderungen und Gegebenheiten wird in folgenden Modellprojekten des Deutschen Jugendinstituts verfolgt:
Projekt "Landkindergärten" (Laufzeit 1987-1989).
Projekt "Lebensraum Kindergarten - Zur Gestaltung des pädagogischen Alltags in Ganztagseinrichtungen" (Laufzeit 1986-1989).
Geplant wird ab 1990 ein Projekt, bei dem die Ausweitung des Angebots von Kindertageseinrichtungen hin zu flexiblen Öffnungszeiten, erweiterten Altersgruppen sowie die engere Kooperation mit örtlichen Elterninitiativen angestoßen und wissenschaftlich begleitet werden soll.

Helmut Heiland

DIE KONZEPTION FRÖBELS

1. Geschichtliche Bedeutung Fröbels

Die weltweite Ausbreitung des Kindergarten Fröbels in der zweiten Hälfte des 19. Jahrhunderts, insbesondere in Belgien, den Niederlanden, in Großbritannien, den USA und in Japan, hat ihre Wurzeln in den unterschiedlichen Motiven, welche diese Einrichtung mit ihrer Spielpädagogik vereinte. Seit Beginn des 19. Jahrhunderts und vor allem in der zweiten Jahrhunderthälfte setzt sich unaufhaltsam der Aufbau der industriellen Gesellschaft in den europäischen Ländern und in den USA fort. In Verbindung mit der Demokratie-Bewegung der bürgerlichen Parteien bzw. der Arbeiterbewegung und dem Ausbau des Elementarschulwesens - Durchsetzung der allgemeinen Schulpflicht -, betrachten die wirtschaftlichen und politisch dominierenden Kräfte der industriellen Gesellschaft des 19. Jahrhunderts auch den Bereich vorschulischer Erziehung als bedeutsam für die Sozialisation der heranwachsenden Generation. Das Einüben sozialen Verhaltens in Verbindung mit dem Training einfacher Handfertigkeiten ist nicht nur Programm der Arbeitserziehungskonzeption der Volksschulpädagogik in der 2. Hälfte des 19. Jahrhunderts, sondern stellt auch zentrale Inhalte und Ziele des "Kindergartens" in der Nachfolge Fröbels dar. Fröbel selbst geht mit seinem Programm einer familiennahen Vorschuleinrichtung von Spielpflege mit einfachen Materialien, welche die kindliche Eigenaktivität betonen, weit über die zu Beginn des 19. Jahrhunderts sich herausbildenden Vorschuleinrichtungen der lediglich beaufsichtigenden "Spiel- und Warteschulen" und den unterrichtsähnlichen, auf Belehrung und christlich-konfessionelle Unterweisung abhebenden "Kleinkinderschulen" und "Kleinkinderbewahranstalten" hinaus. Seine Spielpädagogik verbindet Aspekte der Bildung *aller* Vorschulkinder (so Komensky und die Aufklärungspädagogen des 18. Jahrhunderts), *überkonfessionelle* Naturreligiosität (in Anlehnung an Rousseau) und Pestalozzis *"elementare Menschenbildung"* als pädagogisch angeregter Entwicklung der verschiedenen Kräfte des einzelnen Kindes in Verbindung mit der Beachtung kindlicher Eigenaktivität. Im Gegensatz zu Fröbels Spielpflege als einer behutsamen Einwirkung auf die eigenständige Auseinandersetzung des Kindes mit einfachen Spielmaterialien hat die internationale Kindergartenbewegung in der Nachfolge Fröbels, insbesondere Marenholtz-Bülow, die bei Fröbel peripher vorhandenen Tendenzen methodischer Einübung in einfache Handfertigkeiten programmatisch und faktisch als Kern der Spielpädagogik Fröbels verstanden. Mit ihrer Grundlage einer elementaren polytechnisch-industriösen Allgemeinbildung als Schulung der Handgeschicklichkeit und kognitiver Funktionen betonen die "Volkskindergärten" Marenholtz-Bülows die Funktionalität kindlichen Spiels im Kontext von "Methode" und "System", also im Rahmen eines frontalunterrichtlichen Lektionen-Lehrgangs und entwerten damit das Fröbels Pädagogik zugrundeliegende Bildungsprinzip. Die Volkskindergärten stellen zugleich ein Element des Nationalerziehungsprogramms dar. Damit ermöglichen sie die Integration des "Kindergartens" in die nationalen Erziehungsprogramme und Bildungssysteme, wie auch in die Programme der Demokratie-Bewegung. Die Ambivalenz von elementar-polytechnischer Funktionalität und allgemeiner Bildung als fördernde Entwicklung *aller* Vorschulkinder im Kontext nationalpädagogischer Programmatik ermöglicht die weltweite Rezeption des "Kindergarten" und läßt zugleich wesentliche Aspekte der ursprünglichen Spielpädagogik zurücktreten.- Sofern der "Kindergarten" heute noch an Fröbels Pädagogik orientiert sein will, muß seine Praxis an Fröbels ursprünglicher Konzeption gemessen und auch die Rezeption Fröbels in den vergangenen 150 Jahren der Geschichte des Kindergartens mit einbezogen werden.

2. Leben und Werk

Friedrich Wilhelm August Fröbel (1782-1852), Gründer des Kindergartens und Erfinder von Spielmaterialien ("Gaben" und "Beschäftigungsmittel") stammt aus einem Thüringer Pfarrhaus, verlor im ersten Lebensjahr seine Mutter, wurde nach Feldmesserlehre Privatsekretär, dann Hauslehrer in Frankfurt/M., studierte nach zweijährigem Aufenthalt bei Pestalozzi in Yverdon (1808-1810) Naturwissenschaften in Göttingen und Berlin (1811-1916), nahm an den Befreiungskriegen gegen Napoleon (1813/14) teil und gründete 1816 eine Privatschule ("Allgemeine deutsche Erziehungsanstalt" Griesheim, seit 1817 Keilhau), die er bis 1831 leitete. Während seiner Schweizer Zeit (1831-1836) baute er eine Privatschule (Wartensee, später Willisau) auf und leitete Lehrerfortbildungskurse sowie die Elementarschule am Waisenhaus in Burgdorf. Von 1836 bis zu seinem Tode lebte Fröbel wieder in Thüringen (Bad Blankenburg/Bad Liebenstein/Marienthal) und entwickelte eine Pädagogik der frühen Kindheit (Spielmaterialien, Spiele, Spieltheorie, Spielinstitution, "Kindergarten" sowie die Kleinstkindpädagogik der "Mutter- und Koselieder"), die er durch publizistische Tätigkeit und Wereisen verbreitete. Das Verbot der "Kindergärten" in Preußen (August 1851) traf Fröbel schwer.

Werke: Den sechs Werbeschriften für Keilhau (1820-1823) - die wichtigste ist die zweite, 1821 erschienene: "Durchgreifende Erziehung" - folgt 1826 das Hauptwerk: "Die Menschenerziehung" und im gleichen Jahr die Wochenschrift: "Die erziehenden Familien". 1833 erscheinen die "Grundzüge der Menschenerziehung", 1838/40 das "Sonntagsblatt", Schriften zur ersten und zweiten "Gabe" (1838) sowie zur dritten Gabe (1844 und 1851). 1844 folgen die "Mutter- und Koselieder". 1850 erscheint die zweite Kindergartenzeitschrift, die "Wochenschrift", 1851/52 als drittes Periodicum für die Kindergartenbewegung die "Zeitschrift für Fr. Fröbels Bestrebungen".

3. Grundlagen der Frühpädagogik Fröbels

Fröbels Hauptwerk: "Die Menschenerziehung" (1826) wie auch die sechs Werbeschriften für Keilhau (1820-1823) sind Grundlage der Spielpädagogik bzw. des "Kindergarten". Gemäß der in Göttingen in Fragmenten entworfenen Philosophie der "Sphäre" kennzeichnet Fröbel in den Keilhauer Schriften Wirklichkeit als von göttlicher Kraft durchströmtes Leben. Jedes Ding und Lebewesen strebt als Geschöpf Gottes danach, die in ihm wirkende göttliche Kraft, sein inneres Gesetz darzustellen. Die Darstellung der im Inneren eines jeden Lebewesens wirkenden göttlichen Gesetzmäßigkeit in dessen Äußerungen bezeichnet Fröbel als Gesetz der "Lebenseinigung" bzw. als Gesetz der "Vermittlung von Innen und Außen".

Dinge, Pflanzen und Tiere verwirklichen diesen Drang der Schöpfung nach Verwirklichung substanzieller Kraft durch ihr Sein, ihr Leben ohne eigenes Bewußtsein. Der Mensch hingegen ist als Teil der Schöpfung das einzige Wesen, das bewußt sein Leben und damit sein sphärisches Gesetz zu leben vermag. Erfaßt der Mensch denkend seine Lebensmöglichkeiten, macht er sich dies innerlich bewußt. Handelt er gemäß diesem Bewußtsein, äußert er diesen innerlich erfaßten Zusammenhang und vereint so in seinem Leben, im Tun "Inneres" und "Äußeres". Der Mensch soll aber nicht nur nachdenken und entsprechend handeln, er soll auch Wirklichkeit erfassen, "Äußeres" "verinnerlichen", verstehen, diese in ihrer Gesetzmäßigkeit und Struktur erfassen. Der Mensch ist also ein betrachtend-strukturierendes und produktiv-handelndes, arbeitendes Wesen. Erziehung nun unterstützt den Heranwachsenden beim Aufbau einer betrachtenden und handelnden Einstellung. Dies fordert in gewisser Weise ein vorschreibend-verbietendes pädagogisches Vorgehen. Fröbel vertraut zwar den geistigen Möglichkeiten jedes Kindes und Jugendlichen. Sie sieht er als prinzipiell gegeben an. Ihre konkrete Entwicklung jedoch kann durch massiv beeinflussende Einwirkung fehlgeleitet werden. Fehlgeleitetes kindliches Verhalten muß durch fordernde erzieherische Maßnahmen korrigiert werden. Anregungen reichen dann nicht mehr aus. Aber auch die anregenden erzieherischen Maßnahmen enthalten fordernde Impulse. So entsteht bei Fröbel das Modell einer Erziehungskonzeption, die massive Einwirkung nicht ausschließt, aber mehr und meist auf Anregen mit lenkenden Implikationen abhebt:

"Alle wahre Erziehung und Lehre, aller wahre Unterricht... muß ...zugleich doppelendig, doppelseitig sein: gebend und nehmend, vereinend und zerteilend, vorschreibend und nachgehend, handelnd und duldend, bestimmend und freigebend". (Hoffmann 1951 b, S. 15)

Grundsätzlich aber bedarf der Heranwachsende der erzieherischen Beeinflussung und Anregung, um seine Wesensmöglichkeiten angemessen erfahren und aufbauen zu können. Es gibt bei Fröbel nichts Isoliertes. Jedes Ding, jedes Lebewesen, auch jeder Mensch, steht in Beziehungen, wird durch Kontexte bestimmt und beeinflußt wiederum diese. Erziehung regt den heranwachsenden Menschen an, sich seiner geistigen Kräfte bewußt zu werden und sich dieser bewußt als Mittel zur produktiven Gestaltung seines Lebens zu bedienen. Erziehung wirkt also wesensnotwendig auf Entwicklung ein. Erziehung ist entwicklungsnotwendig für jeden Menschen. Fröbel spricht daher auch von "entwickelnd-erziehender Menschenbildung".

Aufgrund ihrer Entwicklungsnotwendigkeit muß Erziehung *alle* Heranwachsenden, Jungen und Mädchen, erfassen und *alle* Kräfte des Menschen, die geistigen wie die gefühlshaft-affektiven und die manuell-psychomotorischen Kräfte ausbilden, also dem Programm Pestalozzis einer Ausbildung von "Kopf", "Herz" und "Hand" durch die konstruktive Auseinandersetzung mit strukturierten Erfahrungs- und Lernbereichen entsprechen. Es handelt sich um eine Konzeption kategorialer Bildung. Kategoriale Bildung bedeutet: Im spielerischen bzw. lernenden Umgang mit einem bestimmten Erfahrungsbereich werden wesentliche Aspekte, also Strukturen dieses Sachbereichs erfaßt. Zugleich bildet sich im Kind, im Jugendlichen eine bestimmte Interessenperspektive, ein tieferes Verständnis für diesen spezifischen Erfahrungsbereich aus. In der doppelseitigen Erschließung des Sachverhalts durch den Heranwachsenden und dem spezifischen Erschlossenwerden des Verstehenshorizonts beim Heranwachsenden durch das Herausfordern der Sache und deren Fragestellungen, bildet sich eine spezifische Frage- und Verstehensperspektive des jeweiligen Sachbereichs. So entsteht ein Grundbegriff, eine "Verstehenskategorie" des jeweiligen Sachbereichs.

Fröbel hat diesen Zusammenhang in seinen Keilhauer Werbeschriften und in der "Menschenerziehung" schul- und unterrichtspädagogisch beschrieben. Aber "entwickelnd-erziehende Menschenbildung" als kategoriale Bildung bestimmt auch die Kleinstkindpädagogik der "Mutter- und Koselieder" wie die Spielpädagogik des "Kindergarten". Die Spielpflege vermittelt kategoriale Bildung im Begriffsgefüge von "Ahnung" und "Symbol".

4. Die Spielpädagogik des "Kindergarten"

"Unser Streben hat den großen Lebenszweck, dem Menschen möglich zu machen, sich von seinem ersten Erscheinen auf der Erde an als ganzen Menschen: als ein Ganzes in sich und in Übereinstimmung und Einigung mit dem Lebensganzen an sich, frei und selbsttätig zu entwickeln, zu erziehen, sich so zu belehren, zu unterrichten; sich so als bestimmtes Gliedganzes des Allebens zu erkennen und als solches frei- und selbsttätig kund zu tun, zu leben" (Lange 1862/1966, S. 7) "Deshalb werden dem Kinde in dem Kindergarten, in der Pflegeanstalt seiner Kindheit, Spiel- und Beschäftigungsstoff und solche Mittel gereicht, welche es zur Erfassung und Ausbildung seiner selbst, zum Verständnis der Umwelt, so zur Einführung in die Natur und zur Ahnung des Urgrundes alles Seienden leiten, darum für das Kind allseitig vermittelnd, ein allseitiges Darstellungsmittel seiner selbst und ein Erkenntnismittel der Außen- wie der Innenwelt sind". (Hoffmann 1982, S. 157)

Der Kindergarten zur Zeit Fröbels bestand im wesentlichen aus drei Bereichen: Im Zentrum stand das Spiel mit den "Gaben" und "Beschäftigungsmitteln". Bei den "Bewegungsspielen" (Lauf-, Tanz-, Kreis- und Darstellungsspiele) entwirft die Kinderspielgruppe ohne Materialien Bewegungsgestalten. Einen dritten Bereich stellen die Gärtchen der Kindergartenkinder dar. Hier soll jedes Kind die durch Pflege bestimmte Entwicklung von Pflanzen, also beeinflußtes Wachsen, Reifen und Blühen beobachten und so wie in einem Spiegel eigene Entwicklung und Entwicklungsgesetzmäßigkeiten erleben.

Im Zentrum des Kindergartens stehen die Materialien. Das sind einfache Gegenstände wie Ball, Kugel, Würfel und Stäbchen. Fröbel bezeichnet sie als "Spielmittel" oder als "Beschäftigungs- und Bildungsmittel". Die wichtigsten Spielmaterialien sind die "Gaben".

Diese "Gaben" entstammen dem erziehenden Unterricht Keilhaus und Burgdorfs. Würfel und Quader dienten dort dem elementaren Raumkundeunterricht. Bindeglied zwischen dieser Funktion und den "Gaben" des Kindergartens stellt der "selbstlehrende" Würfel dar, den Fröbel 1836/37 konzipierte und der im Sprach- und Mathematikunterricht elementardidaktische Funktionen erfüllen sollte. Durch aufgedruckte Hinweise auf den Würfelflächen gab er dem des Lesens kundigen

Schüler beim Drehen des Würfels Informationen über Grundbegriffe der Sprache und Raumkunde. Dieses autodidaktische Prinzip galt zunächst auch für die "Gaben" des Vorschulkinds. Fröbel wollte Spielmittel für die Familie anbieten und die familiale Spielpflege anregen. Der "Kindergarten" war um 1840 zunächst eine Art Modellspielstätte, wo Mütter sehen konnten, wie sich pädagogisch begründet Spiel vollzog, um Anregungen für das gemeinsame Spiel in der Familie zu erhalten. Der Plan eines Experimentalspielbereichs mußte jedoch bald aufgegeben werden. Spieltheorie und Spielpraxis Fröbels ließen sich nur verbreiten, wenn eine institutionelle Absicherung gegeben war. Fröbels Absicht einer spielpädagogisch verwirklichten kategorialen Bildung des Kleinkindes verband sich mit der sozialen Forderung nach institutionell abgesicherter Betreuung. Wollte Fröbel zunächst - meist männliche - Spielexperten ausbilden, die durch Vorträge oder eigene "Spielanstalten" für die Materialien und die Spielpflege in der Familie werben sollten, so entstand nun der Kindergarten als Institution mit der in ihm tätigen, ausgebildeten Kindergärtnerin. Damit tritt auch das Prinzip der "Selbstbelehrung" durch das Spielmaterial zurück, ohne völlig aufgegeben zu werden. Im Gegensatz zum "autodidaktischen" Spielzeug geht die Spielpflege im professionellen "Kindergarten" (ursprünglich ein Synonym für die im Spiel geeinte Familie) von der Dyade Frau-Kleinkind aus. Der weibliche Mutterinstinkt stellt in der Sicht Fröbels das affektiv-emotionale Grundelement für die anregend-lenkende Spielpflege im institutionellen Kindergarten dar. Außerdem war der so geschaffene Beruf der Kindergärtnerin ein wesentlicher Beitrag zur Emanzipation der Frau im 19. Jahrhundert. Stets forderte Fröbel für Kindergärtnerinnen gleiche Professionalität wie für den Lehrerberuf und stellte in seinen Ausbildungskursen entsprechende hohe pädagogische Anforderungen an die Teilnehmerinnen.

Das entwickelnd-erziehende System seiner "Spielmittel" gliedert Fröbel in körperhafte, flächenartige, linien- und punktförmige Materialien, deren Zusammenhang er als Zerlegen (Analyse) im Durchgang durch die vier Materialarten und als Zusammenfügen (Synthese) beschreibt. Fröbel geht dabei von der Einheit (dem Ball) aus und kehrt im Durchgang über immer deutlicher zerlegte, gegliederte Materialien bis zu den Perlen als punktförmigem Spielmaterial zurück zu kugelförmigen Gebilden. Der 1. Gabe, dem Ball in Form von sechs Wollbällchen in den Spektralfarben folgt die 2. Gabe: Kugel und Würfel (später auch Walze und Kegel), dann die Gaben 3 bis 6, die sogenannten Baukästen, die jeweils einen geteilten Würfel enthalten (3. Gabe: 8 Teilwürfel/4. Gabe: 8 Quader/5. Gabe: 27 Teilwürfel/davon 6 halbe Würfelteile und 12 Viertelteilwürfel/6. Gabe: 27 Quader, davon 6 horizontal und 3 vertikal geteilt). Die Spiele mit den flächenartigen Materialien gehen von Täfelchen, von Quadraten, ungleichseitig-rechtwinkligen und gleichseitigen Dreiecken aus. Hierzu gehört auch das Papierquadrat, das durch Ausschneiden gebildet wird und den Übergang zu den linienförmigen Spielmaterialien wie Holzstäbchen, Späne, Papierstreifen und gezeichnete Linien bildet. Vierte und letzte Gruppe sind die punktförmigen Materialien. Den analytischen Gang durch diese Spielgegenstände beendet das Kind, wenn es z.B. Linien mit der Nadel durchsticht oder Perlen und Steinchen aneinanderreiht. Nun folgt der zweite didaktische Gang durch das Spielmittelsystem, die "Synthese". Durch Aufreihen von Perlen auf einem Faden wird der Übergang von den punkt- zu den linienförmigen Materialien durchgeführt. Nähen, Stricken, Flechten mit Papierstreifen und das Übereinanderlegen von Holzstäbchen leiten zu den flächenartigen Materialien über. Durch Papierfaltarbeiten, Bauen mit Täfelchen und Zusammenfügen von Stäbchen mit Hilfe von Ton wird die Stufe der Spielkörper erreicht. Den Abschluß bildet das Spiel mit Tonerde (oder Plastillin) als Material. Geformte Tonwürfel sollen durch vielfaches Abschneiden der Kanten auf die Grundform von Ball und Kugel als Symbol der Einheit zurückgeführt werden.

Das Spielganze der "Gaben" und "Beschäftigungsmittel" zeigt damit das Sphäregesetz als Entfaltung der Gegensätze aus Einheit, Mannigfaltigkeit und deren Vermittlung. Das Spiel geht vom Symbol der Einheit (Ball-Kugel) aus und kehrt zur Einheit zurück. Fröbel als ausgebildeter Naturwissenschaftler (Mineraloge) und Mathematiker ist an stereometrischen, kristallinen Formen orientiert, die er als "Gabe" dem Kind reicht, damit dieses an diesen "Normkörpern", an relativ einfachen und abstrakten Formen Elemente, Kategorien und Strukturen von Wirklichkeit erfassen kann. Die im "Spielgaben- und Beschäftigungsganzen" veranschaulichte Sphärenphilosophie vereint so elementarmathematische und elementardidaktische Aspekte mit einer kategorial begründeten Bildung. So vermittelt das Spiel mit den regenbogenfarbigen Bällchen der ersten Gabe als Symbol der Einheit dem Kleinkind die Normanschauung und den Aufbau der Kategorien von "Haben", "Gehabthaben" und "Wiederhaben", also erste Zeit- und Raumstrukturen. Die Baukästen der 3.-6. Gabe entfalten das Prinzip der gegliederten Einheit. Neben mathematischen Gesetzmäßigkeiten ("Erkenntnisformen") wird hier Wirklichkeit synthetisierend-aufbauend in den abstrakten Formtypen der "Lebens-und "Schönheitsformen" erfaßt. So sollen Formen aus dem Alltag wie etwa ein Haus oder blumen- bzw. ornamentartige "Schönheitformen" gebaut werden. Gerade die 3. Gabe vermag in dem regelhaften Aufbau von "Schönheitsformen", dem "Tanz" dieser Formen, symbolhaft das Sphäregesetz als die Beziehung von Einheit, Differenzierung und Rückkehr zur Einheit elementar zu veranschaulichen. Der Bautypus der "Lebensform" wiederum erlaubt eine unerschöpfliche Formenfülle. So zeigt etwa Fröbel, wie die Mutter mit dem Kind mit den acht Quadern der 4. Gabe "Lebensformen" baut: Aus dem Herd wird der Tisch mit Stühlen, dann entstehen vier Bänke im Hof, dann das Gartenhäuschen mit offener Tür, die beim Regen geschlossen wird: Nun sind beide (Mutter und Kind) geborgen. Während die Mutter diese "Lebensformen" zusammen mit dem Kind baut, erzählt sie eine Geschichte, die Geschichte der eigenen Familie, des Alltags von Vater, Mutter und Kind. In dieser Geschichte finden sich Mutter und Kind vor. Erzählung und Bauformen verbinden sich und deuten eigenes erlebtes Leben und lassen das Kind die Bauform zum Symbol werden, an dem soziale Wirklichkeit, Liebe, letztlich Geborgenheit in der Schöpfung, also Religiosität geahnt und erlebnishaft erfaßt werden kann.

In diese Spielpflege ist das Kind integriert. Es entwirft frei die Spielformen. Doch bleibt die kindliche Spielhandlung begrenzt durch die Materialvorgabe und die implizierte Sphäregesetzlichkeit: Stets soll, etwa bei den Baukästen, mit allen Teilen des jeweiligen Kastens gebaut werden. Die einzelnen Bauformen sollen nicht zerstört, sondern konstruktiv aus den vorausgehenden Bauformen entwickelt werden, um Einheit und Kontinuität einsichtig zu machen. Dabei hat Fröbel allerdings nie die Möglichkeit bestritten, daß sich das Kind völlig frei mit jedem beliebigen Spielzeug beschäftigen kann, wenngleich dies ihm allein nicht genügt. Gemäß kategorial "entwickelnd-erziehender Menschenbildung" müssen dem Kind Spielmaterialien gereicht werden, die ihm erlauben, strukturell Wirklichkeit zu erfassen. Fröbels Spielmaterialien sind daher "Norm"-Materialien, die als "Symbole" dem "ahnenden" Kind die Sphäregesetzlichkeit des Lebens erschließen. Dabei ist die mitspielende und deutende Spielpflege des Erwachsenen, der Mutter bzw. der Kindergärtnerin unabdingbar:

"Du läßt Dein Kind bilden, was es will; trittst.. nur einen Augenblick ordnend hinzu, bezeichnest es nach seinem Eindrucke... Hast Du so Deinem Kind die Form eingeprägt, dann läßt Du es, wenn es nötig ist, einigemal wiederholen, damit in Deinem Kinde die Auffassung der Form fest werde. Auf diese Weise wird nun das Kind, durch Zufall und mit Absicht, bald mehrere ähnliche Gebilde erfinden" (Heiland 1974, S. 107). Die Würfel "in ihrer natürlichen Gliederung bis gleichsam zur Linie und dem Punkte herab und von da wieder bis zum einfachen Würfel und der Kugel herauf, alle aber in zahlloser Gestaltung nach Zweck, Form und Ausdruck, sind wie die Wecker, Über und *Stärker der Menschenkraft im Kinde und die Spiegel und Gestalter, darum die Einführer in das eigene Leben und Selbst,* wie die *Schlüssel zur Natur* und zu allem, was Leben heißt." Sie führen "vom Körperlichen, Räumlichen und Sichtbaren zum Geistigen und Unsichtbaren, durch die äußere Mannigfaltigkeit zur inneren Einheit." (Hoffmann 1982, S. 163 f.)

Kindliches Selbsterfinden und Konstruieren stehen also im Kontext deutender pädagogischer Spielbeteiligung des Erwachsenen. So wird die eigentliche Qualität des Spielmaterials, der "Gabe", zum Vorschein gebracht: ihre kategorial-strukturierende und sphäregesetzliche Substanz. Die Spielmaterialien Fröbels sind daher weder zur Projektion subjektiver Erlebnisse und zur therapeutischen Abfuhr von Aggressionen geeignet, noch stellen sie ein Lernspiel mit präzis vorgegebener Programmatik dar. Vielmehr: Erwachsene und Kinder sollen gemeinsam Bauformen erfinden und das Erspielte und Gestaltete überblickend deuten und strukturieren - als Teil eines Lebenszusammenhangs, dessen Wirklichkeit und Formenfülle vom Kind erlebt und gestaltet und diesem durch den Erwachsenen gedeutet und transparent gemacht werden soll.

5. Die Kleinstkindpädagogik der "Mutter- und Koselieder"

Das 1844 erschienene Buch, Fröbels letztes großes, allerdings kaum wirksam gewordenes Werk, enthält Spielliedchen und diesen zugeordnete Bildtafeln. Es ist also ein Bilderbuch mit einer Sammlung von Liedchen. Die Verse der Spielliedchen beschreiben zusammen mit den Bildtafeln Erlebnisse des kindlichen Alltags, die im leiblich-anschaulichen Medium von Fingerspielen gestaltet werden. Dabei macht die Mutter das Fingerspiel vor, das Kleinstkind ahmt dieses nach. Auch hier sollen Elemente, Grundlagen des Lebens, Strukturen von Realität, allerdings eingebunden in kindliche Erlebensform und dargestellt in phänomennaher Gestaltung (Bilder), erfahren werden. Im unbeholfenen Mitvollziehen der Fingerspiele erfaßt das Kind die dargestellten Gestalten wie "Täubchen", "Fischlein" oder "Tischler" zugleich als "Symbole" von Gesetzmäßigkeiten. Gesetzlichkeit wird "erahnt".

Das Buch steht in der Nachfolge von Pestalozzis "Buch der Mütter" (1805). Wie bei der Spielpädagogik des Kindergartens geht Fröbel auch hier von der pädagogischen Notwendigkeit der Mütterbildung aus, der die "Mutter- und Koselieder" dienen sollen. Jeder Mutter soll demgemäß die Notwendigkeit "entwickelnderziehender Menschenbildung" nahe gebracht werden. Mütterliche Liebe und "Mutterinstinkt" reichen allein nicht aus. Insofern stellen die "Mutter- und Koselieder" eine "Gabe" für Mutter und Kind dar. Wenn die Mutter der in diesem Buch vorgelegten Erziehungskonzeption folgt und durch Spielpflege kategoriale Bildung anregt, genügt sie der postulierten Erziehungsnotwendigkeit.
Im Gegensatz zu Pestalozzis wenig geglücktem Mutterbuch, das durch eine schematisch-kognitive Didaktik bestimmt ist, geht Fröbel von der Dyade von Mutter

und Kind als Grundkategorie seiner erziehend-entwickelnden Bildungskonzeption dieser Kleinstkindpädagogik aus. "Liebe" ist das Fundament aller Bereiche dieses Buches.

Das Kleinstkind ist zunächst ein mit sich selbst in unmittelbarer Einheit stehendes Wesen. Durch die Hilfe der Mutter beginnt es nun seine Umgebung und zugleich sich differenzierend zu erfahren, indem es seine Kräfte ausbildet: seine Motorik, seine Sinne und zugleich seine Intelligenz.

So findet sich in den "Mutter- und Koseliedern" eine Art Elementargymnastik vor. Andere Fingerspiele vermitteln Strukturen des sozialen und religiösen Lebens und der sachlich-dinglichen Wirklichkeit. So soll etwa das Kind durch Fingerspiel, Bild und Liedchen die Bedeutung der Kategorien "Einheit", "Gegensatz" und Zusammenhang ("Vermittlung", "Einigung"), sowie Grundstrukturen des Erkennens und Darstellens wie Form, Wort und Zahl, sowie Bild ahnend erfassen. Aber diese erste vorbegriffliche, an Gestalten (Fingerspiele und Bildtafeln) gebundene strukturierende Sicht von Wirklichkeit - die Gestalten werden dadurch Symbole - wird stets durch die liebende Zuwendung der Mutter ermöglicht. Sie benennt im Spiel, im Liedchen diese Gestaltungen als Symbole und vertieft und klärt so das beim Kind bereits einsetzende Erahnen der Sphäregesetzlichkeit. Das "Motto" zum Fingerspiel: "Das Taubenhaus" veranschaulicht diesen Grundgedanken eindrucksvoll:

"Was das Kind im Innern fühlt
Gern es auch im Äußern spielt.
Wie's Täubchen fliegt in's Weite
Machts Ausgehn Kinder Freude
Wie's Täubchen kehrt in's Haus zurück
Wend's Kindchen heimwärts bald den Blick.
Zu Haus laß Pfleg' es finden
Gefundenes zu winden
In einen bunten Kranz
Was sich getrennt ließ finden
Erzählung mag's verbinden.
So wird das Leben ganz".

(Fröbel/Pfaehler 1982, S. 41)

6. Bibliographie

Fröbel, H./Pfaehler, D. (Hrsg.): Friedrich Fröbels Mutter- und Koselieder. Neustadt ad. Saale 1982

Heiland, H. (Hrsg.): Friedrich Fröbel. Ausgewählte Schriften. Dritter Band. Texte zur Spieltheorie und Vorschulerziehung. Düsseldorf-München 1974

Heiland, H.: Friedrich Fröbel. Reinbek 1982

Heiland, H.: Fröbel und die Nachwelt. Bad Heilbrunn 1982

Hoffman, E. (Hrsg.): Friedrich Fröbel. Ausgewählte Schriften. Erster Band. Kleine Schriften und Briefe von 1809-1851. Godesberg 1951a

Hoffmann, E. (Hrsg.): Friedrich Fröbel. Ausgewählte Schriften. Zweiter Band. Die Menschenerziehung. Godesberg 1951b

Hoffmann, E. (Hrsg.): Friedrich Fröbel. Ausgewählte Schriften. Vierter Band. Die Spielgaben. Düsseldorf-München 1982

Hoffmann, E./Wächter, R. (Hrsg.): Friedrich Fröbel. Ausgewählte Schriften. Fünfter Band. Briefe und Dokumente über Keilhau. Stuttgart 1986

Lange, W. (Hrsg.): Friedrich Fröbels gesammelte pädagogische Schriften. 2. Abtl. Die Pädagogik des Kindergartens. Berlin 1862. Faksimiledruck Osnabrück 1966

Theodor Hellbrügge

MONTESSORI-PÄDAGOGIK UND MONTESSORI-HEILPÄDAGOGIK IM KINDERGARTEN

Die Pädagogik der italienischen Ärztin Maria Montessori (1871-1952) ist weltweit das einzige geschlossene pädagogische System, das hauptsächlich im Kindergartenbereich etabliert ist. Die Montessori-Kindergärten nennen sich - in Erinnerung an "Casa dei Bambini" in Rom - "Kinderhäuser".

Die Montessori-Pädagogik hat keine weltanschauliche Basis wie etwa die Waldorf-Pädagogik. Sie ist ausschließlich ein pädagogischer Weg, mit dessen Hilfe die Kinder unterschiedlicher Nationen und Rassen in sämtlichen Erdteilen spezifische Kulturtechniken erlernen. In Indien bespielsweise sprechen die Kinder in den Kinderhäusern neben ihrer Muttersprache - in unserem Tochterzentrum in Hyderabad ist dies Telugu - auch Hindi als der von Gandhi vorgeschriebenen Einheitssprache ganz Indiens und Englisch.

Auch die Mathematik ist weltweit die gleiche, und Kinder, die mit den Goldenen Perlen die Begriffe von 1 bis 1000 greifen und damit begreifen lernen, haben keine Schwierigkeiten, das gleiche Multiplikationsbrett in München, Boston, Bombay oder Tokio zu benutzen.

Die Sandpapierbuchstaben, mit deren Hilfe die Kinder das motorische Engramm bestimmter Buchstaben erfahren, haben vom neurophysiologischen Standpunkt aus die gleiche Bedeutung wie etwa Radfahren lernen.
Durch Nachfahren des Buchstabenmusters mit den Fingern prägt sich dieses dem Großhirn so ein, daß es praktisch nicht mehr vergessen wird. Von diesem aktiven Lernen ist es nicht schwierig, den nächsten Schritt zur Abstraktion zu erlernen, woraus sich von selbst das Lesen ergibt.

Aus solchen Beispielen läßt sich erkennen, daß die Montessori-Pädagogik gegenüber sämtlichen anderen pädagogischen Systemen eine Sonderstellung einnimmt. Ihre Grundlage liegt in der Sinnesphysiologie des berühmten französischen Physiologen Claude Bernard. Dieser gab entscheidende Anregungen für "Die physiologische Erziehung der Idioten", wie sie 1846 von Edouard Séguin, dem Direktor des führenden psychiatrischen Krankenhauses Bicêtre in Paris veröffentlicht wurde. Der dritte medizinische Bereich, aus dem Maria Montessori, die erste

Frau, die in Italien Medizin studiert hat, ihre Pädagogik entwickelte, betrifft den Hals-Nasen-Ohren-Arzt Jean Marc Gaspard Itard, der maßgeblich in den Gehörlosenschulen Frankreichs tätig war und dessen Sprachanbahnungs-Studien bei dem Wildling von Aveyron, bis ins einzelne dokumentiert, auch in deutscher Sprache veröffentlicht wurden.

Maria Montessori wollte den Kindern in der Psychiatrischen Klinik in Rom Hilfe geben und studierte deshalb die Schriften von Itard und Séguin in Paris. Dies führte dazu, deren Ideen und Material in ihr pädagogisches System einzubringen.

Die Montessori-Pädagogik hat drei große Bereiche:
- die Tätigkeiten des praktischen Lebens,
- das Sinnesmaterial und
- das didaktische Material.

Die Tätigkeiten des praktischen Lebens beginnen mit den Übungen der Höflichkeit, z.B. des Grüßens und Begrüßens und gehen von einfachen Übungen des Erlernens von Schleifenbinden, Knöpfen, Schütten, Gießen etc. bis hin zu komplizierten Tätigkeiten wie Tischdecken, Wäsche waschen, Abspülen, auch Schuhe zubinden usw..

Bei allen diesen Übungen wird zunächst am einfachen Modell eine Fertigkeit geübt, bis es beinahe von selbst zur nächstschwierigeren Übung kommt.

Im Sinnesmaterial wird der neurophysiologische Ansatz besonders deutlich. Die Kinder fühlen feinste Unterschiede in der Rauhigkeit, wobei sie z.B. mit zugebundenen Augen verschiedene Stoffe identifizieren (Samt, Holz, Porzellan, Metall, Papier etc.). Der optische Sinn wird dadurch verstärkt, daß die Kinder Nuancen von Farbunterschieden vergleichen, z.B. bei den Farbtäfelchen. Der Gehörsinn wird geschult durch die Geräuschbüchsen. Jeweils zwei Zylinder haben den gleichen Inhalt, und die Kinder vergleichen die Geräusche so lange, bis sie die identischen Geräusche analysiert haben. Die richtige Lösung wird dadurch bestätigt, daß unter den Zylindern gleiche Symbole zu erkennen sind. Wenn die Lösung falsch ist, übt das Kind solange weiter, bis es die richtige Lösung bestätigt sieht.

An diesen Beispielen erkennt man, daß das Montesssori-Material autodidaktisches Material ist, und daß die Kinder ihre Bestätigung selbst suchen - auch suchen wollen -, ähnlich wie das später bei Kreuzworträtseln geschieht. Wir raten so lange, bis sämtliche Felder ausgefüllt sind, und die volle Befriedigung tritt ein, wenn das Kreuzworträtsel komplett gelöst ist.

Bei dem didaktischen Material steht wieder der sinnesphysiologische Ansatz im Vordergrund. Es wurde schon erwähnt, daß dem Schreibenlernen das Erfahren des Buchstabenmusters vorangeht. Das Kind vergleicht verschiedene Buchstabenmuster so lange, bis es das Muster und damit den Buchstaben wiedererkennt.

Daß der Buchstabe aber dem Großhirn als Engramm eingeprägt wird, liegt an dem sinnesphysiologischen Eindruck. Das Buchstabenlernen ist also vergleichbar mit dem Schlittschuhlaufen, wobei das Kind lediglich die Eisfläche, Schlittschuhe und das Beispiel Schlittschuh laufender Kinder benötigt, um durch Selbstübung die notwendigen Bewegungsmuster so zu trainieren, bis es Schlittschuhlaufen kann. Dieses Bewegungsmuster ist dann aber zeitlebens im Großhirn abrufbar, so daß das Schlittschuhlaufen niemals wieder vergessen wird.

Ähnliches geschieht mit der Mathematik, z.B. mit dem Goldenen Perlen. Eine goldene Perle nimmt das Kind in die Hand und begreift: Das ist 1. Zehn Perlen werden auf einer Stange aufgereiht zu einer Linie, und deas Kind greift und begreift den Unterschied zwischen 1 = 1 und der Linie = 10.
Zehn mal 10 Perlen werden nacheinander aufgereiht zu einer Hunderterkette, womit das Kind leicht die Bedeutung von 100 erkennt. Dies wird dadurch verstärkt, daß die verschiedenen Zehnerlinien im nächsten Schritt nicht mehr hintereinander, sondern nebeneinander aufgereiht werden zu einem Quadrat. Das Kind hat das Perlenquadrat in der einen Hand und die Perlenlinie in der anderen Hand, und es greift den Unterschied zwischen 100 und 10.

Zehn Quadrate werden schließlich aufeinandergelegt, bis ein Kubik entsteht, also 1000. Das Kind nimmt den Perlenwürfel in die Hand und greift und begreift, wie schwer 1000 ist.
Im nächsten Schritt erfolgt die Abstraktion. Die Perlen sind auf einem gleich großen Würfel nur noch aufgemalt. Aber das Kind nimmt die Tausenderwürfel und baut daraus einen Turm von 1000, 2000, 3000, 4000 etc., und es erkennt den Unterschied zwischen 1000, 2000, 5000, 10000 etc.. Ein solchermaßen erlebtes Mathematikverständnis ist bereits im Kindergarten zu wecken und macht auch den sogenannten geistig behinderten Kindern keine Schwierigkeit.

Die Vorteile dieser erlebten Mathematik liegen auf der Hand, während ein mathematisches System, das dem Kind Ziffern und Nullen vorstellt, ihm erhebliche Schwierigkeiten bereitet. Dies erkennt man in der Montessori-Pädagogik an dem Spindelkasten. Hier spielen die Kinder mit Stäbchen, um sie in die mit Ziffern markierten Fächer einzuordnen. Hole eins, sagt das eine Kind, und das andere Kind holt ein Stäbchen und legt es in das Fach mit der Ziffer 1. Hole fünf- und das Kind holt fünf Stäbchen und legt es in das Fach mit der Ziffer 5. Das Problem ist die Ziffer 0, denn sie ist ein Begriff, den man nicht greifen kann. Sie hat ein Fach und eine Ziffer, aber 0 ist nichts. Man kann sie nicht sehen, man kann sie nicht fühlen, man kann sie nicht greifen, und damit ergibt sich die Schwierigkeit des Begreifens. Eine Zahl, die aus einer 1 und aus dreimal überhaupt nichts besteht, ist als 1000 nicht zu begreifen, jedenfalls viel, viel schwieriger als 1000 Perlen, die tausendmal schwerer sind als eine Perle.

Aus all diesem erkennt man, daß die Montessori-Pädagogik ihre Basis in neurophysiologischen Phänomenen hat und deshalb mit ihrer Hilfe ohne Schwierigkeiten auf der ganzen Welt Kulturtechniken vermittelt werden können. Die Sandpapierbuchstaben, mit deren Hilfe die Kinder die Bewegungsmuster lernen, sind die neurophysiologische Basis für das Schreibenlernen. Die nachzuerfahrenden Buchstaben sind in den verschiedenen Kulturen natürlich verschieden. Sie sind in der japanischen Schrift andere als in der griechischen oder arabischen oder lateinischen Schrift. Insofern erkennt man leicht die Kulturunabhängigkeit der Montessori-Pädagogik, womit außerdem ihre völkerverbindenden Möglichkeiten erkannt werden.

Montessori-Heilpädagogik

Eigene Studien über das Deprivationssyndrom von Säuglingen und Kleinkindern in Heimen (Hellbrügge 1966, Hellbrügge 1970, Pechstein 1974) deckten auf, daß die frühkindliche Sozialentwicklung und daran gekoppelt auch die Sprachentwicklung durch die Erziehung in altersgleichen, auch in leistungsgleichen, Gruppen schwerwiegend negativ beeinträchtigt wird. Offensichtlich ist die kindliche Sozialentwicklung extrem abhängig von dem Erlebnis helfender Prozesse. "Nur wer hilft, wird wirklich selbständig", ist eine These, die sich aus den Erfahrungen der gemeinsamen Erziehung unterschiedlich alter und unterschiedlich leistungsfähiger Kinder uns täglich aufdrängt.
Für den Kindergarten- und Schulbereich bestätigt sich erneut, was optimal natürlicherweise in der Familie gegeben ist, nämlich daß Geschwister normalerweise

unterschiedlich alt und unterschiedlich begabt sind. Hier handelt es sich indessen um alte pädagogische Erfahrungen, wie sie Pestalozzi bereits vor 200 Jahren beschrieben hat:

"So wie das ältere und fähigere Geschwister unter dem Auge der Mutter den kleineren Geschwistern leicht alles zeigt, was es kann, und sich froh und groß fühlt, wenn es also die Mutterstelle vertritt, so freuten sich meine Kinder, das, was sie konnten, die andern zu lehren. Ihr Ehrgefühl erwachte und sie lernten selber gedoppelt, indem sie das, was sie wiederholten, andere nachsprechen machten." (Über den Aufenthalt in Stanz. Brief an einen Freund. Siehe Literatur).

Solche pädagogischen Grundkenntnisse decken sich voll mit sozialpädiatrischen Erfahrungen, nach denen eine altersgemischte und leistungsungleiche Erziehungsgruppe nicht nur die Sozialentwicklung der Kinder maßgeblich fördert, sondern auch die kognitive Entwicklung positiv beeinflußt.

Kinderärztliche Erfahrungen im Deutschen Bildungsrat

Unsere sozialpädiatrischen Erfahrungen stießen vor über 20 Jahren im Deutschen Bildungsrat, wo ich als Mitglied des Ausschusses Vorschulische Erziehung, darüber hinaus auch als Berater im Ausschuß für Schulerziehung tätig war, auf ein völliges Unverständnis der Pädagogen. Hier ließ sich ganz klar ein gegenteiliges Ziel erkennen, nämlich eine Neuorganisation des Vorschul- und Schulsystems, das jedem Kind eine altersgleiche und leistungsgleiche Gruppe, entsprechend bei behinderten Kindern auch eine behinderten-spezifische gleiche Gruppe, zuordnete. Deshalb müssen heute kleine Kinder in großen Bussen zu großen Schulen gefahren werden, und die Idee der Gesamtschule schließlich führte zu Schulmonstren, in denen mehrere tausend Kinder nur um der Unterrichtung altersgleicher und leistungsgleicher Gruppen willen zusammengepfercht werden.

Zwei Erlebnisse im Ausschuß Vorschulische Erziehung seien hier angeführt, weil sie einerseits schon vor 20 Jahren die Entwicklung unseres pädagogischen Systems andeuteten und weil sie andererseits für den Kinderarzt zu der Konsequenz führen mußten, eine Montessori-Schule zu gründen, in der mehrfach und verschiedenartig behinderte Kinder mit nichtbehinderten Kindern gemeinsam erzogen werden.

Der Ausschuß "Vorschulische Erziehung" - dieser Begriff ist typisch für das damalige pädagogische Denken, das den herrlichen deutschen Begriff "Kindergarten" aus dem amtlichen Sprachgebrauch eliminierte und mit "Tagesstätte" ersetzte - versuchte damals, einen Überblick über vorschulische Einrichtungen in Europa zu erhalten. Dabei zeigten sich interessante Unterschiede zwischen dem kinderärztlichen und dem pädagogischen Ansatz: Als eine ideale Institution wurde einer der schönsten Kindergärten in Europa gesehen, der der Schweizer Spende im Schloßpark von Schönbrunn zu Wien. Nebeneinander sind dort im halbkreisförmigen Grundriß alle Möglichkeiten etabliert: Je eine Kindergartengruppe für hörbehinderte, für sehbehinderte, für geistig behinderte, für körperbehinderte, auch für gesunde Kinder.

Während die Pädagogen von dieser speziellen Förderung begeistert waren und darin die Zukunft unserer vorschulischen Erziehung erblickten, schaute ich als Kinderarzt mir die Kinder näher an. Auf meine erstaunte Frage, daß die Kinder in der Sehbehindertengruppe doch nicht blind seien, erhielt ich von der Kindergärtnerin die Antwort: "Sie sind zwar nicht blind, aber sie schielen". Auf dem Weg nach München zurück stellte ich mir vor, daß eine frühzeitige Isolierung schielender Kinder 20 Jahre später vielleicht dazu führen könnte, Eisenbahnabteile für Brillenträger zu schaffen.

Das andere Schlüsselerlebnis hatte ich in dem Montessori-Kindergarten, welcher der Anna-Schmidt-Schule in Frankfurt angeschlossen war. Dieser Besuch wurde vom Ausschuß Vorschulische Erziehung eigentlich nur noch als weitgehend überflüssige Pflichtübung - um das Bild der verschiedenen Möglichkeiten vorschulischer Pädagogik abzurunden - angesehen, denn die Montessori-Pädagogik galt damals eigentlich schon der pädagogischen Historie angehörig.

Mein erster Eindruck von einem Montessori-Kindergarten war verblüffend. Während sich in ganz Europa vorschulische Einrichtungen schon von weitem durch das Geschrei von Kindern ankündigten, die um die Gunst der Kindergärtnerin buhlten oder von dieser nur durch gemeinsames Singen oder Spielen von einem "Chaos" abgehalten wurden, zeigte sich hier eine völlige Stille.

Jedes Kind war mit etwas anderem beschäftigt: Mit Tätigkeiten des praktischen Lebens, mit Sinnesmaterial oder mit didaktischem Material. Kleine Kinder, die anhand der Goldenen Perlen Freude an der Mathematik hatten oder über die Sandpapierbuchstaben freiwillig Leseübungen veranstalteten, erregten mein Kopfschütteln. Mehr noch verwunderte das selbständige Arbeiten der Kinder, denn weit und breit war keine Pädagogin in Sicht. Erst nach längerem Zuschauen kam eine ältere Dame unter dem Tisch hervor und erklärte, sie hätte unbedingt einem Kind, das auf dem Fußboden arbeiten wollte, bei seinen Problemen helfen müssen.

Das eigentliche Schlüsselerlebnis kam aber durch zwei Kinder mit Down-Syndrom zustande. Auf meine erstaunte Frage, ob diese geistig behinderten Kinder denn in der Kindergartengruppe nicht störten oder in ihrer pädagogischen Förderung erheblich zu kurz kämen, erhielt ich die ebenso erstaunte Antwort von der Pädagogin, daß sie gar nicht mehr bemerkte, daß diese Kinder geistig behindert sind und ich doch selbst erkennen könnte, daß sie hier nicht stören.

Mit diesem Schlüsselerlebnis fuhr ich nach München zurück. Ich hatte mit der Montessori-Pädagogik ein pädagogisches System entdeckt, das es grundsätzlich ermöglichte, nichtbehinderte und behinderte - auch verschiedenartig behinderte - Kinder gemeinsam zu erziehen. Dies schien wichtig im Hinblick auf das Konzept der Entwicklungs-Rehabilitation, das ich 1968 mit Hilfe der Aktion Sonnenschein im Kinderzentrum München verwirklichte. Als Ziel der Frühdiagnostik und Frühtherapie wurde die frühe soziale Eingliederung wie auch immer gestörter und behinderter Kinder in Familie, Kindergarten und Schule intendiert, und hierfür schien die Montessori-Pädagogik geradezu ideal geeignet.

Als Konsequenz dieser Erlebnisse im Deutschen Bildungsrat wurde dem Kinderzentrum München 1968 ein Montessori-Kindergarten angegliedert, in dem erstmalig systematisch integrierte Erziehung - aus sozialpädiatrischer Sicht besser eine gemeinsame Erziehung - behinderter und nichtbehinderter Kinder praktiziert wurde.

**Sonderstellung der Montessori-Pädagogik und
Gründung eines ersten Integrationskindergartens**

Aus der Sicht der Pädagogik des Deutschen Bildungsrates mußte die Montessori-Pädagogik als Herausforderung gelten. Während alle Bestrebungen darauf hinausliefen, altersgleiche, leistungsgleiche oder gleich leistungsschwache Gruppen zu schaffen, lehnte diese Pädagogik konsequent Jahrgangsklassen ab. Denn den Vorstellungen des Deutschen Bildungsrates entsprach ein lehrerzentrierter Unterricht, bei dem die Lernprozesse vor allem vom Lehrer induziert werden, während in der Montessori-Pädagogik das Kind im Mittelpunkt steht, das weitgehend autodidaktisch seine Lernprozesse selbst bestimmt.

Während das Ziel der "Bildungspädagogik" darin bestand, der einheitlichen Gruppe die gleichen Lernprozesse mit dem gleichen Lerntempo zu ermöglichen, bestimmt in der Montessori-Pädagogik das einzelne Kind sein Lerntempo weitgehend selbst. Während in den Bestrebungen der "Bildungsratpädagogik" mit der Unterrichtung weitgehend leistungsgleicher oder gleich leistungsschwacher Kinder die Tendenz liegen mußte, daß die Schüler immer nur lernten, was als Pensum von dem Lehrer aufgegeben wurde, was zwangsläufig auch die Unselbständigkeit der Kinder förderte, ist in der Montessori-Pädagogik die Freiheit des einzelnen Kindes und die Förderung der Selbständigkeit maßgeblich intendiert. In diesem System hat der Erzieher lediglich den Auftrag, aus der Sicht des Kindes, "Hilf mir, es selbst zu tun".

Bei der Errichtung des ersten Montessori-Kindergartens, in dem behinderte und nichtbehinderte Kinder gemeinsam erzogen wurden, hatte ich das einmalige Glück, daß mir in Frau Margarete Aurin eine unmittelbare Schülerin von Maria Montessori begegnete, die - erstmalig für die gesamte internationale Montessori-Pädagogik - im Kinderzentrum München systematisch eine gemeinsame Erziehung behinderter mit nichtbehinderten Kindern praktizierte. Den Aufbau und die ersten Erfahrungen des Kindergartens, ebenso wie die unglaublichen behördlichen Schwierigkeiten, als aus diesem Kindergarten wie selbstverständlich eine Grundschule entstand, sind in dem Buch "Unser Montessori-Modell" eingehend beschrieben.

Vorteile der Montessori-Pädagogik für die gemeinsame Erziehung behinderter und nichtbehinderter Kinder

Die Vorteile der Montessori-Pädagogik für die gemeinsame Erziehung behinderter und nichtbehinderter Kinder wurden bereits kurz skizziert. Sie liegen in folgenden Prinzipien:

Aktives Lernen. Nach den Erkenntnissen der Kommunikationsforschung hat Lernen durch Hören etwa eine Effizienz von rund 20%, Lernen durch Lesen von rund 30%, Lernen durch die Verbindung von Hören und Lesen eine Effizienz von rund 50%, Lernen durch Darübersprechen 70%, aber Lernen durch aktives Handeln eine Effizienz von 90% (Fischer 1956). In der Montessori-Pädagogik steht das aktive Lernen durch Handeln mit dem Montessori-Material im Vordergrund. Im Hinblick auf die Lernprozesse ist deswegen die Montessori-Pädagogik grundsätzlich allen anderen pädagogischen Systemen, in denen nicht aktives Lernen im Mittelpunkt steht, überlegen.

Vorbereitete Umgebung, in der die Kinder alle didaktischen Prozesse geordnet vorfinden in offenen Regalen mit Montessori-Material, mit gemeinsamer Pflege der Umgebung zur Förderung des Gemeinschafts- und Verantwortungsgefühl, der freie Übergang von einer Gruppe in die andere etc..

Freie Bewegung. Lernen am eigenen Tisch, Lernen auf der Matte auf dem Fußboden, Lernen - unter Mitnahme des eigenen Gestühls - im Freien, Gastlernen in der Nachbargruppe etc.. Freie Bewegung stärkt den natürlichen Bewegungsdrang des Kindes als eine der entscheidenden Voraussetzungen für das Wachstum und gibt behinderten und nichtbehinderten Kindern die Möglichkeit, motorische Störungen selbstverständlich zu akzeptieren.

Heterogene Lerngruppen. In der Montessori-Pädagogik sind jeweils die Altersstufen von 3 bis 6 Jahre, 7 bis 9 Jahre, 10 bis 12 Jahre vereint. Unter Einbeziehung von mehrfach und verschiedenartig behinderten Kindern lernen Jüngere von Älteren, Schwächere von Stärkeren.

Soziale und kognitive Förderung. Auf der Basis dieser Pädagogik - so hat in 20 Jahren auch die Erfahrung sowohl im Kindergarten als auch in der Grundschule als auch inzwischen in der Hauptschule in München ergeben - läßt sich in besonderer Weise der Vorteil einer gemeinsamen Erziehung mehrfach und verschiedenartig, auch geistig behinderter Kinder mit nichtbehinderten, auch hochintelligenten Kindern ablesen.

Indem das intelligente Kind dem weniger intelligenten Kind hilft, wächst es in seiner Selbständigkeit, wodurch auch seine kognitiven Prozesse maßgeblich gefördert werden.

Indem das geistig behinderte Kind voller Freude den Rollstuhl des schwer körperbehinderten Kindes schiebt, erlebt es das Glück des Helfens, womit es in seiner Selbständigkeit und in seiner Kommunikationsfähigkeit gefördert wird.

Indem das schwer sehbehinderte Kind in seinen Fähigkeiten, die es trotz seiner Sehstörung beherrscht, von den übrigen Kindern anerkannt wird, erfährt es eine Bestätigung, die es in einer gleichen Gruppe nur schwer bekommen könnte.

Indem das schwer hörgeschädigte Kind sich mit hörenden und sprechenden Kindern unterhält, bekommt es ein starkes Sprachangebot, womit seine Sprechfähigkeit verbessert wird. Das nicht hörgeschädigte Kind lernt die Schwierigkeiten des hörgestörten Kindes kennen und nimmt im Gespräch darauf Rücksicht.

Indem das körperbehinderte Kind z.B. mit dem Fuß schreiben lernt, zeigt es den Klassenkameraden seine besonderen Fähigkeit und erhält damit Anerkennung.

Behindertsein ist vom Prinzip her ein pädagogisches Phänomen, das auftritt, wenn man von Kindern, die irgendwelche Schädigungen haben, die gleichen Leistungen verlangt wie von nichtgeschädigten Kindern.

Am Beginn dieser pädagogischen Entwicklung stand der Auftrag des französischen Kultusministeriums 1904 an Binet-Simon, nach einem Verfahren zu suchen, mit dessen Hilfe "schulschwache" Kinder frühzeitig aussortiert werden können. Die Binet-Simon-Skalen und die daraus entstandene Intelligenzdiagnostik, an deren Ende ein Intelligenzquotient steht, haben aber nichts anderes bewirkt als eine Abstempelung der Kinder mit besseren oder schlechteren Intelligenzleistungen. Da sich außerdem der Intelligenzquotient aus einer Vielzahl von geistigen, körperlichen, sprachlichen und sozialen Fähigkeiten zusammensetzt, läßt sich daraus kein Abbild der Fähigkeiten eines Kindes ermitteln. Deshalb sind selbst Kindergärten oder Schulklassen, in denen intelligenzgleiche Kinder aufgenommen werden, kein System, das kindgerecht ist.

Da "geistig behinderte" Kinder - in gleicher Weise auch sinnesgeschädigte, einschließlich blinder Kinder - von anders behinderten Kindern Hilfe erfahren, lernen sie Helfen und Helfenlassen, was wiederum nicht nur ihre Sozialentwicklung maßgeblich fördert, sondern auch ihre Lernprozesse verstärkt.

Nur in der gemeinsamen Erziehung kann - wie kürzlich erlebt - auch ein Kind mit Down-Syndrom (in aller Welt als geistig behindert abgestempelt und in Sonderschulen isoliert) eine zweite Sprache erlernen und sich, wie in unserer Schule geschehen, mit der britischen Kronprinzessin Diana auf Englisch unterhalten. die Prinzipien der Montessori-Pädagogik machen es möglich, daß auch behinderte Kinder ein Lernniveau erreichen, das in einer Sondergruppe einfach nicht erreicht werden kann.

Der von mir gemeinsam mit Frau Aurin gegründete erste Montessori-Kindergarten, in dem erstmalig systematisch mehrfach und verschiedenartig behinderte Kinder mit nichtbehinderten Kindern im Rahmen der Möglichkeiten der Montessori-Pädagogik gefördert werden, hat in unserem Lande und international eine unglaubliche Resonanz erfahren. Während vor 20 Jahren vorschulische Einrichtungen für speziell geschädigte Kinder geschaffen wurden, um die Kinder auf spezielle Sonderschulen vorzubereiten, ist von dem Kindergarten in der Güllstraße auf die ganze internationale Montessori-Pädagogik die Erkenntnis ausgegangen, daß der neurophysiologische Ansatz auch für verschiedenartig geschädigte und dadurch vielleicht behinderte Kinder ohne Probleme erfolgreich übertragen werden kann und außerdem, daß, wenn nichtbehinderte Kinder den behinderten Kindern helfen, diese nicht nur in ihrer sozialen Persönlichkeitsentwicklung gefördert werden, sondern gleichzeitig auch eine Verstärkung ihrer kognitiven Fähigkeiten erfahren. "Docendi discimus", sagten die Römer schon vor 2000 Jahren. Wenn wir lehren, lernen wir besser.

Von dem Kindergarten in der Güllstraße in München ging eine Renaissance für die Montessori-Pädagogik in Bayern aus. Während des Dritten Reiches war die Montessori-Pädagogik verboten. Ich habe auch keine Literatur darüber gefunden, wo vorher Montessori-Kinderhäuser in Bayern existierten. Der erste Montessori-Kindergarten wurde nach dem Kriege von Frau Aurin in Garmisch eingerichtet. Aus diesem Kindergarten ging 1968 auch international der erste Kindergarten hervor, in dem behinderte und nichtbehinderte Kinder gemeinsam erzogen werden.

Weil Frau Aurin gleichzeitig einen internationalen Lehrgang für Montessori-Heilpädagogik einrichtete - dem bald auch ein nationaler Lehrgang in Montessori-Heilpädagogik an der Münchener Volkshochschule folgte -, wurde dieser Kindergarten zum Ausgangspunkt weiterer Montessori-Einrichtungen in Oberbayern, in ganz Bayern, im übrigen Bundesgebiet und im Ausland. Da dieser Lehrgang als Lehrgang in Heilpädagogik (Medical Pedagogics) unterrichtet, ist es selbstverständlich geworden, daß in die neugegründeten Montessori-Kinderhäuser auch verschiedenartig behinderte Kinder aufgenommen werden.

Soweit sich übersehen läßt, sind aus diesem Kindergarten in Bayern etwa 22 Kinderhäuser entstanden. Daneben sind Schülerinnen aus unserem Montessori-Kurs in alle Welt gegangen. Die Absolventinnen des Internationalen Lehrgangs für Montessori-Heilpädagogik gründeten Montessori-Kinderhäuser z.B. in Argentinien, Äthiopien, Honolulu, Indien, Japan, Korea und Mexiko.

Wir sind stolz darauf, daß aus dem bescheidenen Kindergarten in der Güllstraße, der in einer Wohnung liebevoll von Frau Aurin eingerichtet wurde, weltweit das behinderte Kind in allen seinen Variationen systematisch in das internationale System der Montessori-Pädagogik eingebracht werden konnte, denn bis dahin wurde die Montessori-Pädagogik in allen Erdteilen ausschließlich bei nichtbehinderten, intelligenten Kindern angewendet. Und Vorstellungen, daß die Montessori-Pädagogik eigentlich für das behinderte Kind erfunden wurde, sind allein durch die Aktivitäten in München in unserem Lande verbreitet worden. Das Ganze ist für den Kinderarzt mehr als erstaunlich, denn Maria Montessori hat ihre Pädagogik offenbar immer auch als Hilfe für schwache und starke Kinder empfunden, denn sie stellte fest: "Der Weg, auf dem die Schwachen sich stärken ist der gleiche wie der, auf dem die Starken sich vervollkommnen."

Literatur

Hellbrügge, Th.: Zur Problematik der Säuglings- und Kleinkinderfürsorge in Anstalten. Hospitalismus und Deprivation. In: Opitz/Schmid, Handbuch der Kinderheilkunde, Bd. III, 385-404, 1966.

Hellbrügge, Th.: Zur Prognose des frühkindlichren Deprivationssyndroms bei Heimkindern. In: Schriftenreihe der Deutschen Zentrale für Volksgesundheitspflege e.V., Heft 17, 42-58, 1970.

Hellbrügge, Th. (Hrsg.): Kindliche Sozialisation und Sozialentwicklung. Fortschr. d. Sozialpädiatrie, Bd. 2, Urban & Schwarzenberg, München-Berlin-Wien, 1975.

Hellbrügge, Th.: Unser Montessori-Modell - Erfahrungen mit einem neuen Kindergarten und einer neuen Schule. Kindler-Verlag München, 1977.

Hellbrügge, Th., M. Montessori (Hrsg.): Die Montessori-Pädagogik und das behinderte Kind. Kindler-Verlag München, 1978.

Pechstein, J.: Umweltabhängigkeit der frühkindlichen zentralnervösen Entwicklung. Schriftenreihe aus dem Gebiete des öffentl. Gesundheitswesens, 34, Georg Thieme-Verlag Stuttgart, 1974.

Fischer, A.: Aufbau eines Gesundheitserziehungsprogramms durch einen Wohlfahrtsverband. In: Bundesvereinigung für Gesundheitserziehung (Hrsg.), Gesundheitserziehung von A-Z, 5. Liefg. (1959). Bundesvereinigung für Gesundheitserziehung e.V., Bonn, 1956.

Pestalozzi, J.H.: Über den Aufenthalt in Stanz. Brief an einen Freund. In: Pestalozzi-Worte. Lebensweisheit eines Menschenfreundes. Hrg. im Auftrag des Wiener Stadtschulrates von V. Fadrus und E. Burger. Deutscher Verlag für Jugend und Volk, Wien, S. 307, 1926.

Werner Lachenmaier & Ilse M. Lehner

DER WALDORFKINDERGARTEN
(Rudolf-Steiner-Kindergarten)

1. Das Menschenbild der Waldorfpädagogik

Die geistig-theoretische Grundlage der Waldorfpädagogik bildet die Anthroposophie Rudolf Steiners. Er studierte Ende des 19. Jahrhunderts Naturwissenschaften, fühlte sich aber stark zur Philosophie hingezogen. Aus seiner intensiven Beschäftigung mit dem Dichter und Naturwissenschaftler J.W.v. Goethe glaubte er einen dritten Weg der Erkenntnis neben naturwissenschaftlichen und geisteswissenschaftlichen Methoden gefunden zu haben: Die Erkenntnis der Ganzheit nicht nur durch Beobachtung oder Erklärung, sondern durch Verständnis des Wesens. Diese Erkenntnis bedeutet sowohl geistiges Erfassen als auch seelisches Empfinden. Das Wesen in seiner Ganzheit zu erkennen und zu bilden, ist das wesentliche Ziel sowohl der Anthroposophie als auch der darauf aufbauenden Waldorfpädagogik. Menschen, Gesellschaft und Kosmos werden als dreigegliedertes Ganzes gesehen, der Mensch als Einheit von Körper, Seele und Geist. Dieser "Dreiklang" zieht sich als roter Faden durch Steiners Lehre.

1.1 Entwicklung des Menschen

So sieht er auch die Entwicklung des Menschen in drei Stadien ablaufen, die jeweils sieben Lebensjahre umfassen, von H.v. Kügelgen als "Entwicklungsgesetze" bezeichnet (1982). In der frühen Kindheit - den ersten sieben Lebensjahren von der Geburt bis zum Zahnwechsel - herrsche beim Kind vor allem das unbewußte Wollen vor. Die Leibes-, Geistes- und Seelenkräfte konzentrieren sich auf die Ausbildung des physischen Leibes und seiner Beherrschung (z.B. Stehen, Gehen, Sprechen). Das Kind in diesem Stadium lernt, d.h. es erobert sich die Welt in erster Linie durch Nachahmung eines Vorbilds. Was es in seiner Umgebung hört, sieht und erlebt, nimmt es in sein eigenes Verhaltensrepertoire auf. Das hat zur Folge, daß Elternhaus und Kindergarten negative Einflüsse weitgehend fernhalten und eine positive Umgebung bilden sollen, in der Eltern und Erzieher ständige Verhaltensvorbilder sind.

In die mittlere Kindheit - wenn die menschlichen Kräfte von der Beherrschung des "psychischen Leibes" freigesetzt sind - fällt die Entwicklung des Gefühlsbereichs. Hier gilt es vor allem die Phantasie zu bilden, das schöpferische Tun und Erleben. Auch das Verständnis für Regeln entwickelt sich in diesem Stadium. Eine Forcierung solcher Tätigkeiten vor dem Eintritt in die jeweils angemessene Phase wäre eine schädlich wirkende zwanghafte Verfrühung.

In der Ausbildung der Geschlechtsreife in der Pubertät ab dem 14. Lebensjahr sieht Steiner den Beginn des Jugendalters. Jetzt sind Körper und Seele soweit ausgebildet, daß der Geist des Menschen zu voller Denk- und Urteilsfähigkeit heranreifen kann, die er in weiteren sieben Jahren erreicht.

1.2 Das Kind im Vorschulalter

V. Kügelgen differenziert das Bild der ersten sieben Lebensjahre weiter aus, indem er eine zusätzliche Dreiteilung einführt, die er an Beobachtungen des kindlichen Spiels knüpft. Jede dieser Stufen muß das Kind voll durchleben, keine darf künstlich verkürzt, verlängert oder gar übersprungen werden, ohne der weiteren ganzheitlichen Entwicklung zu schaden. Das Kind erobert sich die Welt im tätigen Spiel. Bis zum dritten Lebensjahr erfolgt jeder Lernschritt durch rein spielerisches Nachahmen eigener und fremder Handlungen nur um des Nachahmens willen. Dies führt zum sogenannten "zweckfreien", von Erwachsenen oft als "sinnlos" betrachteten Wiederholen von Tätigkeiten.

Zwischen drei und fünf Jahren wächst im Kind die Phantasie und schöpferische Produktivität heran. Einfache Dinge der alltäglichen Umwelt werden in der kindlichen Vorstellung zu Personen, Tieren, Werkzeugen oder bestimmten anderen Gegenständen, die eine Funktion erfüllen und entsprechend benutzt werden.

Ab dem fünften Jahr gehen die Handlungen zunehmend mehr vom Kind aus, das nun eigene Vorstellungen davon entwickelt, was es möchte. So berät es sich z.B. mit anderen Kindern über das gewählte Spiel, es plant und bereitet vor und läßt seine Handlungen zielgerichteter werden. Dies ist insbesondere bei den nun vorkommenden Puppen- und Rollenspielen zu beobachten, zu denen Verkleidungen und Requisiten ausgewählt werden.

An der Entwicklung in dieser und den anschließenden Phasen wirken sowohl biologische Vererbung als auch menschliche und dingliche Umwelt sowie das Schicksal gleichberechtigt mit. Daher ist es Aufgabe der Erziehung, günstige

Lebensbedingungen für das Kind zu schaffen und eine menschliche und dingliche Umgebung bereitzustellen, die dem Kind ganzheitliches Erleben ermöglicht, das "seinen Leib gesund, seine Empfindung kraftvoll und seinen Geist hell" macht (v. Kügelgen, 1982).

2. Waldorfpädagogik als Grundlage der Arbeit im Waldorfkindergarten

Die Waldorfpädagogik wurde zwar von Rudolf Steiner als allgemeine Pädagogik für die Erziehung des Menschen von der Geburt zum Erwachsenenalter entwikkelt. Sie beschäftigte sich aber zunächst in erster Linie mit der Erziehung und Bildung des Kindes in der Schule. Das führte 1919 zur Gründung der ersten Waldorfschule in Stuttgart, die der Tabakfabrik "Waldorf-Astoria" angegliedert war und von daher ihren Namen erhielt. Diese erste von Rudolf Steiner mitbegründete Waldorfschule wurde zum Ausgangspunkt und Zentrum der Waldorfpädagogik in der ganzen Welt. Steiner verwirklichte hier den Gedanken einer zwölfjährigen Einheitsschule, in der die Kinder acht Jahre lang in einem festen Klassenverband von ein und demselben Lehrer unterrichtet werden.

2.1 Erziehungsgrundsätze und Ziele

Für den Waldorfkindergarten gilt ebenso wie für die Waldorfschule der Grundsatz Rudolf Steiners, daß "das Kind in Ehrfurcht aufzunehmen, in Liebe zu erziehen und in Freiheit zu entlassen" sei. Als oberstes Erziehungsziel übernimmt die Waldorfpädagogik das Wort Pestalozzis, nach dem Erziehung "Kopf, Herz und Hand" des Menschen gleichmäßig zu vervollkommnen habe. Da Erziehung zum Menschen nur durch den Menschen möglich ist, spielt der erziehende Erwachsene als Mutter, Vater, Erzieher oder Lehrer die entscheidende Rolle. Technische Apparate wie z.B. Fernsehen erziehen nicht, sondern lassen die schöpferischen Kräfte des Kindes und seine Bedürfnisse nach Vorbildern und menschlicher Wärme verkümmern.

Die allgemeinen Erziehungsziele der Waldorfpädagogik richten sich nach ihrem stark humanistisch und reformpädagogisch gefärbten Menschenbild, dessen Ziel ein selbständiger Mensch ist, der sein eigenes Wesen voll entfaltet, Einsicht, Urteilsfähigkeit und soziale Verantwortung besitzt und tolerant, offen und freundlich ist. Nur aus der Anthroposophie als Erkenntnis des werdenden Menschen und seiner individuellen Anlagen dürfen solche Ziele hergeleitet werden, nicht aber aus der Frage: "Was braucht der Mensch zu wissen und zu können für die soziale Ordnung, die besteht; sondern: Was ist im Menschen veranlagt, und was kann in ihm entwickelt werden?" (Steiner 1919)

2.2 Die Rolle des Erziehers in der Waldorfpädagogik

Aus den bisherigen Ausführungen sowohl über die menschliche Entwicklung als auch über die Grundsätze der Waldorfpädagogik ergibt sich, daß die Rolle des Erziehers für entscheidender angesehen wird als alle Erziehungsinhalte oder -methoden. Dem Erzieher kommt die Rolle des ständigen Vorbildes zu, er steht bildlich gesprochen auf einer Bühne, wo er von den Kindern beobachtet und nachgeahmt wird. Diesen "Instinkt" der Kinder zur Nachahmung nutzt er aus, indem er ihnen positive Verhaltensmodelle anbietet und darauf setzt, daß diese praktisch von allein übernommen werden.

Die Aufgabe der Erzieherin im Waldorfkindergarten wird analog zu der einer Mutter in einem kinderreichen Haushalt gesehen. Damit ergeben sich ihre Tätigkeiten aus den Erfordernissen des Zusammenlebens der Gruppe heraus: Kochen, backen, abspülen, abwaschen, bügeln. An allen diesen notwendigen und sich wiederholenden Tätigkeiten wollen und sollen sich die Kinder beteiligen. Auch die im Waldorfkindergarten sehr hoch bewerteten künstlerisch-kreativen Tätigkeiten werden den Kindern dadurch vermittelt, daß die Erzieherin nicht nur die notwendigen Materialien bereitstellt, sondern selbst damit beginnt zu malen, mit Ton zu arbeiten, zu basteln, mit Stoff oder Holz zu arbeiten u.ä.

Waldorf-Erzieher sind von ihrer Ausbildung und ihrem weltanschaulichen Hintergrund stark für ihre Tätigkeit motiviert. Sie begegnen den Kindern mit Achtung und bringen viel Idealismus mit. Dies äußert sich in großer Geduld mit den Kinder und ihrem Engagement in der Zusammenarbeit mit den Eltern.

2.3 Erziehungsmethoden der Waldorfpädagogik

Zu den Erziehungsmethoden der Waldorfpädagogik sagt Rudolf Steiner: "Es gibt nur drei wirksame Erziehungsmittel: Furcht, Ehrgeiz und Liebe. Wir verzichten auf die beiden ersten." (zit. nach Matthiesen 1982) Neben der Person des Erziehers als Vorbild ist es vor allem die Atmosphäre in der Gruppe als einem "sozialen Organismus" (Lindenberg), die auf das Kind prägend wirken soll. Angestrebt wird eine Atmosphäre der Kooperation und der offenen wechselseitigen Hilfe, in der die Kinder auch voneinander lernen können. Diese Atmosphäre soll durch eine überschaubare kinderfreundliche Umwelt geschaffen und gefördert werden. In dieser Atmosphäre können die Kinder vielerlei Erfahrungen gewinnen. Die Erzieherin belehrt nicht und erklärt kaum, sondern macht vor, regt zur Nachahmung an, ermutigt, lobt und übt nur zurückhaltend aufbauende Kritik. Das freie kindliche Spiel wird als das Hauptmittel zur notwendigen Förderung der Phantasie und der schöpferischen Kräfte angesehen. Den Kindern steht dazu einfaches Spielzeug vorwiegend aus Naturmaterialien wie Holz, Steine und Stoff zur Verfügung sowie selbsthergestellte Materialien wie z.B. einfache Stoffpuppen. An das freie Spiel schließt sich der Morgenkreis an, einmal in der Woche die Eurythmie, ein spezielles Schulfach in der Waldorfschule (vgl. S. 8).

Notwendige Sanktionen wie Ermahnungen und Kritik werden so selten wie möglich direkt ausgesprochen, sondern in eine passende Geschichte oder in ein Märchen verpackt vermittelt, aus dem die Kinder - wiederum durch Vorbild und Nachahmung - den entsprechenden Sinn selbständig entnehmen können sollen. Auf Strafen wird weitgehend verzichtet, die Kinder können sich relativ frei entfalten. Verbote sollen nur ausgesprochen werden, wenn sie unbedingt notwendig sind, z.B. wenn ein Kind andernfalls selbst Schaden nehmen oder anderen Schaden zufügen könnte oder wenn Schaden an Sachen zu befürchten ist. Obwohl weder der Erzieher noch ein Lernprogramm autoritär die Erziehung bestimmen, kann von antiautoritärer Erziehung nicht gesprochen werden. Durch die Vorbildwirkung kommt dem Erzieher eine durchaus formende persönliche Autorität zu, die er auch akzeptiert und einsetzt, wenn er entsprechende Impulse geben oder bestimmte Gelegenheiten bewußt herbeiführen will.

Neben Vorbild und Nachahmung gilt für die Erziehung in der frühen Kindheit ein weiteres Prinzip, das von Rhythmus und Wiederholung. So baut sich der Tagesablauf immer ähnlich auf und ist stark in den Rhythmus des jahreszeitlichen Ablaufs eingebettet. Dieser Rhythmus und häufige Wiederholungen von Tätigkeiten entsprechen nach Meinung der Waldorf-Erzieher dem Wesen dieser Entwicklungsstufe, auf der noch nicht planmäßig, sondern aus dem spontanen Wollen heraus gehandelt und gelernt wird.

3. Praxis des Waldorfkindergartens

3.1 Ein Tagesablauf im Waldorfkindergarten

Die Waldorfkindergärten sind täglich in der Regel 6 Stunden geöffnet, wobei die Kernzeit zwischen 7.30 Uhr und 12.00 Uhr liegt. Für Kinder, die darüber hinaus noch eine Betreuung benötigen, können Nachmittagsgruppen eingerichtet werden. Grundsätzlich sehen Waldorfpädagogen eine Ganztagsbetreuung weder als gesundheits- noch als entwicklungsfördernd an, da die Kinder zu lange von den Eltern getrennt sind und sie das lange Zusammensein mit vielen anderen Kindern überfordert.

Der Verlauf eines Kindergartentages folgt einem immer gleichen Rhythmus: Bis spätestens 8.30 Uhr sollen alle Kinder da sein.
Die erste Phase des Vormittags ist die Freispielphase. Die Kinder spielen mit verschiedenen bereitstehenden Spielmaterialien in den Bereichen des Gruppenraumes. Aus den bereitgestellten Materialien erhalten die Kinder Anregungen für ihr Spiel. Weitere Anstöße für das freie Spiel kommen aus der Arbeit der Erwachsenen: so helfen z.B. einige Kinder beim Mahlen von Korn für die Brötchen, die am nächsten Tag gemeinsam gebacken werden oder beim Reparieren von Spielzeug oder beim Nähen von Puppen.
Ausgehend von den Tätigkeiten der Erwachsenen können sich die verschiedensten Aktivitäten der Kinder im Spiel entwickeln, wobei es für sehr wesentlich erachtet wird, daß den Kindern auch Bilder und Anregungen, die über die aktuelle Lebenssituation hinausreichen, in Form von Märchen und Geschichten, Puppenspielen und Reigen angeboten werden.
Gegen Ende der Freispielphase (ca. 10.00 Uhr) wird versucht, das Aufräumen aus dem Spiel heraus zu entwickeln.
Nach dem Aufräumen kommt der sog. "Morgenkreis", bei dem sich alle für einige Minuten in Ruhe und Konzentration zu einem gemeinsamen Lied oder rhythmischen Spiel versammeln. Der Morgenkreis wird durch ein Zeichen - das Anzünden einer Kerze oder ein Lied auf der Kinderharfe - eingeleitet.

Das Frühstück wird gemeinsam zubereitet und eingenommen.
Nach der ebenfalls ritualisierten und gemeinschaftlichen Beendigung des Frühstücks ziehen sich alle Kinder an und gehen ins Freie - entweder in den Garten oder auf Spaziergänge zu den unterschiedlichsten Zielen.
Gegen 11.30 Uhr endet die Zeit im Freien und alle treffen sich im Kreis. Die Erzieherin erzählt den Kindern ein Märchen, oder die Kinder kneten mit Bienenwachs, malen mit Aquarellfarben, musizieren o.ä. Ab 12.00 Uhr können die Kinder von ihren Eltern abgeholt werden.

3.2 Inhalte und Methoden

Ziel der Waldorfpädagogen ist es nicht, den Kindern ein Lern- und Spielangebot zu machen, sondern die Umgebung des Kindes so zu gestalten, daß sie seine Entwicklung fördern kann und im Einklang steht mit den Bedingungen für die spätere Entfaltung seiner Persönlichkeit. Bestimmend für die Vorschulzeit sind die Kraft der Nachahmung und eine Umgebung, die das Kind in vielfältiger Weise anregt, sich mit ihr auseinanderzusetzen.

Die vorschulische Erziehung ist auf dem nachahmenden Lernen aufzubauen. Spontanes Handeln und Lernen der Kinder soll ihre Persönlichkeitsentwicklung unterstützen.

Nachahmungsfähigkeit und Differenzierung sind abhängig
- von der Gestaltung der Nachahmungswelt durch den Erwachsenen
- vom Lebensalter des Kindes innerhalb der ersten sieben Jahre
- von der Eigenart und Individualität jedes Kindes.

Das Kind lernt ohne eine bewußte intellektuelle Anweisung durch das Vorbild des Erwachsenen. "Alles, was das Kind erlebt, gräbt sich durch die feine Wahrnehmungsfähigkeit tief ein..... Wir erhalten unsere charakterliche Prägung nicht durch wortreiche Erklärungen und Verbote, sondern durch die Art und Weise, wie die Erwachsenen sich in unserer Umgebung verhalten haben." (vgl. Glöcker/Goebel, 1982)

Der Erzieher verkörpert einerseits das Verhaltensvorbild für die Kinder und schafft auf der anderen Seite die anregende Umgebung. "Das Gezielte des methodischen Vorgehens besteht im wohldurchdachten, zeitlich wohldosierten Bilden von Gelegenheiten". (Jaffke 1980[7], 58)

Im Waldorfkindergarten werden nie Tätigkeiten als Selbstzweck oder "um der Bastelei willen" durchgeführt, sondern sie stehen immer im Zusammenhang mit dem Kindergartenalltag: z.B. werden Puppen für ein Puppenspiel genäht. "Die Auswahl der Arbeiten wird auch von dem Versuch bestimmt, weitgehend verlorene Anschauung von elementaren, menschlichen Arbeiten zu kompensieren" (Leber, 1972). Die Erzieherin beginnt "im stummen Vertrauen auf Neugier und Nachahmungssucht der Kinder ihre Arbeit, bei der sie dann selten länger als eine Minute allein bleibt". (Barz 1984, 67)

3.3 Spielen und Spielzeug

Intensives und vielseitiges Spielen soll dem Kind im Waldorfkindergarten helfen, äußere Eindrücke zu verarbeiten,

- unbewußte Konflikte, Aggressionen und dramatische Erlebnisse darzustellen und zu bewältigen,
- die schöpferische Phantasie zu bewahren und anzuregen.

Im Spiel soll das Kind vor allem seinen eigenen Impulsen gehorchen
- ohne größere Eingriffe des Erziehers. Dazu soll
1. dem kindlichen Spiel ein erlebnisreicher Alltag zugrundeliegen;
2. den Kindern geeignetes, vielseitig verwendbares Spielmaterial zur Verfügung stehen, das ihnen die Ausgestaltung ihrer Phantasiespiele erleichtert;
3. die Erzieherin eine Atmosphäre schaffen, die es den Kindern ermöglicht, sich ganz in ihr jeweiliges Spiel zu vertiefen.

Dabei kommt es auch sehr auf das Spielmaterial an. "...Je primitiver ein Spielzeug ... desto dienlicher ist es... Das Spielzeug soll der schöpferischen Phantasie der Kinder so wenig wie möglich Grenzen setzen. Es sollte fast nur rohes Material oder Werkstoff und Werkzeug sein, das der kindlichen Gestaltungskraft die weitesten Freiheiten und Möglichkeiten offen läßt". Zulliger (1973, 115) Auch Nielsen (1979) betont, daß Kinder einfaches, aber echtes Spielzeug brauchen. Gutes Spielzeug darf das Kind nicht einengen, indem es z.B. nur eine bestimmte Gestalt, Form oder Farbe hat. Es soll vielmehr vielfältige Verwendungsmöglichkeiten fördern.

Auch die Beschaffenheit des Materials ist wichtig. Um einen Gegenstand zu erfahren, befühlen und betasten ihn Kinder wie auch Erwachsene. Seine Gestalt, seine Substanz, seine Oberfläche und sein Gewicht lassen Rückschlüsse auf die innere Beschaffenheit zu. Spielzeug aus Plastik bewertet Nielsen deshalb negativ, weil es beim Befühlen keine Rückschlüsse zuläßt. Spielmittel sind aber dazu bestimmt, dem Kind zu helfen, sich so gut wie möglich durch seine Phantasie und Vorstellungskraft in ein Spielzeug hineinzuversetzen und sich selbst darin zu projizieren.

Im Waldorfkindergarten findet man weniger spezielle Spielmittel als vielmehr "Geräte des täglichen Lebens" wie Eimer, Besen, Wäscheklammern, und viele Naturmaterialien wie Kastanien, Holz in Form von Baumscheiben, Ast- und Rindenstücken, Steine, Muscheln, Wachs, Stoffe, Wolle, wobei die einfache Stoffpuppe eines der bedeutendsten Hilfsmittel ist.

3.4 Eurythmie

Eurythmie spielt in der Waldorfpädagogik eine wichtige Rolle. Durch sie soll der disharmonierenden Reizüberflutung unserer Umwelt ein persönlichkeitsbildendes Element gegenübergestellt werden. Sie ist für die Waldorfpädagogen sichtbare Sprache und sichtbarer Gesang.
Eurythmie schult den menschlichen Körper sowohl für den Eindruck wie auch für den Ausdruck. Sie hat ihren Ursprung im Bemühen, in der Initiative und im Willen jedes Einzelnen und bietet Anregungen zur Selbstverwirklichung. Eurythmische Übungen integrieren, was Steiner die dreifache Natur des Menschen nennt- Denken, Fühlen, Wollen.

Eurythmie ist die Verdeutlichung von Sprache durch die menschlichen Bewegungen; der Körper kann die Sprache ausdrücken - meist mit Hilfe der Musik. Die rhythmische Gestaltungskraft ergreift den ganzen Körper. Sprache und Ton werden ausgedrückt durch Bewegung der Arme und Hände, durch die Differenzierung der Schrittarten und ausdrucksvolle Gesten.

In der pädagogischen Eurythmie lernt der Schüler, sich zunächst geschickt im Raum zu orientieren und zu bewegen. Im Einüben künstlerischer Werke lernt er, seine Bewegung so zu gestalten, daß der Körper immer mehr zum Ausdruck dessen wird, was die Seele selber will und ist.

Die pädagogische Eurythmie will die Ausdrucks- und Bewegungsfähigkeit der Kinder wachhalten oder sogar verstärken. Soziale Elemente birgt die Eurythmie in sich, wenn mehrere sich gemeinsam bewegen, gemeinsam versuchen z.B. ein Musikstück zu gestalten.

3.5 Märchen

Zum Abschluß jedes Kindergarten-Vormittags erzählt die Erzieherin den Kindern ein Märchen. Sie trägt es auswendig vor, was einmal dazu betragen soll, daß die Erzieherin sich besser auf die Kinder einstellen kann und zum anderen den Kindern wertvolle Anregungen bezüglich Sprache, Ausdruck und nichtalltägliche Begriffe vermittelt.

Märchen haben im Alltag eines Waldorfkindergartens eine besondere Stellung. Sie bilden nach Hiebel (1975) die Grundlage des Lehrens im Waldorfkindergarten und in den ersten beiden Grundschulklassen der Rudolf-Steiner-Schulen. Im Märchen durchlebt das Kind auf dem kürzesten Weg die Stadien menschlicher Entwicklung. Märchen haben ihren Ursprung in der Kindheit der Menschheit. Für die Waldorfpädagogen enthält jedes Märchen heilende Kräfte. Bei Zuhören erlebt das Kind Angst, Mitleid und Erstaunen "und kommt zu einem Gefühl von Ehrfurcht gegenüber der nicht sichtbaren Welt. Es erfährt, daß der Mensch ein Wesen der Entwicklung, des Kampfes, der Veränderung ist und daß hinter allen gegensätzlichen Kräften.....die gute Welt des wahren Menschen liegt" (Hiebel 1975). Märchen geben dem Kind echte Hilfe zum Hineinwachsen in die Realität der Welt.

3.6 Elternarbeit

Waldorfkindergärten entstehen in der Regel durch Elterninitiative; Elternbeteiligung ist daher ein konstitutives Moment von Anfang an. Auf die pädagogische Konzeption - ein Vermächtnis Steiners - haben sie zwar keinen Einfluß, dennoch besteht bei vielen Eltern der Wunsch, durch Mitarbeit in pädagogischen Elternabenden dem Konzept näherzukommen. Außerdem ist ihre Mitarbeit, z.B. bei der Gestaltung von Veranstaltungen (Feste, Feiern, Ausflüge) erwünscht.
Zum Kennenlernen der häuslichen Umwelt, zur Vertiefung der Kontakte mit den Eltern und für ein umfassendes Verständnis des einzelnen Kindes führen die Erzieherinnen auch Hausbesuche durch. Gesprächsthemen sind dabei die häusliche Erziehung, die geistig-seelisch-leibliche Entwicklung, die musische und sprachliche Förderung des Kindes, sein Sozialverhalten, sein Spielzeug usw. (vgl. v. Kügelgen, 1980). Die Waldorfpädagogen sehen es als wichtig an, daß sich beim Kind das Gefühl entwickelt: der Erzieher/Lehrer kennt mich und meine Eltern. Auch eine Beratung der Eltern bezüglich der Förderung ihres Kindes kann Gegenstand eines Hausbesuchs sein. Eltern sollten ihrem Kind Kreide, Stifte, Papier zum Malen geben, Freude am Entstandenen zeigen, wichtigen seelischen Äußerungen wie Lallen, Plaudern, Singen und Tanzen mit Freude und Aufmerksamkeit folgen, den Kindern z.B. Instrumente geben, ihnen viele Reime, Lieder, Spiele und Märchen anbieten. Zum Wichtigsten gehört, daß Kinder nicht zu viele Sachen bekommen und vor allem nicht lauter "fertige Sachen". Eltern sollten mit Bedacht gewählte Spielsachen schenken, die haltbar sind und die Phantasie möglichst wenig in Fesseln halten" (Carlgren, 1981).

3.7 Aus- und Fortbildung von Waldorf-Erziehern

Mit Vollendung des 19. Lebensjahres kann eine Berufsausbildung am Waldorfkindergarten-Seminar begonnen werden. Sie endet mit der Prüfung zum staatlich anerkannten Erzieher. Ausgebildete Erzieher können nach einer einjährigen Zusatzausbildung ebenfalls in Waldorfkindergärten arbeiten.

Hat der Erzieher seine Tätigkeit im Kindergarten aufgenommen, gehören regelmäßige Besprechungen und regionale Fortbildungstagungen zu seinen Aufgaben. Diese Treffen dienen dem Erfahrungsaustausch, der gemeinsamen Arbeit an aktuellen Problemen und der Vertiefung der menschenkundlichen Kenntnis als Grundlage der Arbeit.

Jedes Jahr findet eine Fachtagung der internationalen Vereinigung der Waldorfkindergärten statt; eine öffentliche pädagogische Arbeitswoche des Bundes der Freien Waldorfschulen und künstlerische Kurse sind weitere Fortbildungsmöglichkeiten.

4. Zusammenfassung

Betrachtet man die Waldorf-Kindergartenarbeit, fallen sofort zwei Aspekte auf:
1. die Übereinstimmung zwischen Theorie und Praxis der Waldorfpädagogik,
2. die Einheitlichkeit der Arbeit in den einzelnen Waldorfkindergärten.

Beide Tatsachen rühren aus der starken Geschlossenheit des anthroposophischen Gedankengebäudes her, das von einem einzigen Menschen entwickelt und bis heute unverändert überliefert wurde. Wer die Vielfalt der Arbeit in den übrigen Kindergärten kennt, weiß, daß von "dem" Kindergarten eigentlich nicht gesprochen werden kann. Anders in den Waldorfkindergärten: Durch die relativ feste Orientierung am sich ständig wiederholenden Rhythmus der Jahreszeiten und Feste ist es möglich, ungefähr vorauszusagen, welche Themen und Tätigkeiten zu einer bestimmten Zeit auf dem Programm stehen.

Dadurch sind die verschiedenen "Wellen" der Frühpädagogik wie die Frühlesewelle, die Vorschulwelle mit ihren Arbeitsblättern und auch der "Situationsansatz" spurlos an den Waldorfkindergärten vorübergegangen. Auf der anderen Seite haben die Waldorfpädagogen vieles bewahrt, was heute wieder als wichtig erkannt wird: das aktive Tun des Kindes im direkten Umgang mit Materialien, das Kreative, das Freispiel, das Märchen, die Kunst des Erzählens usw. Dies erklärt auch, warum gerade in der heutigen Zeit eine steigende Nachfrage nach Plätzen in Waldorfkindergärten zu verzeichnen ist. Andererseits muß - wie bei anderen Ansätzen der Kindergartenpädagogik auch - gefragt werden, ob weitgehend unveränderte Prinzipien in der Lage sind, Anforderungen durch den sozialen und technologischen Wandel und die daraus resultierenden Situationen und Bedürfnisse von Kindern angemessen zu berücksichtigen. Beispiel: die zum Teil berechtigte Ablehnung des Fernsehens, die aber durch Verdrängung in eine übertriebene Technikfeindlichkeit münden könnte statt eine kritische Auseinandersetzung zu fördern.

Trotz seines Selbstverständnisses als einem "großem Haushalt" will der Waldorfkindergarten die Familie nicht ersetzen, sondern nur ergänzen.

Der Tagesablauf unterscheidet sich auf den ersten Blick wenig von dem eines anderen Kindergartens, weist aber bei näherem Hinsehen doch einige Besonderheiten auf: Die Bedeutung des Freispiels - das nicht nur um des Spielens willen geschieht, sondern im Zusammenhang von Spiel und Arbeit gesehen wird - der gemeinsame Gang zu den Waschräumen und den Toiletten, wo das Händewaschen, Eincremen und Kämmen im Mittelpunkt stehen. Vor dem Essen wird ein Gebet gesprochen. Die Erzieherin und die Gruppe sind mehr mit den "häuslichen" Tätigkeiten beschäftigt (wie Kornmahlen, Backen, Kochen, Abspülen, Waschen, Herstellen und Reparieren von Spielmaterialien) und mehr mit Gartenarbeit als in sonstigen Kindergärten.

Ähnlich ist die Betonung des Spiels in Waldorf- wie auch in sonstigen Kindergärten. Steiner sah ebenso wie Fröbel den erzieherischen Wert des freien Spiels und die Notwendigkeit, es zu ermöglichen und zu fördern. Beide betonen den anregenden Wert einfacher Spielmaterialien, wobei Steiner allerdings die Fröbelschen "Spielgaben" (mit Ausnahme des Balls) als zu künstlich ablehnt und mehr auf die Kraft der Naturmaterialien Holz, Stein, Ton, Wolle etc. setzt. Alle Materialien aus Plastik werden abgelehnt, da ihre Herstellung den Kindern nicht einsichtig ist und ihre Oberfläche "den Tastsinn betrügt". Diese pädagogischen Argumente werden über Nützlichkeitserwägungen wie größere Haltbarkeit und Hygiene gestellt.

Bemerkenswert ist die Intensität der Elternarbeit. Eltern, deren Kind in den Waldorfkindergarten geht, müssen nicht nur mit einem höheren finanziellen

Beitrag rechnen, sondern sollten auch Zeit und Engagement mitbringen, an den häufigen Veranstaltungen und Treffen teilzunehmen. Auch Elterngespräche und Hausbesuche werden durchgeführt, sogar schon vor Beginn des Kindergartenbesuchs. Damit soll auch zu Hause eine förderliche Umgebung für das Kind angeregt werden. Außerdem stellt die Erzieherin bei solchen Gelegenheiten fest, ob das Kind für die Gruppe geeignet ist. Waldorf-Erzieher suchen sich aus den Anmeldungen die aufzunehmenden Kinder heraus. So kommt es auch vor, daß ein Kind, das sich als nicht "gruppenverträglich" erweist, wieder herausgenommen werden muß. Diese Kinder sind dann auf andere Einrichtungen angewiesen.

Waldorfkindergärten entstehen häufig durch Wunsch von Eltern (Elterninitiativen), die die Pädagogik Rudolf Steiners für ihre Kinder wünschen.
Trotzdem wird es als Prinzip angesehen, daß die pädagogische Leitung den Kindergärtnerinnen obliegt, wobei eine intensive Zusammenarbeit zwischen Eltern und Erziehern gewünscht ist. Der Elternbeirat hat hierbei die wichtige Funktion eines Bindegliedes zwischen Elternschaft und Kindergarten.
Abschließend ist festzustellen, daß Waldorfkindergärten den Kindern eine angemessene pädagogische Förderung (im Sinne von Art. 7 des Bayerischen Kindergartengesetzes) bieten, allerdings sollten die Eltern sich bewußt für einen Waldorfkindergarten entscheiden, und die Pädagogik, der die weltanschaulichen Gedanken der Anthroposophie Rudolf Steiners zugrunde liegen, akzeptieren. Denn nach eigenen Aussagen von Waldorfpädagogen läßt sich deren erzieherische Praxis nicht aus dem engen Zusammenhang mit der Anthroposophie herauslösen, die allerdings nicht jedermanns Sache sein dürfte.

Literaturangaben

Abendroth, W.: Rudolf Steiner und die heutige Welt. Frankfurt: Fischer 1977

Barz, H.: Der Waldorfkindergarten. Weinheim und Basel: Beltz 1984

Carlgren, F.: Erziehung zur Freiheit. Frankfurt 1981

Freie pädagogische Vereinigung Bern: Waldorfpädagogik in öffentlichen Schulen. Freiburg: Herder 1976

Glöckler, M. & Goebel, W.: Was ist Waldorfpädagogik? Bad Liebenzell 1982

Hattermann, K.: Nachahmend lebt sich das Kind in die Welt ein. In: Weleda-Nachrichten 1982, Heft 148

Herz; G.: Pädagogik und Waldorfpädagogik. Ein Kapitel über Berührungsangst und Wahrnehmungsstörung. In: Neue Sammlung, 1982, 22, (6), 565-589

Hiebel, F.: Importance of Fairy Tales in a Rudolf Steiner School. In: Ogletree, E.J. (Hrsg.) 1979, 111-112

Hofmann, O.; Prümmer, C.V. & Weidner, D.: Forschungsbericht über Bildungslebensläufe ehemaliger Waldorfschüler. Stuttgart 1981

Jaffke, F.: Zur Planung im Waldorfkindergarten. In: v. Kügelgen (Hrsg.) 1980, 53-60

Kiersch, J.: Die Pädagogik Rudolf Steiners (Waldorfpädagogik). Zum gegenwärtigen Stand der Forschung. In: Zeitschrift für Pädagogik, 1982, 28, (6), 837-846

Kügelgen, H.v.: Plan und Praxis des Waldorfkindergartens. Rastatt, 1973

Kügelgen, H.v.: Vom Waldorfkindergarten I. II. In: Kindergarten heute, 1982, 12, (2), 74-82; (3), 122-126

Leber, St.: Die Waldorfschule im gesellschaftlichen Umfeld. Stuttgart: Verlag Freies Geistesleben GmbH 1981

Lindenberg, Ch.: Die Lebensbedingungen des Erziehens. Reinbek: rororo 1981

Lindenberg, Ch.: Waldorfschulen: Angstfrei Lernen, selbstbewußt Handeln. Reinbek: rororo 1975

Matthiesen, H.: Warum ich für Waldorfschulen bin. In: Westermann Monatshefte 1982, (12), 33-43

Nielsen, S.: Toys and the Pre-School Child. In. Ogletree, E.J. (Hrsg.) 1979, 72-73

Ogletree, E.J.: Introduction to Waldorf-Education: Curriculum and Methods. Washington 1979

Siegloch, M.: Eurythmie - rhythmische Gestaltungskraft in der Bewegung. In: Weleda-Nachrichten 1982, Heft 148

Steiner, R.: Aspekte der Waldorfpädagogik. Frankfurt 1983

Steiner, R.: Die pädagogische Grundlage und Zielsetzung der Waldorfschule. Dornach 1969

Steiner, R.: Die Erziehung des Kindes. Stuttgart 1948

Steiner, R.: Freie Schule und Dreigliederung 1919 zit. nach Lindenberg, Chr., 1975, S. 175

Ullrich, H.: "Ver-Steiner-Te" Reformpädagogik. Anmerkungen zur neuerlichen Aktualität der Freien Waldorfschulen. In: Neue Sammlung, 1982, 22, (6), 539-564

Wehr, G.: Der pädagogische Impuls Rudolf Steiners. München 1977

Zudeick, P.: Alternative Schulen. Frankfurt: Fischer 1982

III. Institutionen des Kindergartenwesens in Bayern in der Gegenwart

EINRICHTUNGEN DER CARITAS

Dorothea Bildstein-Hank

**Der bayerische Landesverband kath. Kindertagesstätten e.V.
- ein Partner der Caritas**

Der BLV versteht sich als Fachverband des Deutschen Caritasverbandes auf Landesebene. Der BLV ist ein eigenständiger Verein mit entsprechendem Rechtsstatus: die Caritas ist der wichtigste Partner:
Der BLV kooperiert eng mit den Kindertagesstättenreferaten der Diözesan-Caritasverbände in Bayern und des Caritasverbandes der Stadt Nürnberg, koordiniert die im Verbandsbereich in den einzelnen Diözesen vorherrschende fachliche Meinung und vertritt diese landesweit übergreifend in Kirche und Caritas, in der Öffentlichkeit und gegenüber dem Staat.

Die Gründung des BLV geht auf das Jahr 1917 zurück, also noch vor Gründung des Caritasverbandes in Bayern im Jahre 1922.
Absicht der Gründungsmitglieder, die aus Priestern und Laien bestanden, war es, die katholischen *Kinderbewahranstalten* auf regionaler und überregionaler Ebene zu einem Verband zusammenzuschließen. Die kath. Einrichtungen damals hatten nämlich nur wenig Kontakt untereinander, und ihre Beziehungen gingen kaum über die jeweilige Pfarrgemeinde hinaus.
Die Arbeit der Gründerjahre (Mitglieder: 400 Einrichtungen) war von dem christlichen Leitsatz geprägt, den notleidenden Menschen zu dienen und zu helfen. Durch das vorgelebte Christentum, durch die Ausübung christlichen Tuns, der "Diakonie als Grundauftrag der Kirche", wurde damals das Profil des katholischen Kindergartens geprägt, das heute das Selbstverständnis des katholischen Kindergartens ausmacht (siehe nachstehenden Text).
Auch war der Blick darauf gerichtet, durch Fort- und Weiterbildungsmaßnahmen auf die Erweiterung der Fach- und Handlungskompetenz der *Kindergärtnerinnen* hinzuwirken.

Dies galt auch für den Auftrag des BLV nach dem 2. Weltkrieg. Der Bedarf an Kindergartenplätzen war stark gestiegen, und überall in Bayern entstanden neue Kindergärten. Zum Teil standen sie unter der direkten Trägerschaft der Diözesan-Caritasverbände und zum Teil unterstanden sie den Pfarrgemeinden. Die Ordensschwestern, die noch bis in die 50er Jahre 90% der *Kindergärtnerinnen* stellten, leisteten in Zusammenhang mit der Aufbauarbeit große Verdienste. In unermüdlichem selbstlosen Einsatz stellten sie ihre Kraft zum Wohle der Kinder in den diakonischen und pastoralen Auftrag der Kirche.

Schon bald war deutlich geworden, daß der BLV nicht mehr alleine Fortbildung und Beratung bewerkstelligen konnte. Außerdem war es wichtig geworden, diese Arbeit zu dezentralisieren. So war die Errichtung von Kindergartenreferaten in den einzelnen Diözesen in Bayern als notwendig erachtet und vom BLV unterstützt worden. Die Bischöfe gaben wohlwollend ihre Zustimmung. Die ersten Referate gab es in München und Regensburg; alle anderen Diözesen folgten diesen Beispielen.

Von nun an war (und ist es bis heute) die Hauptaufgabe des BLV, mit den jeweiligen Referatsleitern und den Fachberatern der Diözesan-Caritasverbände zusammenzuarbeiten und seinen Auftrag im subsidiären Sinne wahrzunehmen. Auf diesem Hintergrund erfüllt der BLV seinen Zweck, "... die katholischen Tageseinrichtungen in Bayern zu fördern. Er soll an der Weiterentwicklung auf dem Gebiet des sozial-caritativen Dienstes an der Familie, der Erziehung und Bildung auf der Basis der katholischen Weltanschauung mitwirken." (Satzung) Dies geschieht unter Mitwirkung der Fachberatung z.b. in folgender Hinsicht:

- Fortbildungsangebote für ErzieherInnen, LeiterInnen, Rechtsträger
- Informationen durch verbandsinterne Rundschreiben oder Schriften (Hortnachrichten u.a.)
- Publikationen ("Rundbrief" u.a.) und vor allem durch die
- Interessenvertretung der angeschlossenen Rechtsträger mit deren Einrichtungen, der Kinder und des Personals in kirchlichen und politischen Gremien.

Gegenwärtig zählen zu den kath. sozialen Einrichtungen der Caritas in Bayern ca. 2100 Kindergärten; nur noch 10% der ErzieherInnen in den Kindergärten sind Ordensleute. Beim BLV sind derzeit ca. 1500 Rechtsträger mit ca. 1900 Kindergärten als Mitglieder registriert.

Mitgliederbestand

Stand: 30.06.1989

Diözese	Träger	Kinderg.	Horte	Einzelinteres.
Augsburg	271	323	33	14
Bamberg *	211	250	12	10
Eichstätt *	99	116	4	3
München-Land	205	253	37	8
München-Stadt	83	92	31	6
Passau	96	111	6	4
Regensburg	296	328	12	3
Würzburg	336	371	13	7
Insgesamt	1.597	1.844	149	55

* Ein Teil dieser Einrichtungen wird vom Caritas-Verband Nürnberg betreut.

Die bayerischen Einrichtungen sind durch ihre Mitgliedschaft beim BLV zugleich dem "Zentralverband" katholischer Kindergärten und Kinderhorte Deutschlands" angeschlossen, dem Fachverband des Deutschen Caritasverbandes auf Bundesebene, mit dem der BLV in regelmäßigem Austausch steht.

Die Vertretung der Interessen der bayerischen Rechtsträger mit deren Einrichtungen auf Bundesebene sind ebenso durch die Kontakte des BLV mit Gremien des Deutschen Caritasverbandes gewährleistet.

Der BLV ist Mitglied im Unterausschuß Kindertagesstätten der "Arbeitsgemeinschaft der Spitzenverbände der Freien Wohlfahrtspflege in Bayern"; 7-8mal jährlich finden Treffen statt.

Durch seine Mitarbeit in kirchlichen, politischen und wissenschaftlichen Gremien fungiert der BLV als Multiplikator, Vermittler und Koordinator der Kindergartenreferate der Diözesan-Caritasverbände Bayerns und des Caritasverbandes Nürnberg. Das Hauptanliegen dieses Fachverbandes, nämlich das Selbstverständnis der katholischen Kindergärten zu fördern und zu festigen, wird nachfolgend verdeutlicht.

Peter Kuner

**Kindergarten und Caritas -
Zum Selbstverständnis des katholischen Kindergartens**

Zumindest von der formalen Seite her, weiß jeder, der mit Kindergärten katholisch-kirchlicher Trägerschaft zu tun hat, daß alle diese Einrichtungen dem Caritasverband zugeordnet sind. Er definiert sich als kirchlicher Wohlfahrtsverband, in dem alle katholischen caritativen Aktivitäten zusammengeschlossen sind. Wesentlich schwieriger ist es mit der inhaltlichen, inneren Zuordnung zum Caritasverband. Es gab auch Überlegungen, ob nicht der Kindergarten dem Schulreferat einzugliedern sei. Die Bildungsreform der 70er Jahre benennt doch den Kindergarten als Elementarstufe des Bildungssystems. Und nicht zuletzt hat der kirchliche Kindergarten aus der Sicht vieler Träger die eine und wesentliche Aufgabe, Kinder religiös zu erziehen und zu bilden. Dennoch ist der Kindergarten nicht dem Schulbereich zugeordnet worden, sondern blieb ein Angebot der Jugendhilfe und damit in freier Trägerschaft. Nach wie vor wird der Kindergarten in kirchlicher Trägerschaft in erster Linie vom Caritasverband vertreten und nicht von den Ordinarien. Dies entspricht auch der inneren Nähe des Kindergartens zum Grundauftrag des Caritaverbandes. Das soll im folgenden näher aufgezeigt werden.

Diakonie als Grundauftrag der Kirche

Die Theologie des 2. Vatikanischen Konzils und verschiedene kirchliche Lehrdokumente geben dem Zeugnis der Tat (Diakonie) durch Verständnis- und Aufnahmebereitschaft, Lebens- und Schicksalsgemeinschaft, durch Solidarität und Hilfe von Einzelnen und von Gemeinschaften" ("Zeugnis ohne Worte") wieder eine "vorrangige Bedeutung" (Enzyklika. Evangelii nuntiandi 21). Das Zeugnis des Wortes ist damit nicht abgewertet, sondern in eine neue Relation zum Ganzen des Christentums gesetzt. "Wir können Gott nicht veröffentlichen durch Worte, sondern nur durch das, was wir leben und was wir tun... Evangelisierung geschieht daher zunächst durch unsere Praxis, durch Handeln, durch Leben, wobei dieses Handeln und Leben auf dem Boden der Pfarrgemeinde so aussehen sollte, daß die Menschen dahinter und in dieser Praxis Gottes Handeln wiedererkennen können."[1] Die Tatebene ist Bedingung dafür, daß auf der Wortebene glaubwürdig etwas gesagt werden kann. Ziel und Weg kirchlichen Handelns aber muß der Mensch sein in den "gewöhnlichen Lebensverhältnissen der Welt" (Enzyklika

"Redemptor hominis" 14 und Lumen gentium 35). Der Kindergarten ist nun ein Ort, wo Kirche den Menschen in den gewöhnlichen Lebensverhältnissen begegnet. Hier hat also die Kirche ihren christlichen Auftrag zu erfüllen, der heute vielfach mit dem Begriff "Evangelisierung" umschrieben wird, nämlich in Tat und Wort Gottes frohe Botschaft zu verkünden und sein Reich verwirklichen zu helfen, damit die Menschen "das Leben haben und es in Fülle haben" (Joh 10,10). Im Auftrag der kirchlichen Gemeinde setzen sich ErzieherInnen für ein menschenwürdiges, erfülltes Leben der Kinder ein und wo immer dies geschieht, ereignet sich Kirche, da ist Aufbau am Reiche Gottes im Sinne der Aussage Jesu: "Wenn ich durch den Finger Gottes Dämonen austreibe, dann ist das Reich Gottes schon zu euch gekommen" (Lk 11, 20). Der Schwerpunkt erzieherischer Arbeit liegt also zunächst im helfenden Tun, in der Diakonie. Kinder erfahren den liebenden Gott vor allem durch die liebende Tat der ErzieherInnen. Diese Geschehnisse sollen dann natürlich auch ins Wort gefaßt und im Lichte des Evangeliums gedeutet werden. Die Gemeinde und der Gemeindeleiter - Pfarrer werden hier weniger als Trägervertreter denn als Seelsorger verstanden - sind gerufen, die sich wesentlich aus den Situationen des Kindergartenalltags ergebende Wortverkündigung der ErzieherInnen mitzutragen und zu unterstützen. So bleibt denn auch der Kindergarten Lernort des Glaubens, allerdings im ganzheitlichen Rahmen und nicht nur im Sinne einer eher vorkonziliar verstandenen Katechese.

Leitlinien für den kirchlichen Kindergarten heute

Diese knappe theologische Klärung des Grundauftrages der Kirche und damit des Kindergartens erlaubt nun, konkrete Leitlinien zu benennen, wie sich der Kindergarten kirchlicher Trägerschaft christlich profilieren kann.[2]

1.   Orientierung an der Lebenswirklichkeit der Kinder, Familien und Mütter

Es ist in diesem Rahmen nicht möglich, die Situation der Kinder, Familien und Mütter in unserer Gesellschaft auch nur annähernd gültig zu beschreiben.[3] Die aktuelle Diskussion um eine flexible Gestaltung der Öffnungszeiten im Kindergarten ist nur ein Indiz dafür, daß Familien der Betreuung ihrer Kinder oft kaum mehr nachkommen können. Vertraute Gemeinschaften und verläßliche Beziehungen (Verwandtschaft und Nachbarschaft) fallen für die Betreuung immer mehr aus. Kinder aber brauchen die andauernde, vertraute Beziehung. Der Kindergarten als familienergänzende - nicht familienersetzende - Einrichtung wird mehr und mehr für die Familien die Funktion bekommen, Probleme im Zusammenhang der Betreuung und der verläßlichen Beziehungen erleichtern zu helfen. Kindergärten gefährden also nicht die Familie; sie sind notwendig, Familien unter den veränderten gesellschaftlichen Bedingungen am Leben zu erhalten. Kirche und Kindergärten sind in der Gefahr, sich selbst als Institution zu wichtig zu nehmen und eine Systemsonderwelt zu konstituieren. Der Kindergarten aber ist für die Familien und Kinder da und nicht umgekehrt (vgl. Jesu Rede vom Sabbat, Mt 2,27). Deshalb muß unsere Praxis getragen sein von einer leidenschaftlichen Solidarität mit den Menschen, damit Kinder das Leben bekommen, was sie brauchen und dazu gehört auch Familie, die gestützt werden muß, damit sie heute (über-)leben kann.

2. Subjektwerdung und heilendes Milieu

Für manche ist der Begriff "Subjektwerdung" befremdlich. Viele sprechen lieber von "Person-" oder "Menschwerdung". Subjektwerdung meint hier ganz positiv, daß das Kind in konkreten Situationen lernen soll, was es für sich selbst und andere sein kann und will (Identität). Es geht nicht darum, ausgearbeitete Verhaltensmuster anzuerziehen, sondern Verhaltensweisen des Verstehens, der Versöhnung und des Friedens zu fördern. Subjekt kann man nur werden im gegenüber mit anderen, die ihrerseits auf vielerlei Weise miteinander verflochten sind. Ziel der Erziehung ist deswegen ein gegenseitiges Sich-annehmen, niemanden ausschließen, letztlich universale Solidarität.[4] Die eigene Person entfalten zu können und ein personales Miteinander zu wagen, wäre eine wesentliche Aufgabe des Kindergartens. Die Gefahr ist groß, Kinder nur als Objekte unserer Bemühungen zu sehen, sie nur für momentane Gesellschaftsformen funktionstüchtig machen zu wollen mit vorgegebenen, vereinheitlichten Leistungskriterien. Das Kind bleibt Subjekt trotz aller Hilfsbedürftigkeit, vollwertiges Du, dem wir Gleichwertigkeit und Gleichachtung entgegenzubringen haben. Auch wenn es in seinen Handlungs-, Denk- und Ausdrucksmöglichkeiten noch nicht den gleichen Rang haben kann wie Erwachsene, müssen Erzieher/innen dennoch stellvertretend für das Kind seine Eigenständigkeit und Individualität anerkennen.[5] Somit werden wir dem Anspruch Jesu und seiner Praxis gerecht, so schaffen wir eine Atmosphäre und ein Milieu, das heilend wirkt, nicht krank macht, nicht unterdrückt, einschüchtert, einschränkt oder kontrolliert; dies ist nicht der Ort katechetischer, missionarischer oder pastoraler Strategien, die das Kind zum Objekt unserer Erzieher werden lassen.[6]

Vielmehr arbeiten Kinder und ErzieherInnen miteinander daran, daß jeder von ihnen mehr Mensch werden kann.

3. Der "offene" Kindergarten und ortsnahe Kompetenz

Der Kindergarten ist zu einem spezifischen Teilsystem unserer Gesellschaft geworden. Viele, übergeordnete Instanzen reden und bestimmen mit, was in der Einrichtung zu geschehen hat. Damit er aber seinem Auftrag nachkommen kann, ortsnah und lebensweltbezogen zu agieren, muß die Kompetenz der Träger wieder gestärkt werden. Gewiß erfährt der Träger für viele Probleme notwendige Hilfe von höherer Ebene. Es muß aber auch im Sinne des Subsidiaritätsprinzipes überprüft werden, inwieweit diese Dienste den Träger nicht nur entlasten, sondern ihn auch der Lebenswirklichkeit der Betroffenen entfremden. Auch für das Verhältnis Träger - Betroffene muß das Subsidiaritätsprinzip auf seine Gültigkeit hin überprüft werden. Was können einzelne Familien aus eigener Initiative und eigenen Kräften leisten? Läßt der Kindergarten Eigeninitiativen zu oder blockiert er sie von vorneherein ab? Vielleicht muß sich der Kindergarten der Zukunft als Zentrum und Treffpunkt einer Solidargemeinschaft von Professionellen und Laien im Dienst an der Erziehung verstehen, als Teil einer aufgewerteten Nachbarschaft. Wir müssen nachdenken über eine neue Mischung von privater und öffentlicher Versorgung, Modelle entwickeln, wo Eltern als Spielende und Betreuende einbezogen sind.[7] Zudem, Kind ist man nicht nur als 3-6jähriges. Was geschieht mit jüngeren und älteren Kindern? Wo haben sie in unseren Gemeinden, Städten und auch in der Kirche ihren Lebensraum? Hierüber nachzudenken und Initiativen zu ergreifen, wird mithelfen, den "Sonder- und Inselcharakter unserer Einrichtungen abzurüsten" (G. Erler).

Zusammenfassend soll der innere Bezug des kirchlichen Kindergartens zum Caritasverband noch einmal aufgewiesen sein. Solidarität, Personalität und Subsidiarität sind nach dem Selbstverständnis des Deutschen Caritasverbandes bezeichnend für seinen gesamten Grundauftrag.[8] Sie sind identisch mit dem, was als Leitlinien für den katholischen Kindergarten gesagt worden ist:
- Solidarität als Ausdruck für die Lebensweltorientierung des Kindergartens,
- Personalität als Option für die Subjektwerdung des Kindes,
- Subsidiarität als kritischer Maßstab gegenüber zentralisierter Organisation und Stützung zu ortsnaher Kompetenz.

Der Kindergarten ist zurecht eine Einrichtung der Caritas. Es wird die Glaubwürdigkeit der kirchlichen Wortverkündigung stärken, je mehr sie von der Diakonie getragen und auf sie gesteigerten Wert gelegt wird. Der Kindergarten kirchlicher Trägerschaft kann - so verstanden - Ort der Evangelisierung sein, Gemeinde im Kleinen, da Wort und Tat miteinander verbunden sind.

Literatur

[1] P.M. Zulehner, Evangelisierung und Pfarrgemeinde. Augsburg 1988, 64f.

[2] vgl. dazu das Positionspapier des Zentralverbandes kath. Kindergärten und Horte Deutschlands e.V.: "Zum Selbstverständnis von Tageseinrichtungen für Kinder in kath. Trägerschaft". Freiburg 1989. Dieses Papier, das auch als Hilfe für das Gespräch zwischen Kindergarten und Gemeinde dienen soll, behandelt diese Leitlinien ausführlicher.

[3] vgl. dazu u.a.: U. Beck, Risikogesellschaft. Auf dem Weg in eine andere Moderne. Frankfurt 1984. F.X. Kaufmann, Sind unsere Kinder Außenseiter der Gesellschaft? In: DCV-Jahrbuch 1981, 122ff.

[4] vgl. H. Peukert, Kontingenzerfahrung und Identitätsfindung. Bemerkungen zu einer Theorie der Religion und zur Analytik religiös dimensionierter Lernprozesse. In: J. Blank u.a. (Hrsg.), Erfahrung, Glaube und Moral. Düsseldorf 1982, 92ff.

[5] vgl. U. Peukert, Interaktive Kompetenz und Identität. Zum Vorrang sozialen Lernens im Vorschulalter. Düsseldorf 1979, 189-191.

[6] vgl. Manderscheid, Kindergarten ist Gemeinde. In: Holthausener Manuskripte 1/88, 42ff.

[7] vgl. G. Erler, Ist die Kindertageseinrichtung eine (Sonder-)Welt für Kinder? Nach privater Mitschrift eines Vortrages beim Bundeskongreß des Zentralverbandes kath. Kindergärten und Horte.

[8] vgl. O. Fuchs, Wo Wort und Tat verbunden sind. In: Welt des Kindes 2/1985, 108ff.

Franz Minnerrath / Christine Simmerding

Fachberatung in katholischen Kindertagesstätten

Fachberatung in katholischen Kindertagesstätten meint dabei die beratende Tätigkeit eines sozialpädagogischen Mitarbeiters eines Verbandes, der die Belange von Kindern, Eltern, Mitarbeitern und Trägern im Hinblick auf kirchliche und staatliche Rahmenbedingungen in seiner beratenden Tätigkeit berücksichtigen muß. Bei den Diözesancaritasverbänden und dem Caritasverband Nürnberg sind derzeit... MitarbeiterInnen mit Fachberatung beschäftigt. "Die Einzelaufgaben der Fachberatung lassen sich... in folgende Bereiche zusammenfassen: Beratung, Fortbildung, Vertretung, Information, Koordination und Planung sowie letztlich Reflexion und Auswertung des eigenen fachberaterischen Handelns. Alle fachberaterischen Aktivitäten in diesem Bereich haben ihren Ausgangspunkt in der gegebenen oder zu erwartenden Gesamtsituation des Praxisfeldes Kindergarten." (Scherer 1978, S. 59)

Gleichzeitig beinhaltet Fachberatung eine reale Chance der Einflußnahme auf die Inhalte der Pädagogik und somit letztlich auf die tägliche Erziehungsrealität in Kindertagesstätten durch die genannten Maßnahmen.

Innerhalb dieses komplexen Aufgabenbereiches darf jedoch die *zentrale Aufgabe* der Fachberatung nicht aus den Augen verloren werden. Sie muß die Belange des *Kindes* vor allen anderen den Kindergartenbereich beeinflussenden Faktoren erkennen und ihre Handlung stets in Verantwortung für die heranwachsende Generation am Wohle des Kindes orientieren. Betrachtet man das Engagement der Kirchen im elementarpädagogischen Bereich als diakonische Aufgabe, so ist festzustellen, daß konfessionelle Institutionen die inhaltlich pädagogische Verantwortung für einen wesentlichen Teil der Bildungsarbeit im Elementarbereich im Rahmen der staatlichen Gesetze und Verordnungen sowie mit Hilfe öffentlicher Zuschüsse subsidiär übernehmen. Die Frage nach Ausgestaltung dieser Aufgabe steht im engen Zusammenhang mit der Frage nach dem Profil des katholischen Kindergartens (siehe auch vorhergehender Artikel von P. Kuner). Die Bedeutung dieser Frage geht somit weit über den Kindergarten hinaus und muß über Kirchengemeinden und Caritasverbände hinaus auf breiter Basis diskutiert werden, weil ansonsten die gesellschaftliche Einbindung der Kirche nicht angemessen berücksichtigt werden kann (s. auch Manderscheid 1986, S. 21)

Da die Fachberatung nicht mehr unmittelbar in Kontakt und Auseinandersetzungen mit dem Kind steht, kann sich die Sorge um das Wohl des Kindes nur noch mittelbar auf die Mithilfe zur Schaffung möglichst günstiger Entwicklungsbedingungen für Kinder beziehen. Als Orientierungspunkt der spezifischen Zielsetzung der Fachberatung erscheint uns die konsequente Weiterentwicklung der institutionalisierten Bildungseinrichtungen des Elementarbereichs, wobei das zentrale Ziel dieser Arbeit im Auge behalten werden muß. Peukert schreibt dazu: "Ziel der Kindergartenarbeit ist Handlungskompetenz und Identität" (Peukert 1986, S. 43) womit der Prozeß gemeint ist, in dem das Kind sowohl Identität und Autonomie als auch die soziale und sachliche Handlungskompetenz erwirbt.

Für die Fachberatung bedeutet dies Sorge dafür zu tragen, daß den Kindern geeignete Erfahrungsmöglichkeiten und geeignete Räume zur Verfügung stehen. Der spezifische Zugang der Fachberatung zu dieser Zwecksetzung liegt in der Bestandssicherung und in der Innovation der bestehenden Institution. Eine weitere Aufgabe stellt die Fortbildung und Beratung der ErzieherInnen in den Einrichtungen dar; die Fachberatung muß mit ihren Angeboten dazu beitragen die Kompetenz der Erzieher zu erweitern; dabei müssen die umfassende Lebenswelt und die Lebensbedingungen, die "Lebensrealitäten" von Kindern und Erziehern berücksichtigt werden und von seiten des Arbeitgebers ist der notwendige Rückhalt - auch gegenüber überzogenen Anforderungen der Gesellschaft - notwendig.

Um dieser Aufgabe umfassend gerecht werden zu können, ist ein weiterer Ausbau der Fachberatung unumgänglich. Schon im Beschlußtext "Schwerpunkte kirchlicher Verantwortung im Bildungsbereich" wird auf die Notwendigkeit des Ausbaus der Fachberatung sowie den Ausbau der Supervision hingewiesen, wobei" ... wenigstens für 50 Kindergärten eine von der Einrichtung unabhängige Fachberatungskraft... gefordert wird." "Der quantitative und qualitative Ausbau der institutionellen Kleinkinderziehung kann nur gelingen, wenn die Verantwortlichen aus Staat und Kirche der Aus-, Fort- und Weiterbildung des Fachpersonals und der Fachdozenten verstärkt ihre Aufmerksamkeit zuwenden." (Synodenbeschlüsse Heft 9; Sonderdruck aus: Synode 8/75)

Sybille Klings

Zukunftsperspektiven katholischer Tageseinrichtungen für Kinder in Bayern

Der Kindergarten in Bayern ist als familienergänzende Einrichtung zu verstehen, die ihr pädagogisches Angebot auf den Voraussetzungen der gegenwärtigen Situation der Familie aufbaut.

"Aufgabe der gesamten Erziehungs- und Bildungsarbeit im anerkannten Kindergarten ist die Förderung der Kinder gemäß Art. 7 des Bayerischen Kindergartengesetzes. Leitziel der pädagogischen Bemühungen ist der beziehungsfähige, wertorientierte, schöpferische Mensch, der sein Leben verantwortlich gestalten und den Anforderungen in Familie, Staat und Gesellschaft gerecht werden kann" (4. DV BayKiG Paragraph 3 Abs. 1).

Die Wahrnehmung der religiösen Erziehung steht dabei in der Verantwortung des Trägers (vgl. 4. DV BayKiG Paragraph 4, Abs. 1 und 2).

Die Öffnung des Kindergartens für die spezifischen kindlichen Lebenswirklichkeiten erfordert für die pädagogische Angebotsgestaltung in katholischen Kindergärten eine stärkere Berücksichtigung von aktuellen familialen Erfordernissen. Der Kindergarten als Angebot für Familien und Lebensraum für Kinder bedeutet für die konkrete Arbeit der Träger katholischer Kindergärten Planungen, Einrichtungen und Dienste vorurteilsfrei und vorrangig an den kindlichen Bedürfnissen zu orientieren.

So darf in der gegenwärtigen Situation nicht von einer Krise der Familie, sondern von einem Strukturwandel familiärer Lebensformen ausgegangen werden, der auf Konsequenzen für die Einrichtungen und Dienste der Caritas zu befragen ist.

Die Familie kennzeichnet sich heute zum einen durch den Trend nach Individualisierung, zum anderen durch eine Vielfältigkeit familiärer Lebenslagen, aus denen ein Funktionszuwachs für sie entstanden ist.

Diese Besonderheiten heutiger Familien- und Kindheitswirklichkeiten verlangen nach ergänzenden Stützsystemen, die das Wohl von Kinder und Familien bestimmten.

So ist es Aufgabe katholischer Tageseinrichtungen, sich für einen umfassenden Erziehungsauftrag zu verpflichten, der nicht nur Bildungs-, sondern auch Versorgungs- und Betreuungsaspekte beinhaltet; der sich nach den tatsächlichen Bedürfnissen der Familien vor Ort orientiert. Dies gilt besonders für die Betreuungszeiten, die Angebote für unter Drei- und über Sechsjährige und für die pädagogische Angebotsgestaltung innerhalb der Einrichtung.

Pädagogisch-konzeptionelle Überlegungen müssen auf die Lebenswirklichkeiten der Kinder agieren. Die Integration von Betreuung, Bildung und Erziehung sind gleichwertige und gleichwichtige Bestandteile des ganzheitlichen Auftrags der Tageseinrichtung.

Eine bedarfsgerechte Konzeption mit einem umfassenden Verständnis für die Kinder, die die Erlebniskräfte der Kinder stärkt, die das Kind stabilisiert und ihm Grunderfahrungen vermittelt, wie die Pädagogik es im "Situationsansatz" formuliert, bedarf einer qualifizierten Ausbildung der sozialpädagogischen Fachkräfte als auch einer ausreichenden qualitativen und quantitativen Fachberatung.

Die veränderten Lebenswirklichkeiten von Kindern sind eine neue Herausforderung für die katholischen Tageseinrichtungen mit neuer Aufgabenstellung.

Das Verständnis und die Antwort dieser Fragen zeigt sich durch die Öffnung der katholischen Tageseinrichtungen für die Belange der Familien, als ein Ort in der Gemeinde, wo die Lebenswirklichkeiten Unterstützung finden.

Helmut Neuberger

EINRICHTUNGEN DER DIAKONIE

Die evangelische Tradition

Das evangelische Kindergartenwesen steht in einer langen Tradition. Es waren, vor allem in den Anfängen, immer wieder evangelische Pfarrer, die Pionierarbeit leisteten und den "Kindergarten" auf den Weg brachten. Die großen Namen sind bekannt, Johann Friedrich Oberlin, der ab 1770 in allen Gemeinden des Steintals (Elsaß) Strickschulen für Kinder von 2-6 Jahren gründete und Theodor Fliedner, der 1836 unter dem Einfluß der englischen Infant Schools die erste kirchliche Kleinkinderschule in Kaiserwert bei Düsseldorf gründete. Gleichzeitig errichtete er ein Seminar für Kleinkinderlehrerinnen - die erste Ausbildungsstätte für Mitarbeiterinnen im Bereich der evangelischen Kindergartenarbeit.

In Bayern war es Wilhelm Löhe, der 1854 in Neuendettelsau bei Ansbach seine Diakonissenanstalt eröffnet. Er gab damit weit über das Kindergartenwesen hinaus einen mächtigen diakonischen Impuls und konnte in der Folge die bayerische Diakonie entscheidend mitbestimmen. Freilich war damals noch nicht die Rede vom "evangelischen Kindergarten", die Begriffe "evangelisch" und "Kindergarten" standen sich eher unvereinbar gegenüber. Unter anderem war es die Idee des Kindergartens als eine Einrichtung mit Bildungsanspruch für alle Kinder, die auch Wilhelm Löhe im Verständnis des diakonischen Auftrags zu weit ging. In einer 1868 erschienenen Schrift "Von Kleinkinderschulen - Ein Dictat für die Diaconissenschülerinnen von Neuendettelsau" grenzt sich Löhe deshalb ab: "Die Friedrich Fröbelschen "Kindergärten" liegen den Bestrebungen der christlichen Barmherzigkeit viel zu fern, als daß sie hierher gehören könnten. Sie gehen über die Nothwendigkeit der Zeit hinaus und wollen nicht einfach die Nothhilfe leisten."

Im Verlauf des 19. und zu Beginn des 20. Jahrhunderts erlebte die evangelische Kindergartenarbeit durch engagierte Christen eine starke Entwicklung, mit der schließlich auch viele pädagogische Erkenntnisse Fröbels übernommen und die Bezeichnung "Kindergarten" auch für evangelische Einrichtungen eingeführt wurde.
Einer der ältesten evangelischen Kindergärten in Bayern, der Kindergarten St. Michael in Fürth, konnte 1987 auf ein 150jähriges Bestehen zurückblicken. Am

9. August 1837 rief der damalige Pfarrer Lehmus im "Fürther Intelligenzblatt" zur Gründung einer Kleinkinderbewahranstalt auf. Er erkannte den dringenden Betreuungsbedarf der Arbeiterfamilien in der aufstrebenden Industriestadt. Die Reaktion auf seinen Aufruf gab seiner Einschätzung recht, bereits knapp eine Woche später konnten Verein und Kleinkinderbewahranstalt gegründet werden. Zwei Jahre später übernahm die bayerische Königin Therese die Schirmherrschaft über die Fürther Einrichtung. Pfarrer Lehmus erfuhr für sein Projekt und Engagement bereits in den ersten Jahren Anerkennung und (finanzielle) Unterstützung.

Heute weisen Kindergärten in Bayern durch rechtliche Rahmenbestimmungen (BayKiG) und durch eine allgemeine Entwicklung im Bereich der Elementarpädagogik viele strukturelle Gemeinsamkeiten auf. Ihre sozialpädagogischen Standards kann man getrost als Errungenschaften auffassen.
Was aber charakterisiert nun die diakonischen Einrichtungen? In welchen Rahmen sind sie eingebettet?

Diakonie, Diakonische Werke, Diakonisches Werk Bayern

Diakonie - das ist zunächst kein Verein, kein "e.V.", keine Institution im rechtlichen Sinne. Diakonie ist zu allererst Teil des Lebens eines jeden Christen. Diakonie, als helfende Tat, als tätige Nächstenliebe, als "Gutes Tun an Jedermann" folgt dem Auftrag Jesu Christi. Diakonie ist Wesensäußerung des Christen und Lebensäußerung der Kirche. In diesem Auftrag stehen auch die rechtlich organisierten Formen diakonischen Handelns: auf kirchengemeindlicher Ebene oder, wo für bestimmte Aufgaben die Gemeinde zu klein ist bzw. Fachkompetenz fehlt, im Bereich übergemeindlicher Diakonie. Hierher gehören z.B. die Bezirksstellen der Dekanate (Diakonische Werke) und die großen Diakoniewerke, wie etwa die "Rummelsberger Anstalten" oder das "Diakoniewerk Neuendettelsau". Innerhalb der verwirrenden Vielfalt der Aufgaben der Diakonie in Bayern hat der Kindergarten einen festen, herausragenden Platz.

Die einzelnen Rechtsträger diakonischer Arbeit sind im "Diakonischen Werk der Evangelisch-Lutherischen Kirche in Bayern - Landesverband der Inneren Mission e.V." zusammengeschlossen. Von seiner Geschäftsstelle in Nürnberg aus werden die diakonischen Aufgaben im Rahmen eines Spitzenverbandes der freien Wohlfahrtspflege vertreten. Mit seiner Leitung ist der Landespfarrer betraut, seit 1986 Helmut Danner. Derzeitiger Präsident ist der Rektor des Diakoniewerkes Neuendettelsau Pfarrer Heinz Miederer.

Vom "Kipfle" zum Landesverband Evangelischer Kindertagesstätten

Im November 1989 begeht der "Landesverband Evangelischer Kindertagesstätten in Bayern e.V." unter dem Vorsitz von Pfarrer Walter Spiegel-Schmidt mit einer Fachtagung sein 70jähriges Bestehen. 1919 als "Landesverband evangelischer Jugendhorte und Kleinkinderanstalten" gegründet, 1929 umbenannt in "Bayerischer Landesverband für evangelische Kinderpflege" (Kipfle) erhielt er 1974 seinen heutigen Verbandsnamen.

Mitglied im Landesverband können alle Rechtsträger evangelischer Kindergärten werden. Dies sind entweder Kirchengemeinden oder evangelische Trägervereine (z.B. Diakonievereine). Desweiteren können sich kommunale und andere Träger zum Zweck der Fortbildung und Beratung anschließen.

Nach der Statistik für 1988 sind Rechtsträger von 768 Kindergärten angeschlossen (davon 61 kommunale und andere Träger). Dabei hat sich in den vergangenen vier Jahrzehnten die Anzahl der Kindergärten verdoppelt, heute stehen in 768 Einrichtungen Plätze für 46488 Kinder zur Verfügung, dazu kommen die Plätze evangelischer Kinderhorte und Kinderkrippen. Die Kindergärten haben eine Größe von einer bis sieben Gruppen, vorwiegend handelt es sich jedoch um 1-3-gruppige Einrichtungen (vgl. Abb. 1-3).

Abbildung 1 **Anzahl der dem Landesverband Evang. Kindertagesstätten in Bayern e.V. angeschlossenen Kindergärten**

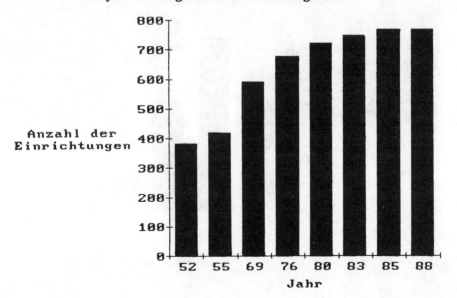

Abbildung 2 **Anzahl der belegten Plätze in den Kindertagesstätten (einschließlich Krippen und Horte)**

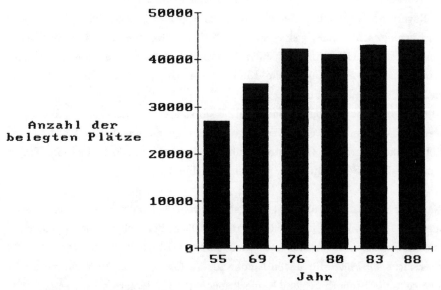

Abbildung 3 **Anzahl der Kindergärten nach Gruppenzahl**

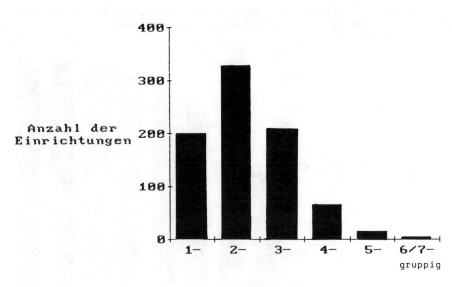

Zu den vielfältigen Aufgaben des Landesverbandes gehören unter anderem:
- Austausch von Erfahrungen und Informationen durch Tagungen, Vorträge, Fachberatungen sowie durch den regelmäßigen Versand von Informationsmaterial
- die Fortbildung der Mitarbeiter im Kindergarten und die Förderung qualifizierter Ausbildung
- die Beratung der Träger in fachlichen Angelegenheiten
- die Vertretung in der Kirche und gegenüber Staat und Behörden.
- Zusammenarbeit mit anderen Verbänden.
- die Stellenvermittlung pädagogischer Mitarbeiter
- Öffentlichkeitsarbeit für die Erziehungs- und Bildungsarbeit des Kindergartens
- Konzeptentwicklung und Strukturberatung

Durch das Diakonische Werk Bayern, dem der Landesverband als Fachverband angeschlossen ist, werden diese Aufgaben in den Abteilungen "Recht und Finanzen" und "Erziehung und Bildung" gesichert. Dabei kommt den Referaten "Kindertagesstätten", "Fortbildung in der Vorschulpädagogik, regionale Kindergartenfachberatung" und "Eltern- und Familienarbeit" ein besonderer Stellenwert zu.

Auf Bundesebene sind die Landesverbände zusammengeschlossen zur Bundesvereinigung Evangelischer Kindertagesstätten e.V. mit seiner Geschäftsstelle in Stuttgart (gegründet 1922), Vorsitzender: Pfarrer Wolfgang Storim, Leiter der Abteilung Erziehung und Bildung im Diakonischen Werk Bayern und Geschäftsführer des Landesverbandes Evangelischer Kindertagesstätten in Bayern. Der Fachverband vertritt auf Bundesebene die Rechtsträger von ca. 7500 Kindertagesstätten. Als Fachverband ist die "Bundesvereinigung" wiederum Mitglied im "Diakonischen Werk der Evangelischen Kirche in Deutschland" mit der Hauptgeschäftsstelle in Stuttgart.
Die Bundesvereinigung Evangelischer Kindertagesstätten bildet zusammen mit anderen evangelischen Fachverbänden die "Evangelische Bundesarbeitsgemeinschaft für Sozialpädagogik im Kindesalter e.V." (EBASKA). Dieser Zusammenschluß dient der gemeinsamen Öffentlichkeitsarbeit und den Kontakten zu den Fachwissenschaften. Die EBASKA publiziert unter anderem die evangelische Fachzeitschrift für Kindertagesstätten "Theorie und Praxis der Sozialpädagogik (TPS) (ehemals "Evangelische Kinderpflege", ab 1892). Von der Bundesvereinigung wird der "Elternbrief" jeweils in einer Auflage von ca. 300 000 Stück herausgegeben. Auch den evangelischen Kindergärten in Bayern gibt er die Möglichkeit gezielter, inhaltlicher Eltern- und Familienarbeit.

Evangelische Kindergärten sind als Einrichtungen der Kirchengemeinde auch in die Strukturen der Landeskirche eingelassen. Das Landeskirchenamt in München (Leitung Oberkirchenrat Dr. Werner Hofmann), ist als kirchenaufsichtliches Gremium u.a. für Haushalts-Finanzierungsfragen zuständig und berät bzw. genehmigt Bauvorhaben. Zwischen der pädagogischen und technischen Abteilung einerseits und dem Diakonischen Werk Bayern/Landesverband Evangelischer Kindertagesstätten andererseits besteht Kooperation.

In den 66 Dekanaten der Landeskirche ist den Dekanen, als Dienstvorgesetzte der Gemeindepfarrer, Aufsichtspflicht übertragen. Darüber hinaus sind die Dekanate zum Teil Rechtsträger der regionalen Arbeitskreise der pädagogischen Mitarbeiter, die die Basis der gesamten Fortbildungsarbeit im evangelischen Kindergarten bildet.

Konzeptionen in den Köpfen und Herzen

Die konzeptionelle Arbeit für den Kindergarten, die zu einem großen Teil in den organisierten Strukturen der Verbände geleistet wird, ist Impulsgeber und Schrittmacher für weitere Entwicklungen.
Konzeptionen wollen Handeln orientieren und das Selbstverständnis aufklären. Sie werden in den Köpfen entwickelt. Bestenfalls in den Köpfen und Herzen. Konzeptionelle Verlautbarungen sind Zwischenberichte eines fortzuschreibenden Prozesses, der sich an den wechselnden Erfordernissen der Arbeitsbereiche orientieren muß.

Neben offiziellen Verlautbarungen, Stellungnahmen und Resolutionen mit erklärendem und appelativem Charakter und Konzepten, die die Praxis anleiten wollen anhand wissenschaftlich begründeter Zusammenhänge, sind es vor allem persönliche Konzepte, die Gestaltungskraft in der Kindergartenarbeit entwickeln. Dies sind die bewußten, bezeugten, nicht selten aber auch weniger bewußten, Vorstellungen und Einstellungen der Mitarbeiter/innen zur Arbeit des Kindergartens.

Die Vorstellungen darüber, wie ein evangelischer Kindergarten auszugestalten und pädagogisch zu führen ist, können unterschiedlich akzentuiert sein und sind wandelbar.
Invariant hingegen ist sein "Rahmenkonzept", das die Grundlagen aller konzeptionellen Entwürfe evangelischer Kindergärten sichert. Es ist der Erziehungsauftrag in christlicher Verantwortung. Kindergartenarbeit, im Licht des Evangeliums

betrachtet, Kindergarten als Handlungs- und Kommunikationsfeld des Evangeliums - dies kann als das Proprium, als das Besondere evangelischer Einrichtungen angesehen werden.

Stichwort: Integrative Religionspädagogik

Ein Schwerpunkt evangelischer Kindergartenarbeit ist die religiöse Erziehung. Sie wird jedoch nicht zusätzlich angeboten, etwa im Sinne eines getrennten Vorschulprogramms. Religiöse Erziehung ist vielmehr integrativer Bestandteil allen erzieherischen Tuns. Religiöse Erziehung orientiert sich am Kind, an dessen Entwicklungsstand, an dessen Lebenswelt und Situation.

Zwischen 1975 und 1978 wurden im Rahmen des staatlichen "Erprobungsprogramms im Elementarbereich" Curricula und didaktische Materialien erprobt. Die Ergebnisse deuteten die Überlegenheit des Situationsansatzes an. An diese Arbeiten anknüpfend entwickelte das Comenius-Institut (eine auf Bundesebene angesiedelte evangelische Arbeitsstätte für Erziehungswissenschaft in Münster), ein religionspädagogisches Förderprogramm (1-10, 1975-1982) zur religiösen Erziehung im Kindergarten und zur Fortbildung für Erzieher/innen. Dieses Programm erweitert in entscheidender Weise das vom Deutschen Jugendinstitut entwickelte Curriculum "Soziales Lernen". Dabei gewinnt der Schlüsselbegriff der "sozialen Situation" eine christliche Ausdeutung.

Kinder leben und erleben ihre Welt ganzheitlich, eine ihnen gemäße Lebensform ist das Spiel. Intellektuelle, emotionale, soziale, kreative, meditative und körperliche Erfahrungsbereiche werden integrativ angesprochen. Kindliche Erfahrungen und Lernprozesse beziehen sich auf die gesamte Persönlichkeit. Auch in diesem Sinne ist das integrative Konzept zu sehen. Feste und Feiern nehmen mit ihrer vielfältigen Symbolwelt und den Möglichkeiten ihrer religiösen Ausdeutung einen bevorzugten Platz in der Ausgestaltung der Kindergartenarbeit ein.

Stichwort: Gemeindepädagogik

Evangelische Kindergärten sind Einrichtungen der Kirchengemeinde, sie gehören zur Gemeinde. Ihre Arbeit hat entscheidenden Anteil am Gemeindeleben und Gemeindeaufbau. Seit einiger Zeit wird diese Arbeit im konzeptionellen Rahmen einer Gemeindepädagogik gesehen. Dabei ist Gemeindepädagogik kein neues Arbeitsfeld. Wenn auch ein übereinstimmendes Konzept einer Gemeindepädagogik derzeit nicht vorliegt, so ist damit doch der Hinweis auf eine neue integrierende Sicht der Gemeindearbeit gegeben.

Fortbildungsreferenten des Diakonischen Werkes Bayern bieten seit 1981 für Erzieherinnen, Elternbeiräte, und Rechtsträgervertreter Wochenendveranstaltungen an, unter dem Motto "Gemeinsam geht's besser". Diese Tage werden immer wieder als ermutigendes Treffen erlebt, in denen die schöpferische Kraft der Gemeinsamkeit gespürt und herausgefordert wird. Hinter den Ideen und Projekten, die zusammen geplant und schließlich im Alltag des Kindergarten und der Gemeinde realisiert werden, steckt auch der Gedanke der Gemeindepädagogik: gemeinsam glauben, leben, lernen und gemeinsam leben und glauben lernen.

In diesem Zusammenhang sind ebenso die Veranstaltungen für Rechtsträger (Trägertage) zu nennen, bei denen Pfarrer und Kirchenvorstände über wesentliche Entwicklungen und aktuelle Fragen zur Elementarpädagogik und Kindergartenarbeit informiert werden.

Stichwort: Konzeption vor Ort

Das Durchbuchstabieren des evangelischen Rahmenkonzeptes in verschiedene Einzelkonzepte, wie das erzieherische Handeln in der Kindergruppe, die Teamarbeit, Elternarbeit u.a. liegt in den Händen der pädagogischen Mitarbeiter in den Einrichtungen vor Ort. Sie kennen ihre Situation, die Kinder, die Eltern, die Kirchengemeinde, das Wohnumfeld und die organisatorischen Möglichkeiten. Zur konzeptionellen Ausgestaltung der pädagogischen Arbeit werden die Mitarbeiterinnen Erfahrungen aus dem Erziehungsalltag, ihrer Berufsausbildung, und Anregungen aus Fortbildungen einfließen lassen. Unterstützung geben die Fachberaterinnen. Die Anstöße für die Arbeit an einem Konzept sind vielfältig. Erfahrungsgemäß kommt es aber immer zu einem intensiven Reflexionsprozeß, der Impulse zu notwendigen Veränderungen gibt. "Eine Konzeption zu erarbeiten ist nicht einfach, dauert, bewegt, ärgert, macht Spaß, macht sicherer, gibt Vertrauen, läßt Neues entdecken, ist nützlich, überrascht und hört eigentlich nie auf" - so ist der Schlußgedanke eines Fachberaterberichtes über eine Veranstaltung mit Erzieherinnen eines Arbeitskreises zum Thema ("Rundbrief für Evangelische Kindertagesstätten" 1/86, S. 16).

Beraten - Begleiten - Ermutigen

In den frühen 70er Jahren wurde auch von evangelischer Seite die Forderung nach einem Ausbau und einer Verbesserung der Fachberatung erhoben. Durch das religionspädagogische Förderprogramm trat diese Frage noch einmal in den Vordergrund. Recht bald ist dann in Bayern mit dem Aufbau der Fachberatung begonnen worden. Die Fachberatung wird als eine Leistung des Diakonischen Werkes Bayern im Auftrag der Rechtsträger angeboten. Das Diakonische Werk hat dazu neun Planstellen geschaffen, die derzeit mit 11 Fachberaterinnen besetzt sind.

Fachberatung erfolgt durch Inanspruchnahme in Form von Einzel-, Team- und Gruppenberatung für Erzieher/innen einschließlich der Kindergartenleiter/innen, Rechtsträgervertreter/innen und Elternbeiräte. Sie umfaßt die gesamte Struktur der Kindergartenarbeit, beginnend bei der pädagogischen Bauberatung und Organisationsplanung, der Verwaltungs- und Rechtsauskunft über die Hilfestellung bei der Erarbeitung einer pädagogischen Feinstruktur vor Ort und nicht endend bei Klärungsgesprächen in Konfliktsituationen.

Eine weitere wesentliche Aufgabe, die von den Fachberaterinnen getragen wird, ist die Fortbildung der pädagogischen Mitarbeiter in regionalen Arbeitskreisen. Lernen in Gruppen, Erfahrungsaustausch und gegenseitige Beratung sowie die notwendige Weitergabe von Informationen erleben die Fachberaterinnen selbst auch in Form kollegialer Beratung, regelmäßiger Dienstsitzungen und Teambesprechungen.

Zur Zeit betreut eine Fachberaterin zwischen 70 und 110 Einrichtungen, einschließlich Krippen und Horte. Bei diesem Personalschlüssel ist nur begrenzt die Fülle der Aufgaben wahrnehmbar. Zu diesem Sachverhalt hat 1987 die Arbeitsgemeinschaft für Jugendhilfe in einem Positionspapier auf der Grundlage bisheriger Praxiserfahrungen Empfehlungen ausgesprochen: "Die umfassenden Aufgaben können sicher nicht mehr erfüllt werden, wenn die Zahl 25 überschritten wird. Mit zu berücksichtigen sind dabei Anfahrtswege, unterschiedliche Größe und Struktur der Einrichtungen, Vor- und Nachbereitungen, Fortbildungsangebote, Planung und Durchführung und eigene Fortbildung" (Empfehlungen/Forderungen der Arbeitsgemeinschaft für Jugendhilfe: Fachberatung für Kindertageseinrichtungen - eine unverzichtbare Leistung für Erzieherinnen und Träger. Bonn 1987,S.5).

Kinder, die wachsen, brauchen Erzieher, die wachsen

Der Fortbildungsbereich ist in den letzten 15 Jahren stark ausgebaut worden. Durch die strukturellen Veränderungen in Familie und Gesellschaft ist die Notwendigkeit kontinuierlicher Fortbildung noch deutlicher zu Tage getreten. Gleichzeitig ist es gelungen, die Teilnahme der pädagogischen Mitarbeiter an entsprechenden Veranstaltungen zu motivieren.

1974 wurden auf Landesebene 4 Tagungen mit je 40-60 Teilnehmern veranstaltet, 1990 sind 21 Tagungswochen (Mo.-Fr.) mit jeweils ca. 20 Teilnehmern vorgesehen. Während vor 15 Jahren 15 regionale Arbeitskreise tätig waren, sind es heute über 70. Zusätzlich werden Studientage für Kindergartenleiterinnen, Arbeitskreisleiterinnen und Rechtsträger durchgeführt. Dazu kommen die speziellen Angebote für Leiter/Träger/Kindergartenbeiräte an Wochenenden.

Die Fortbildung auf regionaler Ebene liegt in der Trägerschaft der Dekanate oder Bezirksstellen und wird von den Fachberaterinnen inhaltlich verantwortet zumindest mitkonzipiert und begleitet. Dabei ist Ziel, die pädagogischen Mitarbeiterinnen zur selbstverantwortlichen Organisation mit einem hohen Anteil kollegialer Fortbildung zu ermutigen. Zum Teil werden zielgruppenspezifische Fortbildungen angeboten für Leiterinnen und/oder Trägervertreter.

Auf Landesebene werden vor allem Tagungswochen veranstaltet. Für folgende Ausschreibungen sind im laufenden Jahr besonders viele Anmeldungen eingegangen: "In und mit der Natur", "Auffällige Kinder in der Kindergruppe", "Eltern als Partner", "Singen und Musizieren im Kindergarten", "Das Rollenbild der Geschlechter im Bilderbuch", "Horrorspielzeug und Monsterwelt erobern die Kinderzimmer" und "Ich will Dir von Gott erzählen - Umgang mit biblischen Geschichten".
Im Fortbildungsausschuß für Kindertagesstätten arbeiten Vertreter der pädagogischen Mitarbeiter, der Evangelischen Fachakademien, des Landesverbandes evangelischer Kindertagesstätten, der Fachberaterinnen und Referenten des Diakonischen Werkes Bayern an der Fortschreibung dieses immer wichtiger werdenden Aufgabengebietes.

Neu eingeführt wurden berufsbegleitende Aufbaukurse für Kindergarten-Leiterinnen. Sie wollen über einen längeren Zeitraum Mitarbeiter/innen befähigen ihre Leitungsaufgaben noch kompetenter im Blick auf eine rasant sich verändernde Familiensituation und Gesellschaft wahrzunehmen. Die Entwicklung des Curriculums entstand in einer Zusammenarbeit zwischen Diakonischem Werk/Landesverband Evangelischer Kindertagesstätten in Bayern und dem Staatsinstitut für Frühpädagogik und Familienforschung in München.
Konzeptionelle Grundlage aller Fortbildungsveranstaltungen ist ein erfahrungs- und wachstumsbezogener Ansatz des Lernens. Dabei wird versucht, neben der Vermittlung von Fakten und Information, durch Methoden ganzheitlichen Lernens (Planspiel, Rollenspiel, Bibliodrama u.a.) die Ebene der Einstellungen, Emotionen

und Kognitionen und damit auch das Wachstumspotential der Persönlichkeit anzusprechen.

Neben den Seminaren ist der "Rundbrief" des Diakonischen Werkes/Landesverband Evangelischer Kindertagesstätten in Bayern ein wichtiges und effektives Medium der Fortbildung, Beratung und Information. Er erscheint regelmäßig seit 1979 mit zwei Nummern jährlich und wird nach Bedarf ergänzt durch zusätzliche Mitteilungen. Dabei wird informiert über Gesetze, Urteile, Verordnungen, berichtet aus der Arbeit der Geschäftsstelle und stellt pro Ausgabe jeweils ein Thema in den Mittelpunkt. An den Themen der letzten Jahre lassen sich Motive der Kindergartenarbeit ablesen: * Garten, * Beraten - Begleiten - Ermutigen, * Konzeption - Grundlage - Richtung - Wegweiser, * Umwelt-Welt-Denken, * Öffnen - Möglichkeiten wahrnehmen, * Anfänge, * Familie, * Bilder, * Kindsein.

Eltern als Partner

Der Kindergarten ist als familienergänzendes Angebot anerkannt. Die Zusammenarbeit mit den Eltern ist für seine Arbeit konstitutiv. Mit den Veränderungen der Familien sind jedoch auch neue Anforderungen an die Eltern- und Familienarbeit gestellt. Das gewandelte Verständnis von Elternrollen, die Trends zu ausgeprägter Pluralität von Familienformen, zu mehr Ein-Eltern-, und Ein-Kind-Familien, und die steigende Zahl von erwerbstätigen Müttern, von Scheidungen, von Stieffamilien sind die neuen strukturellen Vorgaben für die Elternarbeit. Dabei werden bestimmte Formen der Elternarbeit, wie etwa der traditionelle Elternabend eher in den Hintergrund treten, andere, wie das beratende Gespräch oder der Erfahrungsaustausch (z.B. im Rahmen eines Familienwochenendes) werden an Bedeutung gewinnen.
Es kommt darauf an, die Lebenssituation des jeweils anderen, auch aus dessen Sicht wahr-zunehmen. Dabei ist die Basis für ein konstruktives, befriedigendes Miteinander das grundsätzliche Anerkennen "gleichwertiger" erzieherischer Kompetenzen von Eltern und Erzieher. Beide können dann im Austausch ihrer Erfahrungen voneinander lernen und ihr Wissen ergänzen. Im Kennenlernen der Lebenswelt des jeweils anderen kann Einsicht in dessen Handeln gewonnen und dadurch das eigene Tun besser auf einen partnerschaftlichen, personenzentrierten Dialog mit dem Tun des anderen eingestellt werden.

Wolfgang Stöger

EINRICHTUNGEN DER ARBEITERWOHLFAHRT

Exkurs

Das Jahr 1989 ist für die Arbeiterwohlfahrt ein besonderes Jahr; der Verband wird 70 Jahre alt.

1919 wurde der "Hauptausschuß für Arbeiterwohlfahrt" in der Sozialdemokratischen Partei Deutschlands gegründet. Dieser Ausschuß machte es sich zur Aufgabe, den nach dem Krieg von Not und Armut betroffenen Familien in allen Bereichen der sozialen Arbeit zu helfen. Außerdem setzte er sich zum Ziel, an der Gestaltung der Sozialgesetze mitzuwirken: Arme und Notleidende sollten erstmals einen Rechtsanspruch auf Hilfe erhalten.

In Nürnberg wurde im Jahre 1919 der Kreisverband der Arbeiterwohlfahrt gegründet; im selben Jahr beschloß der Nürnberger Arbeiter- und Soldatenrat, eine Wohnsiedlung - heute der Stadtteil Ziegelstein - zu bauen und bei der Vergabe der Häuser kinderreiche Familien zu bevorzugen.
In dieser Siedlung errichtete die Arbeiterwohlfahrt ihren ersten Kindergarten in Bayern; im April 1927 wurde der nichtkonfessionsgebundene Kindergarten "Am Bauernwald" eröffnet. Trotz knapper finanzieller Mittel des Verbandes wurden die Kinder ganztägig von ausgebildeten Kindergärtnerinnen betreut und mittags verpflegt. Für Kinder der Eltern, die beide arbeiten mußten, war die ganztägige Versorgung und der regelmäßige Mittagstisch eine wichtige Hilfe.

Das Ende kam 1933. Die Arbeiterwohlfahrt war den Nazis ein Dorn im Auge. Die Organisation wurde in die N.S.-Volkswohlfahrt überführt; Heime und Einrichtungen wurden beschlagnahmt.

Eine Kindergärtnerin aus dieser Zeit berichtet:
"Als die Nazis an die Macht kamen, wußten wir sofort, daß es um unseren Kindergarten am Bauernwald geschehen ist. Aber wir sagten uns: 'Die bekommen nichts von uns!' Und dann haben wir jedem Kind einen Stuhl mit nach Hause gegeben und den bedürftigen Familien die Tischchen und andere Einrichtungssachen. Als dann die Nazis kamen, war alles ausgeräumt".[1]

Die Liquidierung der Arbeiterwohlfahrt brachte eine jähe Unterbrechung dieser wichtigen Arbeit.

1. Geschichtlicher Überblick über die Entwicklung der Kindergärten der Arbeiterwohlfahrt nach 1945

1.1 Neuanfang nach 1945

1946 begann für die Arbeiterwohlfahrt der mühsame Aufbau, wobei sie sehr früh - obwohl sie kaum materielle Substanz mitbrachte - auch wieder Tageseinrichtungen für Kinder schuf, ähnlich wie nach dem 1. Weltkrieg unter dem Zwang der Zeit. Viele Väter kamen nicht aus dem Kriege zurück oder waren noch nicht zurückgekommen, Mütter mußten den Lebensunterhalt verdienen, die Kinder mußten versorgt werden.[2]

Obwohl anfangs die "Bedürfigkeit der Kinder" im Vordergrund stand, wurden schon 1954 wieder vorwärtsgerichtete konzeptionelle Ansätze formuliert[3], die Stichworte enthielten wie z.B.:
- Familienergänzende Erziehung
- Einzelkindfragen, sowohl soziale als auch individuelle Entwicklung des einzelnen Kindes fördern
- männliche Erzieher
- Kontakt mit Eltern und anderen Institutionen, z.B. Erziehungsberatungsstellen
- Übergang vom Kindergarten zur Grundschule
- Kindertagesstätte als Mittelpunkt der nachbarschaftliche Beziehungen.

1.2 Der Kindergarten - sein Bildungsauftrag und seine Verankerung als erste Stufe unseres Bildungssystems (Elementarbereich)

Die Jahre nach 1965 waren stark von bildungspolitischen Bemühungen zur Weiterentwicklung und Qualifizierung pädagogischer bzw. sozialpädagogischer Arbeit im Kindergartenbereich gekennzeichnet, mit vielfältigen Modellversuchen, der Anerkennung und Festschreibung des Bildungsauftrages des Kindergartens und seiner Verankerung als erster Stufe unseres gesamten Bildungswesens.

In der Folge kam es zu Beginn der 70er Jahre aufgrund neuer wissenschaftlicher Erkenntnisse sowie der wirtschaftlichen und politischen Situation zu einem qualitativen Ausbau des Kindergartens - auch bei der Arbeiterwohlfahrt.

Aufgrund veränderter gesellschaftlicher Bedingungen der letzten Jahre entstand die Notwendigkeit, den sozialpolitischen, d.h. Betreuungs- und Versorgungsaspekt von Tageseinrichtungen für Kinder wieder stärker zu sehen, aber ebenso den bildungspolitischen Aspekt zu verteidigen und auszubauen.

1.3 Die zahlenmäßige Entwicklung der Tageseinrichtungen für Kinder bei der bayerischen Arbeiterwohlfahrt:

Entwicklung seit 1968

Zahl von	1968/69[4]	1979[5]	1989[6]
Kindergärten	26	68	86
Horte	6	7	17
Kinderkrippen	2	2	11

Heute verfügt die Arbeiterwohlfahrt über ca. 114 Tageseinrichtungen für Kinder. Die Finanzierung ist zu einem Teil über das Bayerische Kindergartengesetz gesichert, aber da in den einzelnen Kommunen unterschiedliche Zuwendungen zu den verbleibenden Restkosten geleistet werden, ist eine flächendeckende Beteiligung der Arbeiterwohlfahrt am bedarfsgerechten Ausbau von Tageseinrichtungen für Kinder wegen der unterschiedlichen Finanzierungsstruktur, einem finanzschwachen Verband wie die Arbeiterwohlfahrt, nicht möglich.

Außerdem sind die Begrifflichkeiten und Strukturen der Einrichtungen unterschiedlich. Es ist daher schwierig, einen zutreffenden Gesamtüberblick zu geben.

So haben sich z.B. im Verlauf der letzten Jahre bei den Kindergärten strukturelle Veränderungen ergeben, die eine begriffliche Trennschärfe zwischen Kindergarten und Kindertagesstätte erheblich erschweren. Da die "klassischen" Öffnungszeiten der Kindergärten von 8.00 bis 12.00 und von 14.00 bis 16.00 Uhr den Bedürfnissen, insbesondere berufstätiger Eltern, immer weniger entsprachen, bieten fast alle Kindergärten Sonderregelungen an, z.B. Frühdienst, Über-Mittag-Betreuung, Spätdienste.

Bundesweit verständigte man sich auf den Oberbegriff "Tageseinrichtungen für Kinder".

An ihrer Anzahl gemessen, sind die Tageseinrichtungen für Kinder der zweitgrößte Arbeitsbereich innerhalb der Arbeiterwohlfahrt.

2. Veränderungen von Familien- und Kinderrealitäten und daraus resultierende Anforderungen an Tageseinrichtungen für Kinder

2.1 *Familie und Gesellschaft*

Wer über die Bedeutung von Kindertageseinrichtungen nachdenkt, muß zunächst die gegenwärtigen Familienwirklichkeiten im Blick haben.

Einerseits müssen z.b. aktuelle wirtschaftliche, finanzielle und allgemeinpolitische Aspekte, die Familien betreffend (z.B. Arbeitslosigkeit), berücksichtigt werden. D.h. Familien sind keine eigenständigen Größen, die unabhängig von gesellschaftlichen und wirtschaftlichen Veränderungen ihre Erziehungsaufgabe wahrnehmen können; sie sind vielmehr vielfältigen sozialen Beeinflussungen ausgesetzt.

Andererseits muß insbesondere die Veränderung von Familienrealitäten, die stetigem Wandel unterliegen, berücksichtigt werden. Diese Realitäten sind sehr vielschichtig.

Die Einengung auf den "Idealfall" von Familie - nämlich den des berufstätigen, hinreichend Unterhalt verdienenden Vaters und der mit Familien- und Hausarbeit ausgelasteten Mutter mit einem oder zwei Kinder - entspricht nicht mehr überwiegend der sozialen Realität; allerdings ist diese verengte Sicht- und Beurteilungsweise oft Soll- oder Wunschbild bei Verantwortungsträgern für die institutionelle Erziehung, und im Bewußtsein der Öffentlichkeit häufig festzustellen.

2.2 *Beispiele für die Unterschiedlichkeit von Familienstrukturen und Auswirkungen auf Kindertageseinrichtungen*

Folgende Beispiele sind zu nennen:
- Kern/Kleinfamilien mit Kindern, mit einem oder zwei berufstätigen Eltern
- die aus unterschiedlichen Gründen alleinerziehenden Eltern z.B. Ledigen-Status, Witwerschaft/Witwenschaft, Getrenntlebende
- die sog. rekonstruierten Familien oder Zweitfamilien; mögliche Konsequenzen für die Kinder: 2 "erste Eltern", Stiefeltern, Stiefgeschwister, neue Großelternpaare
- Familien mit Pflege- und Adoptivkindern
- sog. "Großelternfamilien", d.h. Großeltern, die meistens infolge von Verkehrsunfällen das Sorgerecht für Enkelkinder haben und die Elternaufgabe einlösen

- die traditionellere (z.T. wieder bewußt praktizierte) Form der Drei-Generationsfamilie und Familien, in denen unterschiedlich verwandte Erwachsene und Kinder zusammenleben
- Wohngemeinschaften, in einem lockeren Verband einer "Familie" zur gegenseitigen lebenspraktischen Unterstützung
- nichteheliche Lebensgemeinschaften mit einem oder mehreren Kindern.

Tageseinrichtungen, die ihre familienergänzende und -begleitende Funktion einlösen wollen, haben sowohl die Vielfalt der Familienstrukturen, die unterschiedlichen Fähigkeiten von Eltern, als auch die Bandbreite sozialer Dynamik innerhalb von Familien - die sich u.a. aus dem veränderten Rollenverständnis von Mann und Frau ergeben - in Rechnung zu stellen. Viel zu wenig ist darüber bekannt, welche Auswirkungen die verschiedenen Familienstrukturen konkret für die Kinder haben.

Auch gibt es bislang zu wenig angemessene sozialpädagogische Hilfestellungen für ErzieherInnen, z.B. beim Umgang mit alleinerziehenden Eltern, Eltern mit gemeinsamen Sorgerecht.

2.3 Auswirkungen veränderter gesellschaftlicher Rahmenbedingungen auf die Lebenssituation von Kindern und deren Auswirkungen auf Kindertageseinrichtungen

Die Notwendigkeiten und Zukunftsperspektiven pädagogischen Handelns wird noch deutlicher und vielschichtiger, wenn die Auswirkung veränderter gesellschaftlicher Rahmenbedingungen auf die Lebenssituation von Kindern bedacht werden.

- Die Inhalte tiefgreifender kindlicher Lernprozesse sind von den Veränderungen des Familienalltags deutlich betroffen; Kinder können nicht ausweichen.
- Kinder sind weitgehend von jenen Bereichen der Erwachsenenwelt ausgeschlossen, die in unserer Gegenwart einen hohen Stellenwert haben.
- Diese von Erwachsenen erarbeiteten Bereiche leisten andererseits wenig für die soziale Integration von Kindern in diese Gesellschaft, d.h. vieles ist für Kinder unbekannt und undurchschaubar und wird ihnen auch nicht durchsichtig gemacht.
- Die Lebenssituation von Kindern ist stark von medialen Einflüssen geprägt. D.h. Kinder machen Erfahrungen, die ihren Eltern in deren kindlicher Entwick-

lungsphase nicht zugänglich waren. Daraus resultiert eine gewisse Hilflosigkeit im Umgang mit diesen Einflüssen und deren Auswirkung: es gibt noch zu wenig sozialpädagogisch einschlägige Praxishilfen.
- Die Erfahrungen von Kindern werden auch bestimmt durch Möglichkeiten und Grenzen im Wohnumfeld und vielfach durch den Wegfall von Erfahrungen mit verläßlichen nebenelterlichen Erwachsenen.

Im Mittelpunkt der Fragen nach neuen, den sich ständig verändernden familiären und gesellschaftlichen Bedingungen rechnungtragenden Kindertageseinrichtungen, steht die soziale Integration der nachwachsenden Generation. Sie ist grundlegend für individuell gelingendes Handeln, für das Aushalten von gesellschaftlichen Unterschieden und das Durchhalten von Unterscheidungs- und Entscheidungszwängen, die vermehrt auf die nächste Generation zukommen. In diesem Zusammenhang zeichnet sich - ausgehend von veränderten Familien- und Kinderrealitäten - zunächst eine allgemeine Antwort ab:

Vielfältigkeit, Flexibilität, "Offenheit" der Tageseinrichtungen sind notwendige Merkmale einer Angebotsstruktur, die situationsbezogen, bedürfnisorientiert und stadtteilnah ausgerichtet sein müssen.

3. Ausgewählte Ergebnisse eines Modellprojektes "Ganztagseinrichtungen im Elementarbereich als familiennahe Sozialisationsfelder und Konsequenzen für die Arbeit in Tageseinrichtungen für Kinder"

In einem gemeinsamen Projektvorhaben des Deutschen Jugendinstitutes und der Arbeiterwohlfahrt wurden 15 Kindertagesstätten auf ihre Leistungsvermögen für Familien und ihre pädagogischen Möglichkeiten für die Kinder hin untersucht.

Folgende Ergebnisse sind für die weitere Entwicklung in der Praxis von Kindertageseinrichtungen von Bedeutung:

3.1 Ganztagseinrichtungen bieten besondere Bildungschancen

Zum "Bildungsauftrag des Kindergartens" gehört es, daß Kinder in den Einrichtungen des Elementarbereiches einen Alltag erleben und mitgestalten können sollen, wie ihn die Familien allein - bedingt durch Wohnsituation, Arbeitsbelastung der Eltern, Geschwisterzahl und vieles mehr - kaum mehr bieten können. Ein eng gefaßtes didaktisches Angebot im Sinne der ehemaligen "Beschäftigungen" reicht hier nicht aus, und längere Betreuungszeiten bieten unter diesem Blickwinkel besondere Chancen.

Das Leben in Tagesstätten fordert Kinder in besonderer Weise zu vielfältigen sozialen Erfahrungen heraus: Wenn Ausländerkinder und deutsche Kinder, Drei- bis Sechsjährige zusammen mit Kleinstkindern und Hortkindern in einer Einrichtung sind, kann dies eine Chance für die Kinder sein, vor allem dann, wenn sie miteinander in den verschiedenen Alltagsabläufen zu tun haben.

Je mehr die pädagogische Arbeit mit alltäglichen Arbeitszusammenhängen in der Kindertagesstätte verbunden ist, desto eher wird die Tagesstätte für Kinder zum Erfahrungsraum.

Ganztagseinrichtungen für Kinder, in denen alle Alltagsabläufe routinemäßig nach perfektem Organisationsplan ablaufen und pädagogische Angebote sowie Kontakte mit Eltern unbeeinflußt lassen, haben ihren Auftrag verfehlt. Sie werden erst dann zum familienergänzenden Erfahrungsraum, wenn es gelingt, all dies miteinander zu verbinden, die Kinder soweit wie möglich bei der Gestaltung des Zusammenlebens aktiv werden zu lassen und vielfältige Bezüge zwischen dem Leben der Familie und Nachbarschaft und dem Aufenthalt in der Tagesstätte zu knüpfen.

3.2 Es gibt immer noch zu wenig Ganztagsplätze in Tageseinrichtungen für Kinder

Die knappen Ganztagsplätze werden bisher nur in wenigen Einrichtungen angeboten. Die Folge ist ein zentralisiertes und wohnungsfernes Angebot. Für die betroffenen Familien bedeutet dies, daß sich zusätzlich zu den längeren Betreuungszeiten noch Transportzeiten ergeben. Für die Familien sind die aufwendigen alltäglichen Arrangements eine Einengung, die ihre Zeit für das Zusammenleben mit dem Kind verkürzt. Sie reduzieren die Mitwirkungschancen der Eltern in der Einrichtung. Zu bedenken ist, daß die Kinder durch die ganztägige wohnungsferne Unterbringung aus sonstigen Bezügen der Familie und des Wohnumfeldes herausgenommen werden.

3.3 Das knappe Angebot an Ganztagsstätten hat nicht nur Konsequenzen für die pädagogische Arbeit mit den Kindern, sondern für die Zusammenarbeit mit den Eltern

Je knapper das Angebot an Plätzen mit längeren Betreuungszeiten in einem Wohnviertel ist, umso schwieriger werden sich der Kontakt und die Zusammenarbeit zwischen Familien und Kindertagesstätte gestalten.

Befragungen von Tagesstättenleiter/innen zur Platznachfrage und zur Platzvergabe ergaben, daß Kinder erwerbstätiger Mütter und von alleinerziehenden erwerbstätigen Eltern bei der Platzvergabe bevorzugt werden (Härtefallkriterien). Diese Bevorzugung hat aber ihre Nachteile: damit gelten Familien, die für ihr Kind einen Ganztagsplatz beanspruchen und schließlich erhalten, von vornherein als hilfsbedürftig, als von einer Norm abweichend. Familienergänzende Erziehung erhält damit einen oft nicht bewußten und heute nicht mehr gewollten Charakter von Kontrolle.

4. Bestandsaufnahme der aktuellen Situation der Tageseinrichtungen für Kinder bei der Arbeiterwohlfahrt

4.1 Bedarfsorientierte Vielfalt des Angebots

In den Tageseinrichtungen der Arbeiterwohlfahrt hat eine Entwicklung zu einer bedarfsorientierten Vielfalt des Angebotes eingesetzt. Sei es nun aus der Erkenntnis gesellschaftlicher Notwendigkeiten, z.B. der Veränderung der Lebensbedingungen von Familien und Kindern oder aus finanziellem Druck durch Belegungsschwankungen in den Einrichtungen: Die Folge ist ein flexibleres, an den Bedürfnissen von Familien orientiertes Angebot.

Bei einer Bestandsaufnahme im Dezember 1985 wurden Entwicklungen beobachtet:
- Die Anpassung der Öffnungszeiten an den Bedarf von Eltern, d.h. Früh- und Spätdienste, Einführung von Betreuung mit Mittagessen.
- Das Kombinieren von Einrichtungen mit verschiedenen Altersgruppen.
- Die Altersmischung z.B. von Kleinstkindern mit Kindergartenkindern.
- Eingewöhnungsgruppen für Kleinstkinder.
- Die Öffnung für besondere Familienfreizeitangebote.
- Zusätzliche Hilfen für Schüler, z.B. Mittagstisch.

- Die räumliche Verbindung von Angeboten, die den Kindern den mehrfachen Wechsel der Einrichtung und den Eltern den täglichen Weg zu mehreren Einrichtungen für Kinder unterschiedlichen Alters sparen.

4.2 Verbandsspezifische Merkmale

Die Angebote der Arbeiterwohlfahrt konzentrieren sich mehr als bei anderen Trägern auf die Bedürfnisse berufstätiger Eltern. AW-Einrichtungen haben häufig längere Öffnungszeiten (z.B. 6.00 Uhr oder 7.00 Uhr morgens bis 16.00 Uhr oder 18.00 Uhr abends) also vermehrte Ganztagsbetreuung. Die Betreuung mit Mittagessen und die Kombination von Einrichtungen für verschiedene Altersgruppen weitet sich deutlich aus. Diese Angebote sind jedoch teurer.

4.3 Kinder arbeitsloser Eltern

Die Arbeitslosigkeit einerseits und die Elternbeiträge andererseits führen zu Belegungsschwankungen, Abmeldungen und Beitragsrückständen. Das macht die Einrichtungen zusätzlich defizitär. Da gerade für Kinder aus solchen Familien eine familienergänzende gute Kleinkindpädagogik von besonderer Bedeutung ist, muß die Verantwortung für diese Kinder besonders gesehen werden. D.h. Verantwortungsträger müssen Eltern unterstützen, die gegebenen Förderungen (z.B. wirtschaftliche Jugendhilfe) in Anspruch zu nehmen.

5. "Besondere" Aufgaben der Tageseinrichtungen für Kinder

Aus der praktischen Arbeit der Kindergärten und aus den veränderten gesellschaftlichen Rahmenbedingungen entwickelten sich neue Anforderungen bzw. besondere Aufgaben die zu erfüllen Tageseinrichtungen für Kinder in der Lage sein sollten.
So sollte
- die Aufnahme von einzelnen behinderten Kindern in die Gruppen möglich sein, wenn die notwendigen Hilfen - z.B. logopädische, heilpädagogische, therapeutische - gesichert werden und dies im Gesamtpersonalschlüssel und der Gruppenstärke entsprechende Berücksichtigung findet.[7]

- Eine besondere Herausforderung ist die Integration der Kinder von Spätaussiedlern. Tageseinrichtungen für Kinder sollten Aussiedlerkindern die Möglichkeit eröffnen, sich mit Gleichaltrigen in die neue Lebenssituation hineinzufinden, mit der deutschen Sprache vertraut zu werden, Freunde zu finden und aus der häufig problembeladenen, familiären Situation herauszukommen. Auch die Eltern der Aussiedlerkinder brauchen besondere Hilfen, hierfür sind Hintergrundinformationen über das Leben in den Herkunftsländern nötig. Für die ErzieherInnen ergeben sich wichtige Aufgaben im Rahmen der Elternarbeit.[8]

- Ähnliche Erfahrungen ergeben sich aus der Arbeit mit ausländischen Kindern, ist der Anteil ausländischer Kinder sehr hoch, sind ebenfalls zusätzliche personelle Hilfen und entsprechende Materialien notwendig.

6. Folgerungen

Tageseinrichtungen für Kinder bei der Arbeiterwohlfahrt bemühen sich, den veränderten gesellschaftlichen Bedingungen und der veränderten Lebenssituation von Familien und Kindern Rechnung zu tragen. Es liegt im Interesse dieser Tageseinrichtungen, ihren Bildungscharakter erneut zum Ausdruck zu bringen.

Da die Kinderzahl nach den vorliegenden demographischen Prognosen (Bundestagsdrucksache 10/863, Bonn, Januar 1985) bis 1995 nochmals ansteigen wird, ist das Angebot auch in Bayern auszubauen. Heute und zukünftig lebende Kinder benötigen eine erzieherisch geeignete Einrichtung.

Jede Region muß für die Wohngebiete der Kinder und entsprechend der Lebensbedingungen der Familien zufriedenstellende Angebote vorhalten. Jede Einrichtung sollte eine gewisse Anzahl an Ganztagsplätzen zur Verfügung stellen. Ebenfalls ist an eine Vielzwecknutzung von Einrichtungen zu denken. Kleine, aber verbundene Einrichtungen, kombinierte und nicht einseitig spezialisierte Häuser zeichnen sich als geeignete Lösungen ab. Die in den AW-Einrichtungen beobachtbaren Bewegungen weisen, wenn auch oft zwangsweise entstanden, in diese Richtungen. Auf einige derzeit besonders wichtige Schwerpunkte muß ergänzend hingewiesen werden:

1. Veränderten gesellschaftlichen Bedingungen Rechung zu tragen, heißt auch *entsprechende veränderte Rahmenbedingungen zur Verfügung zu stellen.*
2. Öffnungszeiten der Tageseinrichtungen müssen jeweils auf die soziale Situation der Familien zugeschnitten werden. Die pädagogischen Fachkräfte bieten

zunehmend bedarfsgerechte Öffnungszeiten an, z.B. Frühdienste, verlängerte Abholzeiten am Mittag, Über-Mittagsbetreuung mit Mittagessen, Spätdienste. Je mehr diese flexiblen Öffnungszeiten miteinander kombiniert werden, desto größer ist der Organisationsaufwand und die Belastung für die Erzieher/innen: D.h. *je mehr Lösungen miteinander kombiniert werden, desto weniger sind sie kostenneutral.* Die Förderung der vollen pädagogischen Hilfskraft ist in diesem Zusammenhang zu begrüßen.

3. Erzieher/innen dürfen bei ihrer verantwortungsvollen Aufgabe für die Erziehung der heranwachsenden Generation *nicht allein gelassen werden.* Sie brauchen eine solide Absicherung und Unterstützung, um gute Arbeit leisten zu können. Den Einrichtungen muß daher der ihnen zustehende Stellenwert eingeräumt werden.

4. Es sind Vorstellungen darüber zu entwickeln, wie im politischen Raum für die Reduzierung der Elternbeiträge bis hin zum Null-Tarif geworben werden kann, damit der Besuch von Tageseinrichtungen für Kinder als familienergänzende Bildungseinrichtungen gerade für Kinder aus sozial benachteiligten Familien gewährleistet wird.

5. Es gilt sich verstärkt darüber Gedanken zu machen, wie die Kinder unter drei Jahren und die schulpflichtigen Kinder in Tageseinrichtungen integriert werden können. Diesen Altersgruppen muß eine sozialpädagogische Erziehung ebenso zugute kommen wie den Kindergartenkindern.

Literatur:

[1] AW-Fibel Nürnberg, 1986

[2] Aus "Für die Zukunft unserer Kinder - die Arbeiterwohlfahrt und ihre Tageseinrichtungen", Bonn 1986

[3] "Neues Beginnen", 1954

[4] Jahrbuch der Arbeiterwohlfahrt 1968/69, LV Bayern, München

[5] Jahrbuch der Arbeiterwohlfahrt 1979, LV Bayern, München

[6] Anschriftenverzeichnis der Einrichtungen der bayerischen Arbeiterwohlfahrt 1989, München

[7] Positionspapier der AGJ zum bedarfsgerechten Angebot Familienergänzender Erziehung im Kindergartenalter; Bonn 1985

[8] Handreichung der AGJ (2. Entwurf), Integration der Kinder von Spätaussiedlern - eine Herausforderung für die Jugendhilfe, Bonn 1989

Im April 1927 wurde der erste Kindergarten der Arbeiterwohlfahrt in Bayern »Am Bauernwald« eröffnet

Ein Gesprächskreis im Kindergarten

Musik-, Bewegungs- und Umwelterziehung im Kindergarten

Beim Freispiel im Kindergarten

Gemeinsam feiern alle Kinder eines Kindergartens ein internationales Fest

Schon im Kindergarten konzentriert sich das Kind bei seiner Arbeit mit dem Montessori-Material

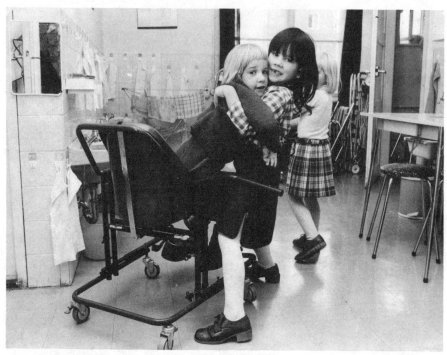
Die Vorteile der gemeinsamen Erziehung behinderter und nichtbehinderter Kinder liegen entscheidend auch bei den nichtbehinderten Kindern

Hanna Cramer

KINDERGÄRTEN - MITGLIEDSORGANISATIONEN DES DEUTSCHEN PARITÄTISCHEN WOHLFAHRTSVERBANDES, LANDESVERBAND BAYERN (DPWV)

Im Rückblick erscheint die Geschichte der Kindergärten auch als eine *Geschichte der Träger* - in der heutigen Situation als eine *Herausforderung an die Erzieherinnen* und bei Überlegungen über die zukünftige Arbeit als eine *Vielfalt von Wünschen für unsere Kinder.*

1. Einrichtungen der Mitgliedsorganisationen

Dem DPWV-LV Bayern sind 99 Träger mit 105 Kindergärten verschiedenster Prägung angeschlossen. Ihre Gründungsphasen, Aufbaujahre und ihre heutige Neuorientierung spiegeln die gesellschaftlichen Veränderungen der letzten 40 Jahre.

1.1. Gründung von Einrichtungen als Antwort auf die Kriegsfolgen

Nach dem Zweiten Weltkrieg waren es tatkräftige Frauen, die - wie z.B. in Bayreuth - Einrichtungen der Kinder- und Jugendhilfe gründeten. Das Anliegen der damaligen Leiterin war es, Kindern aus schwierigen sozialen Verhältnissen Sicherheit und Geborgenheit zu vermitteln. Der einfachst möblierte Raum strahlte noch in den 80er Jahren diese Atmosphäre aus. Das Spielzeug bestand aus gesammelten Materialien, teilweise selbstgefertigt.
In den Jahren des wirtschaftlichen Aufbaus gründeten Stiftungen und Betriebe Kindergärten, um Eltern bei der Existenzsicherung zu unterstützen. Ein großes Kinderheim in Nürnberg führte die alte Tradition weiter, eine familiäre Betreuung für verschiedene Altersgruppen in einem Haus anzubieten. Erwerbstätige Mütter wurden auch in den neugegründeten Mutter-Kind-Heimen in München und Halfing entlastet. Damals wie heute betreuten die Mitarbeiter/innen in liebevollster Weise die Krippen- und Kindergartenkinder, unterstützten die Mütter, zeigten Verständnis für deren vielfältige Probleme, halfen ihnen in schwierigen Situationen, ermutigten sie.

1.2. Die Gründung von Einrichtungen mit besonderer pädagogischer Prägung

In den Jahren 1955 bis 1987 entstanden in größeren Städten 27 *Waldorfkindergärten*, teilweise verbunden mit *Waldorfschulen*. Weitere Initiativen entstehen heute an kleineren Orten in Bayern.

Von der Waldorferziehung gehen viele Impulse aus. Die Erzieher/innen versuchen, in den Kindern die Liebe zu schönen, stillen und künstlerisch wertvollen Dingen zu wecken, Phantasie, Spiel und Denken durch ungeformte Materialien anzuregen. Die Achtung vor der Schöpfung wie auch die "Ehrfurcht vor der Persönlichkeit des Kindes" sind pädagogische Ziele, die Eltern heute besonders ansprechen.

Die *Gründungen der Montessori-Kindergärten* setzten später ein. Fünfzehn Kindergärten sowie einige Förderkreise zählen als Mitglieder zum DPWV. Sie führen vorwiegend Integrationsgruppen von behinderten und gesunden Kindern, die in der Montessori-Pädagogik in vorbildlicher Weise gefördert und integriert werden. Das von Maria Montessori entwickelte Material ist ein "Mittel zur Selbsterziehung", hilft zu "Konzentration" und "in die eigene Seele sich zu versenken". Das Kind lernt die Fähigkeit zu großer Aufmerksamkeit und entwickelt weitgehende Selbständigkeit.

In den 60er und 70er Jahren gründeten Studenten und Eltern mit pädagogischen und sozialen Berufen *Elterninitiativen*. Sie brachten sich selbst mit den wichtigsten Ressourcen ein: Zeit, finanzielle Mittel, Übernahme von Vereinsarbeiten und Pflichten im Kindergarten. Mutig setzten sie sich einem Veränderungsprozeß aus: Sie erlebten die Beziehungen zu ihren Kindern, zu anderen Eltern und zu den Bezugspersonen als einen Prozeß, der in langen Elternabenden ausdiskutiert wurde. Alleinerziehende wurden einbezogen, gegenseitige Hilfe war selbstverständlich. Zwei Kinderhäuser in München bestehen noch aus dieser Zeit mit dem höchst aktuellen Ansatz einer altersverschiedenen Gruppenerziehung in einem Haus.

1.3. Einzelne Gründerinnen - Persönlichkeiten

Andere Kindergärten verdanken ihre Entstehung einzelnen Frauen - zumeist Erzieherinnen (u.a. in Feucht, Fürth, Gilching, in Landsberg, Pullach und München). Oftmals lagen ihren Motiven Frustrationen mit bestehenden Einrichtungen zu Grunde. Die engagierten Frauen arbeiteten sich in rechtlichen, finanziellen, fachlichen und organisatorischen Fragen ein, verhandelten mit Architekten, Vermietern, Nachbarn, Gemeinderäten und Vertretern der politischen Parteien. Sie vertraten mit dem Einsatz ihrer ganzen Person ihr Anliegen: Die Gründung eines Kindergartens mit besonderer pädagogischer Prägung. Nicht immer wurde eine solche Einrichtung - oft zusätzlich zu kommunalen und konfessionellen Kindergärten - von allen Seiten begrüßt.

Oftmals scheiterten solche Projekte - vor allem zur gegenwärtigen Zeit - an der Raumsuche und an den hohen Mietpreisen. Die damit verbundenen Enttäuschungen und Rückschläge führten manchmal zu Vereinsauflösungen, oftmals gerieten sie zu einem neuen Anlauf, der in Ausnahmefällen zu einem Hauskauf, Neubau oder der Anmietung von größeren Räumen führte. Die Aufbaujahre - bis zu 17 Jahren - waren zumeist immer noch geprägt von Kämpfen und Schwierigkeiten, aber auch von der Beharrlichkeit der Träger/innen, die ihren Kindern ein "Zuhause" oder eine besondere Förderung in einer Integrationsgruppe geben wollten. Dabei fanden sie oft tatkräftige Unterstützung durch die Behörden. Andere Kindergärten dagegen kämpfen noch um ihre Anerkennung.

1.4. Neue Elterninitiativen

In den letzten Jahren führte in großen Städten der Mangel an Kindergartenplätzen zu vermehrten Zusammenschlüssen von Eltern. In alten Schulhäusern, ehemaligen Ladengeschäften, in Gartenhäusern, in Einliegerwohnungen und in Erdgeschossen von großen Miethäusern richteten Eltern Kindergärten ein, die sie selbst finanzierten. Bei Kündigungen der Räume entstanden immer wieder Notsituationen: Bezirksausschüsse, Stadträte wurden eingeschaltet, Presseartikel verfaßt, Demonstrationen geplant und durchgeführt, durch Sammlungen, Spenden und Ausstellungen finanzielle Mittel gesammelt, um eine Lösung zu finden. Durch Unterstützung der Behörden fanden einige Gruppen neue Räume, auch die staatliche Anerkennung, andere eine (noch nicht ausreichende) Förderung durch den Selbsthilfefonds oder eine Regelförderung.

Der Einsatz der Eltern ist Voraussetzung: Spielhäuser, Spielbalkone, Bau-, Kuschel- und Puppenecken wurden eingerichtet, Außenspielflächen geschaffen; selbst eine ältere Baracke wurde - unter den wohlwollenden Blicken durch die Behörde - so umgestaltet, daß sie dem Bayerischen Kindergartengesetz entsprechen konnte. Die finanzielle Belastung vor allem für alleinerziehende Elternteile ist jedoch beträchtlich. Die Eltern schätzen aber die Atmosphäre in der Kleingruppe und die intensive Betreuung ihrer Kinder durch die Bezugspersonen, selbst bei einfachster Ausstattung der Räume.

Für Kinder ist die Atmosphäre im Kindergarten von entscheidender Bedeutung. Sie wird mitbestimmt von der pädagogischen Arbeit der Erzieher/innen.

2. Herausforderungen der heutigen Arbeit an die Erzieher/innen

2.1. Änderungen der pädagogischen Konzeption

Erzieher/innen, Trägervertreter und Eltern bestimmen die pädagogische Arbeit. Ihre gegenseitigen Beziehungen sind ein sensibles Instrument. Treten Spannungen auf, kann dies zur Belastung der Mitarbeiter/innen führen, wie auch zur Verunsicherung der Eltern, die oftmals in die Vereinsführung eingebunden sind. Eine Einbeziehung der Eltern, fachlicher Austausch, gemeinsames Planen von Aufgaben und Festlegen der pädagogischen Konzeption sind wünschenswert.

In einigen Kindergärten ist zu beobachten, daß ein spezifischer pädagogischer Ansatz über mehrere Elterngenerationen hinweg erhalten blieb und eine kontinuierliche Entwicklung einleitete. Andere Einrichtungen modifizierten ihr Konzept in Absprache mit neuen Eltern, deren jeweilige pädagogische Einstellung in die Überlegungen mit einfloß. Kindergärten mit ehemals anti-autoritärem Ansatz sind Beispiele, wie Ansichten und Erwartungen von Eltern sich während der letzten zwanzig Jahre änderten. Die Einrichtungen zeigen heute einen Ansatz gemäßigter Selbstbestimmung der Kinder, begrenzt durch das Interesse der Gruppe, anderer Kinder und der Bezugspersonen.

Andererseits berichten Leiter/innen von mühevollen Versuchen zu verhindern, daß nicht wieder lern- und leistungsorientierte Erwartungen der Eltern sich "auf sanfte Weise" ins Konzept einschleichen.

Dem heutigen Bedürfnis entsprechend ändern Träger und Leitungen auch ihre Konzeptionen. Ein ländlicher Kindergarten plant eine offene Gruppe am Nachmittag, ein Kinderhaus wird evtl. eine Klein-Kindergruppe hinzufügen, andere Einrichtungen bieten Übergangsgruppen Krippe/Kindergarten oder eine altersgemischte Integrationsgruppe an.

Die pädagogische Arbeit ist im Wandel.

2.2. Die Eingliederung von ausländischen Kindern

Nach den Reformen in der Kinderpädagogik der 70er Jahre wurden Eltern zunehmend aktiv in der Kindergartenarbeit. Neue Impulse in die Kindergärten kamen von den Modellversuchen des Staatsinstituts für Frühpädagogik und Familienforschung (IFP) zur Integration ausländischer Kinder. In Elternabenden und bei Festen, Eltern-Wochenenden und Ausflügen brachten ausländische Eltern ihre nationalen Eigenarten und ihre Talente ein. Deutsche Eltern öffneten sich, zeigten Verständnis und Interesse, oftmals entstanden gegenseitige Hilfssysteme.

Nationale Erzieher/innen brachten ihre spezifischen pädagogischen Ansätze aus ihren Herkunftsländern in die Teams ein. Der Einsatz von deutschen und ausländischen Mitarbeiter/innen wurde beispielgebend für die bürgerschaftliche Akzeptanz ausländischer Familien. Den Kindern ist ein Miteinander selbstverständlich geworden.

2.3. Die Eingliederung von behinderten Kindern

In den Jahren 1985 bis 1988 erfolgte eine Zunahme der Integrationskindergärten. Schon in den 70er Jahren wurden zwei Münchener Einrichtungen zu den Initiatoren dieser Bewegung. Ihr pädagogischer Ansatz änderte sich im Laufe der Jahre nicht und bewies damit die Gültigkeit der Gründungsüberlegungen:

"Wenn behinderte mit nichtbehinderten Kindern zusammen betreut werden, setzt dies eine ausreichende heilpädagogische Betreuung des behinderten Kindes voraus. In *Einzelbetreuung* wird gezielt auf die Behinderung eingegangen, findet eine intensive Förderung statt mit dem Ziel, die seelischen Störungen abzubauen und die Fähigkeiten des Kindes optimal zu entwickeln. In der Gruppenbetreuung wird Wert auf die soziale Integration der Kinder gelegt.

Für die Erzieher sind Kenntnisse in der heilpädagogischen Praxis sowie eine stete Auseinandersetzung mit verschiedenen Behinderungsarten und die Aufgliederung der Erziehungsziele in kleinste Lernschritte notwendig."

Heute möchte die Leiterin noch hinzufügen:

"Die Erzieherin steht ständig unter dem Druck, beweisen zu müssen, daß eine gemeinsame Erziehung möglich ist, und daß beide Gruppen davon profitieren. Dabei muß sie sich selbst zurücknehmen, eigene Ansprüche zurückstellen und Grenzen akzeptieren für sich selbst und bei den Kindern" (aus dem Konzept der "Spielkiste Blumenau").

Eltern wünschen zunehmend diese Erziehung für ihre Kinder. Die Zahl der Integrationskindergärten stieg auf 22. Doch diese Entwicklung wurde plötzlich in Frage gestellt aufgrund fehlender finanzieller Mittel. Die Arbeitsgemeinschaft der freien Spitzenverbände setzte sich für eine Besserung der staatlichen Hilfen ein. Es wäre bedauerlich, wenn diese positive Entwicklung zu einem Stillstand kommen würde.

2.4. Umwelterziehung

Immer mehr Kindergärten beteiligen sich an der Vermittlung von "bewußtem Umweltverhalten" von Kindern und Eltern. Auf Fortbildungstreffen berichten Erzieher von ihrer Beteiligung an Umweltaktionen und -demonstrationen, von Versuchen, im Alltag zusammen mit den Kindern um den Schutz und die Pflege von Boden, Luft, Wasser, Pflanzen und Tieren besorgt zu sein. Sie sensibilisieren die Kinder für ein achtsames Verhalten bei Spiel und Freizeit und versuchen über die Öffnung des Kindergartens Einfluß zu nehmen auf die ganze Familie.

2.5. Weitere Einflüsse auf die Erziehung im Kindergarten

Erzieher aus Initiativen bedauern, daß Eltern in zunehmender Weise ihre Mithilfe in der Einrichtung einschränken - z.B. aus Überlastung- und Streßgründen oder wegen Belastung mit eigenen Sorgen und Problemen. Andere Mitarbeiter aus privaten Kindergärten bestätigen, daß Partnerschaftsprobleme, finanzielle Not und Ängste die Eltern bedrücken. Sie suchen Entlastung und Hilfe im Gespräch mit den Erzieher/innen. Oft kann dies nur ein aktives Zuhören sein. Erzieher/innen fühlen sich oft hilflos und fragen sich: Kommen dadurch neue zusätzliche Aufgaben in der Lebens- und Familienberatung auf uns zu? Fühlen wir uns dem gewachsen?

Andere Erzieher/innen berichten von überhöhten Erwartungen der Eltern an den Kindergarten: Die Eltern zeigen eine hohe Selbsterwartung in ihrer Rolle als Väter und Mütter, räumen den Erziehungsaufgaben einen bestimmten Stellenwert ein, bei Zweifeln an ihrer eigenen Erziehungskompetenz. Es scheint, daß sie ihre Leistungserwartungen auch auf das Kind projizieren, das in seiner Eigenentwicklung beeinflußt wird. In Gesprächen mit Leiter/innen bei Fachgruppentreffen und mit Erzieher/innen auf Seminaren wurden Überlegungen laut, wie diesem zweifachen Erwartungsdruck auf die Mitarbeiter/innen wohl zu begegnen sei.

2.6. Zusätzliche Anforderungen an den Kindergarten

Von politischen Parteien, Vertretern der Industrie, Frauenverbänden wird der Wunsch nach zusätzlichen Öffnungszeiten, Mittagsbetreuung bei Halbtagskindern, offenen Gruppen für ältere Kinder und für Kinder in Notsituationen an den Kindergarten herangetragen. Ein flexibles, bedarfsgerechtes Angebot für Familie und Arbeitswelt wird gefordert.

Mitgliedsorganisationen im Bereich des DPWV-LV Bayern bieten bereits solche Gruppen an, allerdings nicht in Institutionen, sondern in Form von freien Gruppen als Hilfen in kleinem Umfang. Diese Gruppen haben bislang noch keine Finanzierungsmöglichkeiten gefunden, arbeiten mit ehrenamtlichen oder freien Mitarbeitern gegen ein Mindestentgelt.

Träger und Mitarbeiter/innen von Kindergärten reagieren vorerst noch mit Vorbehalt auf die neuen Forderungen. Es erscheint sowohl finanziell als auch personell nicht machbar. Eine Möglichkeit besteht darin, Hilfsangebote im Umfeld des Kindergartens anzusiedeln, freie Gruppen mit festen Institutionen zu vernetzen. Ein Fernziel wäre auch - nach erfolgter Bedarfserhebung -, daß sich Kindergärten in Stadtteilen absprechen über Betreuungszeiten, einzelne Notgruppen anbieten oder eine Abendbetreuung in der Woche möglich machen. Ein weiterer Weg wäre die gegenseitige Elternhilfe, wie sie bei Initiativen schon immer üblich war.

Im Augenblick können Erzieher/innen offensichtlich keine weiteren Aufgaben übernehmen. Überlastung, große Gruppen, Wechselgruppen, zunehmend lebhafter werdende Kinder bilden zusätzliche Herausforderungen.
Im gegenwärtigen Stand der Diskussion liegen unterschiedliche Meinungen vor. Wichtig ist es wohl, die gegenseitigen Bedürfnisse von Müttern und Erzieher/innen zu artikulieren. In DPWV-Seminaren wird versucht, Mütter und Erzieher/innen in ein Gespräch, mit dem Ziel eines besseren gegenseitigen Verständnisses, zu bringen.

2.7. Die Erziehung als Prozeß im Erzieher

Die eingangs beschriebenen Herausforderungen, wie auch die zur Zeit in der Öffentlichkeit diskutierten weiteren Anforderungen an die Erzieher/innen führen zu neuen Überlegungen bei Trägern und Mitarbeiter/innen, sind Inhalte vieler Teamgespräche.

Als Priorität wird von allen die Stärkung der Eigenkräfte des Kindes gesehen. *Waldorfmitarbeiter/innen* sind sich ihrer "Vorbildfunktion" bewußt: Das Kind lernt, in der Nachahmung seine eigenen Kräfte zu entfalten. *Montessori-Mitarbeiter/innen* sehen ihre Hauptaufgabe in der Hilfe zur Selbsthilfe: "Hilf mir, es selbst zu tun!" Sie ziehen sich immer wieder in ihre Rolle als liebende Beobachter/innen zurück. Andere Mitarbeiter/innen - um nur ein Beispiel von vielen Ansätzen zu nennen - nehmen die Veränderungen des Kindes als intrapersonales Geschehen auf, das aus der Situation heraus in Gang kommt. Im sensiblen Eingehen auf die jeweilige Situation ergeben sich pädagogische Ansatzpunkte. Die Teilnehmer/innen von Seminaren geben oftmals der kindlichen *Sozialentwicklung* eine besondere Priorität.

Das gesellschaftliche Umfeld zeigt entgegengesetzte Leitbilder: Sich behaupten, etwas leisten, sich durchsetzen, um zum Erfolg zu kommen. Für die Mitarbeiter/innen innen ist es nicht einfach, wünschenswertes Verhalten und Einflüsse von außen in der Balance zu halten. Bedeutsam für sie ist es auch, aus der Miniaturwelt des Kindergartens heraus das politische und aktuelle Tagesgeschehen wahr- und aufzunehmen, ihr eigenes privates Leben zu führen. Erzieher/innen fragen sich: Wie sind diese Gegensätze zu integrieren? Wie können wir auf die vielfältigen Herausforderungen antworten?

Viele Träger unterstützen die Mitarbeiter/innen durch Gelegenheit zu Gesprächen und zu Fortbildungsveranstaltungen. Laufender Austausch im Team, Gespräche mit Kollegen/Kolleginnen anderer Einrichtungen, mit Leiter/innen und in Arbeitskreisen können entlastend wirken. Andere Erleichterungen sind die Reduzierung der Gruppenstärke sowie die Gewährung einer zweiten pädagogischen Kraft in der Gruppe. Aber mehr ist es noch - wie eine Erzieherin definierte - ein dauerndes sich der Situation stellen, damit der Integrationsprozeß im Erzieher selbst gelingt: "Das Kind bringt mir ja soviel entgegen."

3. Was braucht das Kind? Was wünscht die Erzieherin für ihre zukünftige Arbeit?

In einer Umfrage und im Gesprächsaustausch mit Leiterinnen kamen vielfältige Antworten:

"Ich wünsche mir einen kontinuierlichen Austausch mit dem Vorstand und ein stetes Gespräch mit den Eltern. Denn unsere Beziehungen sind ein interessantes Spannungsfeld.
In der Arbeit mit dem Kind denke ich, daß uns bewußt bleiben muß, daß das Kind ein hohes Maß an Sensibilität, ein Selbstvertrauen hat, sich und andere durch Schwierigkeiten hindurchzubringen. Kinder können ihre Sensibilität gut ausdrücken. Es gilt, sie in Stärken umzuwandeln.
Eltern zweifeln oft an Fähigkeiten ihrer Kinder, sie sollten ihnen sorgsam zuhören, denn Kinder sind verletzbar.

Schwierig ist für mich, daß dieser Ansatz in der Schule oft nicht fortgeführt werden kann."

Eine andere Meinung lautete:

"Ich spüre, daß viele Menschen Angst vor der Zukunft haben. Ich möchte Kindern ein Stück Hoffnung mitgeben darüber, daß wir durchkommen werden, wenn wir uns alle bemühen."

Eine Waldorferzieherin meinte:

"Ich möchte dem Kind ein möglichst stabiles Fundament für Leib, Seele und Geist schaffen, daß es dem späteren Leben begegnen kann. Die Kinder kommen - angefüllt mit oft belastenden Erlebnissen, in Unruhe und mit Problemen in den Kindergarten. Es gilt, dies nicht abzuschieben, sondern aufzugreifen, in Spiel und Tätigkeit zu verwandeln - sich wandeln lassen."

Ähnlich antwortete eine Leiterin eines privaten Kindergartens:

"Ich möchte mit den Eltern den Kontakt intensivieren, Verständnis für ihre Ängste haben, Ehrfurcht für das Kind wecken, auch dafür sorgen, daß es nicht mit materiellen Dingen überschüttet wird. Vor allem Kind sein lassen, damit nicht eine Entwicklungsstufe übergangen wird. Dem Kind Kindheitserlebnisse lassen."

Auch aus einem ländlichen Kindergarten kamen Stimmen, die von zunehmenden Auffälligkeiten der Kinder berichteten, von Partnerschaftsproblemen der Eltern, von Beratungsbedarf und Einschaltung von Psychologen. Sie wünschten sich, daß die Kinder wieder mehr Freude ausstrahlen können.

Eine Leiterin aus einem Kindergarten mit Kindern reicher Eltern meinte:

"Ich wünsche, daß meine Kinder vom Konsumdenken wegkommen, samstags nicht auf den Golfplatz müssen, nicht immer 'action' vorgesetzt bekommen, damit sie nicht in einer kleinen Erwachsenenwelt leben müssen, selbstgewählte Erfahrungen machen, selbst etwas bauen und konstruieren statt vorgefertigtes Spielzeug bekommen."

Eine Erzieherin aus einer Elterninitiative bedauerte die Diskrepanz von theoretischen Erwartungen der Eltern zur praktischen Arbeit im Kindergarten:

"Das Kind darf seine Eigendynamik haben und sich langsamer oder schneller entwickeln, wie es in ihm selbst angelegt ist. Es ist eine eigenständige Person.

Eltern überfordern das Kind. Sie glauben, wenn sie ihre Kinder gut programmieren, daß sie entsprechend funktionieren...
Spiel ist für uns Erzieherinnen und für die Kinder Arbeit. Ein Kind, das ausführlich und ungestört spielt, bereitet sich auf diese Weise am besten auf das Leben vor.
Mein weiteres Anliegen ist, daß Gemeinschaftsräume, Freizeiträume, Spielplätze, aber auch Kinderzimmer in Wohnungen größer geplant werden. Spielplätze können noch so gut organisiert sein, wirken aber oft steril.
Mit den Eltern wünsche ich mir ein fortlaufendes Gespräch, damit Gefühle und Geschehnisse der Kinder von ihnen wahrgenommen werden und damit es ein Miteinander in der Erziehung wird bei gegenseitiger Achtung."

Gabriele Segerer

DER DPWV-LV BAYERN ALS KINDERGARTENTRÄGER

Der DPWV-LV Bayern e.V. ist Träger von 5 Kindergärten bzw. Kindertagesstätten, die z. T. seit 15 Jahren bestehen.

Diese Einrichtungen bieten 228 Ganztagsplätze mit überlangen Öffnungszeiten, wobei eine Kindertagesstätte das ganze Jahr über besucht werden kann.

Ein hoher Ausländeranteil (mind. 35%) und viele Kinder von berufstätigen Eltern kennzeichnen die Zielgruppe der zu Betreuenden.

Die Leiterinnen führen die ihnen anvertrauten Kindergärten selbständig und eigenverantwortlich. Pädagogische Ziele, Auseinandersetzung mit bzw. Fortschreibung der Konzeption und die inhaltliche Gestaltung sind die wesentlichen Bestandteile lebendiger Diskussion zwischen Mitarbeiterinnen und den aktiv mitwirkenden Eltern.

Das Aufwachsen von Kindern in Großstädten, die ihnen alles andere als eine kinderfreundliche Umwelt bereitstellen, kann für Kleinkinder zu Defiziten in ihrer Gesamtentwicklung führen. Beispiele wie kleine Wohnungen, wenig Spielfläche, lärmempfindliche Nachbarn, Emotionslosigkeit, kaum Spielkameraden, Reizüberflutung, eine an Leistung orientierte Umwelt können beliebig fortgeführt werden. Die Kindergärten des DPWV haben es sich zum Ziel gesetzt, eine an den Bedürfnissen dieser Kinder orientierte Arbeit zu leisten:
Vermittlung von Geborgenheit und Sicherheit, liebevolle Zuwendung, Freiraum im Spiel und in der Bewegung, Auseinandersetzung mit und das Erlernen von Verantwortungsgefühl für sich, den Mitmenschen und die Umwelt, Umgang mit anderen Kulturen und Nationen, klare Regeln als Orientierungshilfe, Schaffen von vielerlei Erlebnissen, Sammeln von Erfahrungen im lebenspraktischen Umfeld und das Erlernen von Kommunikationsmöglichkeiten, Integration, Gesundheits-, Medien- und Sexualerziehung, Förderung von sprachlichen und kreativen Fähigkeiten, Hilfe bei Übergängen zu den verschiedenen Entwicklungsphasen von Kindern, multinationale Erziehung, intensive Elternarbeit. Diese Vielzahl an pädagogischen Inhalten des täglichen Umgangs mit den Kindern soll einen kleinen Einblick geben und erhebt keinen Anspruch auf Vollständigkeit.

Mit dem IFP zusammen konnten Modelle mit Schwerpunkten im Bereich der Ausländerarbeit durchgeführt werden:
- Erprobung von didaktischen Materialien für die multinationale Gruppe
- Integration deutsch-ausländischer Kinder, wobei die jugoslawischen Kinder eine muttersprachliche Förderung erhalten und auch Spiele, Feste und Beschäftigungen in beiden Sprachen durchgeführt werden.

Auch der Kontakt zu vielen anderen Einrichtungen und Institutionen wie Schulen, Krankenhäusern, Post, Verkehrspolizei, Erziehungsberatungs- und Frühförderungsstellen, Sozialdiensten wird gepflegt, um der Gefahr einer Isolation entgegenzuwirken. Besuche und Ausflüge in die nähere und fernere Umgebung (Zoo, Park, Kino, Schwimmbad, Musikveranstaltungen, Theater, externe Erholungsaufenthalte etc.) sollen den Kindern helfen, sich außerhalb des Kindergartens zu orientieren und neue Dinge kennenzulernen.

Zwei Kindergärten des DPWV betreuen Kinder aus sehr problembeladenen Familien:
Eine Einrichtung, die zum Verbundsystem eines Hauses für Mutter und Kind gehört, wo die von Obdachlosigkeit bedrohten Mütter eine Wohnung und einen Krippen- bzw. Kindergartenplatz finden. Primäre Ziele der Mitarbeiterinnen hier sind, die i.a. festzustellenden Defizite in der Entwicklung aufzuarbeiten, ein positives Umfeld zu bieten und eine Stätte der Geborgenheit und Ruhe zu schaffen. Die unterschiedlich lange Verweildauer bedingt eine hohe Fluktuation und verlangt ein ständiges sich Einstellen auf Neue.
Aus diesem Grund und wegen der Gefahr einer Ghettoisierung ist man dazu übergegangen, externe Kinder aufzunehmen, was sich sehr gut bewährt hat.
Aufgrund eigener Überforderung der Mütter mangelte es an Bereitschaft, die Probleme der Kinder anzugehen und sich im Kindergarten zu engagieren.
Über wöchentliche Kaffeestunden und gemeinsame Feste bemüht man sich, Kontakte zu pflegen und ins Gespräch zu kommen.

In einem Kindergarten in Nürnberg sind hauptsächlich Kinder von Aussiedlerfamilien untergebracht, wo auf deren besonderen Situation und Problematik eingegangen werden muß. Diese Zielgruppe braucht ein hohes Maß an intensiver Betreuung und Zuwendung. Die Berücksichtigung der sprachlichen Defizite und das Einleben in eine "neue Welt" fordern von den Mitarbeiterinnen pädagogisches Geschick, Auseinandersetzung mit den Gegebenheiten sozialistisch regierter Länder und Sensibilität für die Nöte und Sorgen der Familien.

Ein inhaltlicher Schwerpunkt der drei weiteren Einrichtungen für Kinder liegt in der Elternarbeit. So setzten sich in den letzten Jahren Eltern für die Verkehrsberuhigung der Straße vor einem Kindergarten ein, organisierten Feste, Flohmärkte, Basare und Elternwochenenden.
Auch Initiatven wie Gestaltung des Kindergartens und des Kinderspielplatzes sind von Eltern ausgegangen. Viele Eltern suchen das Gespräch und den Austausch mit den Pädagoginnen bei Erziehungsfragen, diskutieren über ihre Vorstellungen der inhaltlichen Arbeit und gehen auf Ratschläge, die den Umgang mit dem eigenen Kind betreffen, gerne ein.

Das Eingebundensein der Eltern in die Kindergartenarbeit verlangt von unseren Pädagoginnen vor Ort sehr viel Fingerspitzengefühl, Konfrontation mit unterschiedlichen Auffassungen von Erziehung, auseinandergehenden Vorstellungen über den Ansatz, Inhalt, Durchführung und die Intention der pädagogischen Konzeption.

Die Zunahme von Kindern aus sog. Einkindfamilien, Zweitfamilien, zerrütteten Ehe, von alleinerziehenden Elternteilen bewirkt, daß die Zahl der verhaltungsauffälligen bzw. -gestörten Kindern drastisch wächst.

In einer Kindertagesstätte ist es uns gelungen, eine Psychologin zu gewinnen, die regelmäßig - ausgehend von ihren Beobachtungen des Verhaltens der Kinder- Gespräche mit den Erzieherinnen und den Eltern führt. Diese Möglichkeit wird mit wachsendem Interesse wahrgenommen und soll fortgeführt werden.

Durch den Erfahrungsaustausch der Mitarbeiterinnen und die Teilnahme an Fortbildungsveranstaltungen bleibt die Auseinandersetzung mit den aktuellen Fragen der Kindergartenpädagogik (im weitesten Sinne) ständig auf dem laufenden und auf dem neuesten Stand.

Themen wie: Schaffung von Kleingruppen, Gewinnung von gut ausgebildetem Fachpersonal, Angebot von Supervision, Verbesserung bzw. Erneuerung der Ausstattung, der Einrichtungen, Aus- und Weiterbildung der Erzieherinnen, Verbesserung ihrer Perspektiven im Beruf werden uns in den nächsten Jahren intensiv beschäftigen, zumal die Notwendigkeit und die Qualität der geleisteten Arbeit in der Öffentlichkeit zunehmend an Interesse gewinnt.

Albert Loichinger

KINDERGÄRTEN - SORGENKINDER DER LANDESHAUPTSTADT MÜNCHEN

150 Jahre Kindergartenwesen in Bayern - dieses ehrwürdige Alter geht auf die von König Ludwig I. 1839 initiierten Richtlinien zur Ausbildung von Leiterinnen der Kleinkinder-Bewahranstalten zurück.

Das städtische Kindergartenwesen Münchens kann mit derart respektablen Daten zwar nicht aufwarten, hat aber dennoch eine beachtliche Tradition. 1932 wurde an die 25 Jahre zuvor erfolgte Übernahme von 23 Vereinskindergärten und 65 Kindergärtnerinnen durch die Stadt München in einem im "Münchener Wirtschafts- und Verwaltungblatt" erschienenen Artikel der damaligen Oberinspektorin der städtischen Kindergärten, Friede Lex, erinnert.

Die Möglichkeit, ein 50- und 75jähriges Jubiläum zu feiern, wurde versäumt, und die Hundertjahrfeier wäre erst im Jahre 2007 fällig. Die städtischen Kindergärten schließen sich daher der 150-Jahrfeier an, auch wenn sie selbst eine nur 82jährige Geschichte aufbieten können.

Eine Besonderheit des Kindergartenwesens der Stadt München besteht darin, daß dessen Verwaltung nicht dem Jugendamt, sondern dem Schulreferat zugeordnet ist. Das ist nicht als eine bloß formale Angelegenheit anzusehen; man kann darin vielmehr eine pädagogische Grundidee erblicken, nämlich die der Charakterisierung des Kindergartens als einer dem Bildungsbereich zugehörenden Einrichtung. Diese Idee hat in München Tradition; von ihr ließen sich alle Stadtschulräte leiten, angefangen von Dr. Wilhelm Rohmeder über Dr. Georg Kerschensteiner, Prof. Anton Fingerle, Gerson Peck bis hin zu dem heutigen Stadtschulrat Albert Loichinger.

Das Bayerische Kindergartengesetz trägt dieser Zuordnung Rechnung, indem es die Kindergärten eindeutig dem Bildungsbereich zuordnet, während Horte dem Jugendwohlfahrtsgesetz unterliegen. Ihrer inhaltlichen Konzeption nach werden sie bei der Stadt München längst wie die Kindergärten als pädagogische Einrichtungen verstanden.

Die Verbindung des Kindergartenwesens zur städtischen Schulverwaltung hat sich bewährt. So ergeben sich z.B. durch die räumliche Koordinierung vieler städtischer Kindergärten und Grundschulen Möglichkeiten der Nutzung schulischer

Sportanlagen durch den Kindergarten. Allerdings wird gegenwärtig die Nutzung von Schulräumen durch Kindergärten, sofern die schulische Bedarfslage dies erlaubte, durch umständliche Genehmigungsverfahren eher behindert denn erleichtert.

Aus der Fülle der Probleme, die sich für das kommunale Kindergartenwesen stellen, kann der amtierende Stadtschulrat nur einige herausgreifen. In thesenartiger Form seien drei Punkte hervorgehoben:

Der Kindergarten muß den Aufgaben gerecht werden, die sich aus seiner Schnittpunktstellung zwischen familiärer Erziehung und schulischer Bildung ergeben.

Der Freistaat Bayern, der durch sein Kindergartengesetz verbindliche Regeln für die Errichtung wie die betriebliche und pädagogische Gestaltung der Kindergärten vorschreibt, muß den Kommunen insgesamt finanziell stärker entgegenkommen. Nur dann können diese den teilweise aus dem Gesetz selbst sich ergebenden Ansprüchen, die sich Eltern, Verbände und weitere Öffentlichkeit zu eigen machen, überhaupt nachkommen.

Eine den Bedürfnissen der Bürger entsprechende Planung im Kindergartenbereich hat zukünftig drei Gesichtspunkte entschiedener in Rechnung zu stellen:

o Kindergartenbau und Wohnungsbau müssen zeitlich und quantitativ besser koordiniert werden.
o Den unterschiedlichen, zum Teil milieubedingten Erziehungserfordernissen muß in spezifischer Weise entsprochen werden.
o Die Arbeitsbedingungen der Erzieherinnen sind den erschwerten Großstadtanforderungen anzupassen.

I. Der Kindergarten im Schnittpunkt familiärer Erziehung und schulischer Bildung:

Die städtischen Kindergärten in München haben sich von Anfang an nicht der Einsicht verschlossen, daß der Kindergarten eine soziale Aufgabe zu erfüllen hat. Unter dieser Zielrichtung stand bereits die auf Anregung von König Ludwig I. 1834 erfolgte Einrichtung von Kleinkinder-Bewahranstalten in München. 1867 wurde dann der erste "Kindergarten", der zur sozialen Komponente die

pädagogische hinzufügte, im Sinne der erzieherischen Vorstellungen Friedrich Fröbels am Glockenbach in München eröffnet. Träger war ein privater Verein.
Es gab Zeiten, in denen man in München mehr in Richtung Schule dachte, wenn vom Kindergarten die Rede war; damit wurde eine dritte, die schulische Komponente eingebracht. So wurden 1888 die damals in Schulen untergebrachten Kindergärten durch die Lokalschulkommission den Oberlehrern der betreffenden Schulen unterstellt. Und aus Visitationsberichten jener Zeit geht hervor, daß das Geschehen im Kindergarten nach dem Maßstab des Lernens in der Schule, der Disziplin in der Klasse u.ä. beurteilt wurde. Stadtschulrat Rohmeder stoppte diesen falschen Trend, indem er anregte, die fachliche Leitung der Kindergärten einer "Oberkindergärtnerin" zu übertragen.

Die hiermit aufgezeigte Spannung zwischen sozialer und pädagogischer Ausrichtung des Kindergartens einerseits und der schulischen Ausrichtung andererseits ist den für den Kindergartenbereich in München Verantwortlichen von Anfang an bewußt gewesen. Dabei ist der Kindergarten in seiner sozial-pädagogischen Ausrichtung durchaus im Zusammenhang mit den weiterführenden schulischen Einrichtungen zu sehen. Der Bildungsauftrag des Kindergartens wird zu Recht im Bayerischen Kindergartengesetz herausgestellt.
Nicht selten jedoch wird der Erziehungs- und Bildungsauftrag des Kindergartens hermetisch interpretiert und gegen Förderungsabsichten, die in Richtung Schule weisen, abgesetzt. In den siebziger Jahren hat man in München, unter Anschluß an die entsprechenden Empfehlungen des Deutschen Bildungsrates, den Gedanken der Förderung ausdrücklich aufgegriffen und ausgestaltet.
So wurden z.B. in den städtischen Kindertagesstätten Vorschulgruppen eingerichtet, in denen nach einem Rahmenplan die Fünfjährigen auf die schulischen Anforderungen vorbereitet wurden. Zusammen mit dem Bayerischen Staatsministerium für Unterricht und Kultus beteiligte sich die Stadt München insbesondere auch an dem Modellversuch der Eingangsstufe. Erzieher und Lehrer kooperierten dort miteinander, um den Kindern einen kontinuierlichen Übergang zu den schulischen Ansprüchen zu ermöglichen.
Nach Auflösung dieses Modells, in das erhebliches erzieherisches Engagement einging, beteiligte sich die Stadt München an dem Modellversuch "Kooperation zwischen Kindergarten und Grundschule", von dem leider auch nur papierene Empfehlungen übrig blieben. An all dem läßt sich ablesen, daß die Stadt München die pädagogischen Belange des Kindergartens immer besonders ernst genommen hat. Nun mag es in der jüngeren Vergangenheit auf diesem Gebiete manche Einseitigkeiten gegeben haben - man denke an spezielle Intelligenzförderungspro-

gramme oder auch an die Laissez-faire-Erziehung; eine völlig Ausblendung hingegen pädagogischer Förderung, auch unter Einbeziehung des schulischen Anspruchsniveaus, wäre keinesfalls gutzuheißen.

So hat u.a. der Stadtrat der Landeshauptstadt München daran festgehalten, daß in den städtischen Kindergärten den Fünfjährigen besondere Bildungsangebote durch bestimmte Erzieherinnen unterbreitet werden, die für diese Tätigkeit in Vermittlungsgruppen tariflich höher eingestuft sind.

Erziehung und Bildung im Kindergarten haben sich im Sinne der Ergänzung der Erziehung in der Familien zu verstehen. Solche Ergänzung ist angesichts des Zivilisationsstandes unserer pluralistischen Gesellschaft unabdingbar. Die Eltern unserer Kindergartenkinder betrachten deshalb den Anspruch auf einen Kindergartenplatz de facto als einen Rechtsanspruch. Jedenfalls können sich Staat und Kommune dem Druck der Öffentlichkeit, für jedes Kind zwischen 3 und 5 Jahren einen Platz im Kindergarten bereitzustellen, kaum mehr entziehen.

Es gibt andererseits problematische Erwartungen von Eltern, die darauf hinauslaufen, vom Kindergarten nicht nur eine ergänzende Erziehungsleistung zu erwarten, sondern ihm die Erziehung in zeitlicher und inhaltlicher Hinsicht insgesamt zu überlassen. So werden nicht wenige Kinder von morgens 7.00 Uhr bis abends 18.00 Uhr in den Kindergarten geschickt, was nur in sozialen Notfällen verständlich erscheint. Und wenn heute der Kindergarten Gesundheits-, Verkehrs- und Umwelterziehung und anderes leistet, so kann dies nur dann voll wirksam werden, wenn diese Erziehungsbereiche seitens der Eltern aktiv mitgetragen werden.

II. Die Kommune zwischen Erwartungsdruck und finanzieller Leistungsfähigkeit

Der Freistaat Bayern verpflichtet in Art. 5 des Bayerischen Kindergartengesetzes die Gemeinden, in den Grenzen ihrer Leistungsfähigkeit dafür zu sorgen, daß die nach dem Bedarfsplan erforderlichen Kindergärten zur Verfügung stehen. Auf der anderen Seite ist gar nicht zu leugnen, daß sich aus dem Gesetz selbst bzw. seiner Interpretation Ansprüche der Eltern bzw. Öffentlichkeit ableiten, die an die Kommune herangetragen werden. Sie laufen letztendlich in der Großstadt München auf eine sozusagen 100%ige Bedarfsabdeckung hinaus.

Dafür stehen neben den städtischen auch zahlreiche Angebote freigemeinnütziger Träger zur Verfügung, deren Einrichtungen von der Stadt mit 40% der Personalkosten und rund 30% der Baukosten mitfinanziert werden müssen. Das hierbei leitende Subsidiaritätsprinzip findet allerdings eine zum Teil problematische Auslegung, so z.B. dann, wenn ein freigemeinnütziger Träger zwar den Betrieb eines Kindergartens übernehmen, das Grundstück und den Kindergartenbau aber seitens der Stadt gestellt haben möchte. Im übrigen planen derzeit nur wenige freigemeinnützige Träger einen Kindergartenneubau, so daß die Stadt gezwungen ist, der Nachfrage nach Kindergartenplätzen weitgehend im Alleingang nachzukommen. Auch geraten zunehmend kleinere freigemeinnützige Träger beim Unterhalt ihrer Kindergärten in finanzielle Bedrängnis, der seitens der Stadt abgeholfen werden soll. Der Unterzeichner sieht jedenfalls die Notwendigkeit, daß den freigemeinnützigen Trägern künftig ein über die gesetzliche Verpflichtung hinausreichender kommunaler Baukostenzuschuß gewährt wird. Wenn das Gesetz formal zugesteht, daß die Kommune den Verpflichtungen nur im Rahmen ihrer finanziellen Leistungsfähigkeit nachzukommen habe, so können sich doch die Verantwortlichen der Stadt den Eltern und der Öffentlichkeit gegenüber kaum darauf zurückziehen, sondern sind gefordert, hier einen eindeutigen Schwerpunkt - notfalls zu Lasten anderer weniger zukunftsorientierter Aufgaben - zu sehen.

Stadtrat und Kindergartenverwaltung sehen sich den dringlichen Erwartungen der Eltern und der Öffentlichkeit auf eine der Bedarfslage voll entsprechende Kindergartenversorgung gegenüber, die zu erfüllen zukünftig jedoch nur gelingt, wenn der Freistaat der Forderung der Kommunen nach einer besseren allgemeinen Finanzausstattung mehr nachkommt.

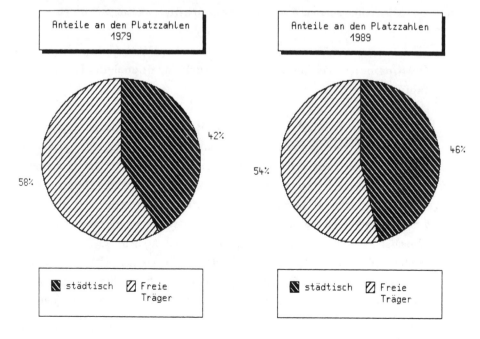

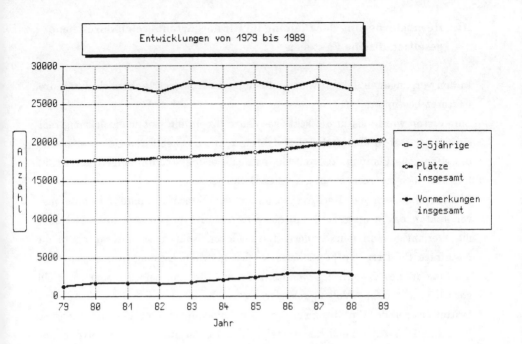
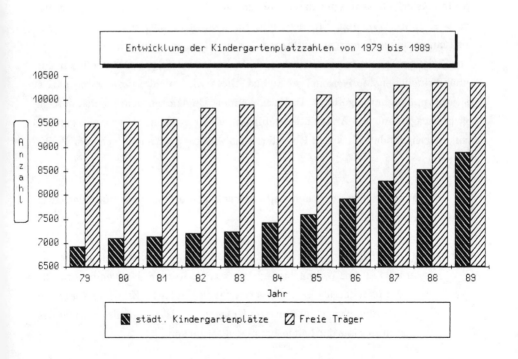

III. Herausforderung der Planung im Kindergartenbereich durch neue gesellschaftliche Faktoren

In den vergangenen Jahren war die Planung im Kindergartenbereich durch drei Faktoren bestimmt:

Zum ersten wurde bis in die achtziger Jahre hinein ein Geburtenrückgang registriert, der erst in den letzten drei Jahren in einen erheblichen Geburtenanstieg umschlug. Die Planung, insoweit sie ins Realisierungsstadium eingetreten ist, ist hier also noch von nicht mehr aktuellen Daten geleitet.

Zweitens hat sich das Nachfrageverhalten der Eltern gewandelt. Konnte man vor Jahren davon ausgehen, daß die Eltern ihre Fünfjährigen, zum Teil auch die Vierjährigen, in den Kindergarten schicken wollten, so besteht heute die Nachfrage für Drei- bis Fünfjährige im fast gleichen Umfang. Auf diesem Umschwung in der Bedarfslage konnte zwar die Planung sofort reagieren, nicht aber den rechtzeitigen Vollzug realisieren.

Drittens ist seit der Einführung der Dringlichkeitsstufen im sozialen Wohnungsbau im Jahre 1987 ein erhebliches Ansteigen des Kinderanteils in den betreffenden Wohngebieten zu beobachten.

Hinzu kommt, daß die politischen Entscheidungen für die Planungen im sozialen Wohnungsbau oft sehr kurzfristig erfolgen und daß von da zur Realisierung nur ca. zwei Jahre vergehen. Einen mindestens doppelt so langen Zeitraum nimmt die Planung eines Kindergartens bis zur Fertigstellung in Anspruch.

Ein Weiteres kommt hinzu: Politische Entscheidung erfolgt konkret oft nur aus einer dringlichen Motivationslage heraus. Diese wird nicht selten durch aktive Elterngruppen herbeigeführt. Dadurch können Ungleichgewichte entstehen, je nach Engagement und Artikulationsfähigkeit der Betroffenen. Hier einen gerechten, ausgleichenden Blick und Überblick zu gewinnen, muß auch Sache der Politiker sein.

Um der neuen gesellschaftlichen Lage gerecht zu werden, sind zumindest drei Forderungen zu erfüllen:

Erstens: Die Errichtung von Kindergärten muß strikter an der Zahl des Kinderanteils in den Wohngebieten ausgerichtet werden. Notwendig sind für 100 im Kindergartenalter zu erwartende Kinder 90 Kindergartenplätze (Kommune, freigemeinnütziger Träger), dies ist jedenfalls die Sicht des Schulreferates der Landeshauptstadt München.

In die Überlegung einzubeziehen wäre, ob nicht von Wohnbauträgern gefordert werden müßte, daß mit dem Bau einer bestimmten Anzahl von Wohnungen der Bau eines Kindergartens verpflichtend wird, allerdings bei Kostenrückerstattung durch die Kommune.

Zweitens: Den unterschiedlichen, zum Teil milieubedingten Erziehungserfordernissen muß in spezifischer Weise entsprochen werden.

Es seien hier nur zwei Aspekte hervorgehoben. Wie die Grundschule, so sieht sich auch der Kindergarten zunehmend mit dem Problem verhaltensauffälliger Kinder konfrontiert. Es ist von größter Wichtigkeit, daß diesen Kindern besondere erzieherische Sorgfalt gewidmet wird. Das läßt sich nur im Rahmen kleinerer Gruppen und mit einer besonderen Kompetenz des Erziehungspersonals leisten.

Ein weiteres Problem, mit dem sich die Landeshauptstadt München zu befassen hat, ist der relativ hohe Anteil von Ausländerkindern. Um diese erzieherisch zu erreichen und zu integrieren, bedarf es eines besonderen Personaleinsatzes.

Ausgehend von einem Modellversuch für ausländische Kinder besteht hier bereits seit Jahren eine fruchtbare Zusammenarbeit des Schulreferates der Landeshauptstadt München mit dem Staatsinstitut für Frühpädagogik und Familienforschung.

Drittens: Unter den schwierigen Großstadtanforderungen müssen den Erzieherinnen entsprechend verbesserte Arbeitsbedingungen gewährt werden.

Es ist eine bedrückende Tatsache, daß die Zahlen der Interessenten für den Erzieherberuf im Rückgang befindlich sind. Man kommt auch nicht um die Feststellung herum, daß das Gehalt einer Erzieherin tariflich einfach zu niedrig angesetzt ist. Das wirkt sich vor allen Dingen in einer Großstadt wie München negativ aus. Immens teuere Wohnungen und hohe Lebenshaltungskosten erschweren den Aufenthalt in München. Hinzu kommen die schwierigen großstädtischen Arbeitsbedingungen. All dem kann nur durch Maßnahmen, die die Attraktivität des Erzieher/innenberufes erhöhen, begegnet werden.

Nur ein kleiner Teil anstehender Probleme konnte hier zur Sprache gebracht werden. Diese zu lösen ist die Stadt München willens. Sie ist dabei auf die Kooperation mit dem Freistaat, den freigemeinnützigen Trägern und allen betroffenen Gruppen und Personen angewiesen.

Klaus Wagner

DER "NEUE KINDERGARTEN" UND DIE DARAUS RESULTIERENDEN ANFORDERUNGEN AN DIE KINDERTAGESSTÄTTEN-PLANUNG IN NÜRNBERG

Der Kindergarten hat in der langen Zeit seines Bestehens vielerlei Phasen durchlaufen - und Veränderungen der gesellschaftlichen Rahmenbedingungen bringen weiterhin Auswirkungen auch auf die inhaltlichen und baulichen Anforderungen sowie auf die Bedarfseinschätzungen mit sich. Daß die (noch junge "Zunft") der Jugendhilfeplaner neben dem bisherigen Handwerkszeug wie Statistiken, Prognosen und ausreichendem Wissen über die örtlichen Gegebenheiten künftig weitere Instrumentarien und Fähigkeiten für sich entdecken muß, um ihren Auftrag, für die bedarfsgerechte Versorgung in der Zukunft zu sorgen, gerecht werden zu können, ist selbstverständlich.

In (vergangenen) Zeiten, in denen die "Aufbewahrungsfunktion" der Kindergärten dominierte, der Besuch der Einrichtungen vielen Eltern noch nicht angebracht erschien, war der Begriff des "Planers" noch unbekannt, Kindergärten entstanden vorwiegend in sozialen Brennpunkten durch Träger der freien Wohlfahrtspflege oder nach dem Zufalls- bzw. Opportunitätsprinzip.

Erst in den späten 60er und frühen 70er Jahren rückte der Kindergarten als Bildungseinrichtung in das Bewußtsein einer breiteren Öffentlichkeit. Verbunden mit dem Bauboom der damaligen Zeit war erstmals planerisches Handeln gefordert, um beim Entstehen neuer Großsiedlungen die notwendigen sozialen Infrastrukturen zu sichern.

Ziel der ersten Rahmenplanung Kindergärten/Kinderhorte in Nürnberg 1977 war es, die von der Aufsichtsbehörde empfohlenen quantitativen Versorgungsrichtwerte (70% der 3- und 4-jährigen plus 85% der 5-jährigen der jeweiligen Jahrgänge) mittelfristig zu erreichen.

Anfangsfehler schlichen sich ein. So wurde die anzustrebende Versorgungsquote in Stadtteilen mit hohem Ausländeranteil von vornherein um 20% niedriger angesetzt, weil "erfahrungsgemäß" ausländische Kinder in geringerem Maße Kindergärten besuchten als Deutsche - mit fatalen Folgen für die Zukunft, in der wir heute leben. Nicht nur, daß die Chance verpaßt wurde, auch ausländischen Mitbürgern von vornherein den Kindergartenbesuch als Normalität in der bundesdeutschen Bildungslandschaft zu vermitteln und einen Beitrag zur leichteren Integration zu leisten - mit zunehmender Aufenthaltsdauer nahm auch die Attraktivität der Kindergärten für diese Bevölkerungsgruppe deutlich zu und damit stieg natürlich das Platzdefizit gerade in den dichtbebauten Stadtteilen durch diese eklatante Fehleinschätzung der Nachfrage rapide an. Unter dieser "Fehlplanung" leiden die Eltern und Kinder, die freien Träger von Kindergärten und die Kommunen noch heute.

Die erste Fortschreibung des Rahmenplanes im Jahre 1985 war zunächst vom Wunsch nach Perfektion geprägt. Möglichst viele sozial-strukturelle Merkmale sollten den kleinräumigen Bedarf so exakt wie möglich beschreiben helfen. Durch breite Diskussionen in Fachkreisen und mit Projekt- und Initiativgruppen wollten wir den pädagogischen Inhalten ein größeres Gewicht bei der Planung einräumen. Eine langfristige Prognose der Bevölkerungsentwicklung sollte der kontinuierlichen Planungssicherheit dienen.

Bald zeigte sich, daß dieser Anspruch zu hoch war. Die Sozialdaten, wie etwa kleinräumige Verteilung nach Familieneinkommen und Bildungsniveau, sind in Nürnberg de facto nicht vorhanden und ihre zukünftige Entwicklung in den einzelnen Stadtteilen ist schon gar nicht prognostizierbar. Ein Umstand, der hier im nachhinein von der Jugendhilfeplanung der Stadt Nürnberg nicht besonders bedauert werden muß - wir vertreten die Auffassung, daß der Bildungsanspruch im Vorschulalter ohnehin für *alle* Kinder ohne Unterschied zu gelten hat und wir schnellstens überall dort zu bauen haben, wo Kinder ohne Kindergartenplatz leben. Für die Prioritätensetzung bei der Standortsuche und Finanzplanung hat demnach die Frage des rein rechnerischen Fehlbetrages einen sehr bedeutsamen Stellenwert.

Die inhaltliche Diskussion über die Ziele und Aufgaben des Kindergartenwesens wurde von der reinen Bedarfsplanung nach geraumer Zeit abgekoppelt - nach der pragmatischen Einsicht, "ohne Räumlichkeiten keine inhaltlichen Innovationen". Auch die Prognose bis zum Jahr 1990 hatte ihre Tücken: die Zahl der Kinder stieg in Nürnberg erheblich rascher als vorausgesagt, anstelle der rund 11.200 für 1990 prognostizierten auf ca. 13.000 Kinder. Die Folge: Obwohl das "Plansoll" aus den Jahren 1985/86 mit dem Schaffen von ca. 900 neuen Plätzen sogar leicht "übererfüllt" worden ist, zeichnete sich für 1991/92 ein großer Versorgungsnotstand ab, bei dem bei angestrebter Versorgung von ca. 85% der

3- bis 4-jährigen und bis zu 95% der 5-jährigen ca. 2.200 Kindergartenplätze weniger angeboten werden, als Kinder dieser Altersgruppe nunmehr in unserer Stadt leben. Die Realität hat auch hier die Planung ad absurdum geführt.

Die zweite Fortschreibung des Rahmenplanes, an der wir derzeit noch arbeiten, stand zu Beginn dieses Jahres 1989 daher primär unter dem Zeichen der Beseitigung von "Mangel". Die Bemühungen waren von Erfolg geprägt, als im Frühjahr 1989 der Oberbürgermeister der Stadt Nürnberg, Dr. Peter Schönlein, für alle sofort verfügbaren Standorte ein Sonderbauprogramm anordnete. Mit einer Summe von über 20 Mio DM sollen in den nächsten drei Jahren neben den ohnehin von freien Trägern geplanten, bzw. im Investitionsplan der Stadt enthaltenen Einrichtungen zusätzliche Kindergärten geschaffen werden. Um dieses Ziel zu erreichen, wurden etliche eingefahrene und vorgeschriebene administrative Verfahrens- und Planungswege auf das notwendigste Minimalmaß reduziert, also zum Teil einfach übersprungen oder parallel behandelt. Dieses schnelle und unkonventionelle Vorgehen der Jugendhilfeplanung im Ausnahmefall stieß auf viel guten Willen z.B. der Hochbau- und der Finanzverwaltung. Es gab und gibt allerdings auch "Reibungsverluste" bei anderen wichtigen Verwaltungseinheiten, die Planungsvorschriften und vorgegebene Planungsschritte als etwas unumstößliches und statisches ansehen.

"Verstöße" gegen Planungs- und Abstimmungsschritte in der Form, daß ein Kindergartenplan erarbeitet wird und parallel dazu auch schon dessen erste Realisierungsschritte in der kurzfristigen Finanz- und Bauplanung laufen, also der Plan, wenn er nach langen Beratungsverfahren formell beschlossen worden sein wird, zu Teilen schon in der Realisierung verwirklicht sein wird, werden von zentralen Planungsinstanzen möglicherweise als "existenzgefährdend" empfunden. So kann es passieren, daß der Eindruck vermittelt wird, nicht das schnelle, sofortige Handeln zum Abbau plötzlich erkannter gravierender Fehlbedarfe an Kindergärten aus sozialpolitischen Gründen steht im Vordergrund des Denkens mancher Instanzen, sondern die Planungstätigkeit im Sinne der Einhaltung ausgefeilter Verfahren selbst sei die Aufgabe.

Beide Seiten prägen die Jugendhilfeplanung; Jugendhilfeplanung muß einerseits willens und fähig sein, wohl begründete Planungsregeln für den Regelfall einzuhalten und den Bürgern und freien Trägern verständlich zu machen, sie muß andererseits im Notfall auch in der Lage sein, die Notwendigkeit des schnellen

Handelns zu erkennen, Wege zu eröffnen, in der Verwaltung zu erklären und den Politikern zu ermöglichen.

Welche Zukunftsaufgaben stellen sich für die Kindergartenplanung heute?

Im speziellen Falle der Stadt Nürnberg ist es zunächst sehr kurzfristig die Umsetzung des Sonderbauprogrammes. Als zuständiger für die Jugendhilfeplanung und als Bedarfsträger hat das Jugendamt der Stadt Nürnberg ein originäres Interesse am raschen Bau der Einrichtungen, daher müssen Wege gefunden werden, die für den Regelfall begründeten Verwaltungsabläufe zu verkürzen und zu beschleunigen.

Die mittelfristigen Aufgaben dürfen darüber hinaus nicht aus den Augen verloren werden. Trotz des Baus neuer Kindergärten herrscht gerade in dichtbesiedelten Stadtteilen mit kaum verfügbaren Bauflächen und mit den sozial schwierigeren Verhältnissen weiterhin hoher Fehlbedarf. Hier hilft nur der Mut zu Ungewöhnlichem weiter - so stellen Kindergärten im Erdgeschoß von Büro- und Wohnhäusern als Teileigentum in Nürnberg längst kein Tabu mehr dar. Auch die Schließung von Straßenteilen zu zwei Sackgassen zum Zwecke des Kindergartenbaus in der Mitte dieser Straßenteile wird erörtert. Von einer reinen Containerbauweise auf "Notgrundstücken" haben wir aber bisher abgesehen.

Reaktionen auf die zunehmende Berufstätigkeit der Frauen sind gefordert, insbesondere vor dem Hintergrund, daß angesichts sich künftig noch stärker verändernder Arbeitszeiten die momentanen Öffnungszeiten der Kindergärten mittelfristig insgesamt in Frage gestellt werden, und zwar sowohl was die Öffnungszeit 6.00 Uhr früh als auch was Öffnungszeiten über 18.00 Uhr hinaus, als auch was den Betrieb von Kindergartengruppen im Schichtrhythmus schichtarbeitender Alleinerziehender angeht. Daß in der Mittagszeit ein Kindergarten geschlossen wird, soll wohl auch bei einigen freien Trägern in Nürnberg noch vorkommen, der Regelfall ist aber sowohl bei den freien Trägern als auch bei der Kommune, daß mittags Ganztagskinder versorgt werden. Das Jugendamt und damit die Jugendhilfeplanung als Anwalt sowohl der Kinderinteressen als auch einer zufriedenstellenden familiären Lebenssituation insbesondere auch Alleinerziehender kommt in diesen Fragen der Öffnungszeiten zukünftig immer stärker und immer häufiger in einen Entscheidungsnotstand.

Neben der Aufgabe der Bedarfsermittlung und Bedarfsdeckung muß sich die Jugendhilfe- und insbesondere die Kindergartenplanung künftig stärker auch als fachpolitisches Instrument erkennen. Die derzeit gültigen Höchstgrenzen der zuschußfähigen Baukosten sind inzwischen irreal, bauwillige freie Träger, insbesondere die finanzschwächeren, sind kaum noch in der Lage Projekte zu realisieren. Die rigide Auslegung der Raumprogrammvorschriften und Freiflächenvorgaben je Kind läßt kaum noch Spielraum für den Umbau und die Umwidmung bestehender Bausubstanz in verdichteten innerstädtischen und alten Wohngebieten zu angemessenen Kosten und verhindert Kindergärten gerade dort, wo sie am notwendigsten sind. Die Modifizierung dieser - die Kindergartenplanung hemmenden- Vorgaben der Aufsichtsbehörden sind Aufgabe auch der kommunalen Politik, die Jugendhilfeplanung hat den Politikern die Argumentationsgrundlagen zu liefern.

Nun noch zu einem speziellen Problem, das Planer und Träger immer wieder beschäftigt:

Die Angst vor Überkapazitäten. Überkapazitäten wird es aus der Sicht der Jugendhilfeplanung in Nürnberg auf absehbare Zeit nicht geben. Nicht nur, daß angesichts der knappen Finanzmittel Neubauten sorgfältig abgewogen werden, die Planung ist zudem derzeit "mängelverwaltende Dienststelle". Nur in wenigen Stadtteilen sind wir im Augenblick in der glücklichen Lage, die Bedarfsgrenze auszuloten. Ansonsten können wir nur darauf hinweisen, daß selbst beim Neubau von 1.200 geplanten neuen Plätzen in den kommenden Jahren weiterhin mehr als 1.000 Plätze noch immer fehlen werden. Die Grenzen zu einer Diskussion über mögliche Überkapazitäten sind damit leider noch immer lange nicht erreicht.

Um die letzten Bedenken auszuräumen sei dennoch einmal die Vision der Überkapazität in den Raum gestellt. Dann könnten Gruppen verkleinert werden, dann könnte sich die Planung den qualitativen Fragen zuwenden, die zwar im Vordergrund stehen sollten, bislang aber aus Gründen mangelnder Kapazitäten nicht angegangen wurde. Die Entwicklung neuer *pädagogischer* Ansätze unter Einbeziehung der individuellen und Gruppenbedürfnisse, der gesellschaftlichen und nicht nur der finanziellen Rahmenbedingungen wäre endlich möglich.

Hermann Abel

DER KINDERGARTEN ENGELSBERG

Die Gemeinde Engelsberg hat derzeit 1950 Einwohner und ist das typische Beispiel einer Landgemeinde mit extremer Streusiedlungslage. Auf einer Fläche von 35qkm befinden sich 102 Ortsteile. Den Mittelpunkt der Gemeinde Engelsberg bildet der Ort Engelsberg mit ca. 800 Einwohner. Um diesen Gemeindekern sind viele Weiler und Einzelhöfe gelagert, die zum Teil bis zu 6 km vom Dorf entfernt sind.

Bis zum Jahre 1974 - damals hatte Engelsberg 1400 Einwohner - mußten die Eltern ihre Kinder in die Kindergärten der Nachbargemeinden Tacherting und Garching bringen. Die Kinder aus den Außenbereichen besuchten meist keinen Kindergarten.

Chancengleichheit für die Kinder auf dem Land und eine spürbare Entlastung für die Eltern - dies waren die beiden Hauptgründe, die die Gemeinde 1974 dazu veranlaßte, in Engelsberg einen eigenen Kindergarten zu gründen.

Die Einrichtung lief zunächst für ein Jahr probeweise im Rahmen eines Modellversuchs zur Förderung von Kindern in dünnbesiedelten ländlichen Gebieten mit dem Staatsinstitut für Frühpädagogik. Bereits in diesem ersten Probejahr schwenkte die anfängliche Zurückhaltung der Eltern in volle Befürwortung um, da sie sehr rasch feststellten, welch positiven Einfluß der Kindergarten auf die Entwicklung ihrer Kinder hatte.

Der Kindergarten bestand in den ersten Jahren aus zwei Halbtagsgruppen, die im Wochenwechsel entweder am Vormittag oder am Nachmittag zusammenkamen. Der Vorteil war dabei, daß die Kinder zu allen Tageszeiten das Geschehen auch zuhause miterleben konnten. Aus Rücksicht auf die berufstätigen Eltern in Engelsberg ging man später aber auch dazu über, vormittags zusätzlich eine dritte Gruppe einzurichten. Am Nachmittag nahmen sich die Betreuerinnen dann Zeit für die "Zwergerl", d.h. die dreijährigen Kinder, die in Engelsberg auch schon in diesem Alter ein bißchen Kindergartenluft schnuppern können.

Die Hälfte der Kinder kommt direkt aus dem Ort Engelsberg, der Rest stammt von auswärtigen Weilern oder Einzelhöfen. Während die Kinder aus dem Dorf von den Eltern in den Kindergarten gebracht werden können, mußte für die Kinder von außerhalb die Möglichkeit des Bringens und Holens geschaffen werden. Hierfür wurde ein gemeindeeigener Schulbus organisiert, der die Kleinen kostenlos abholt und wieder nach Hause fährt. Für viele Eltern ist der Kindergartenbesuch ihres Sprößlings erst durch diesen Transportservice interessant und möglich geworden.

Heute besuchen alle Kinder aus dem Gemeindebereich mindestens 2 Jahre den Kindergarten. Teilnahme an den Kindergartengruppen - für die "Zwergerl", aber auch für die Vierjährigen, bedeutet meist den ersten Schritt in die Eigenständigkeit. Hier lernen sie das Leben in der Gemeinschaft kennen, finden neue Freunde, werden in der Sprachentwicklung gefördert und pädagogisch auf die Schule vorbereitet. Besonders stolz sind wir in diesem Zusammenhang auf die Tatsache, daß eine Logopädin regelmäßig unsere Kinder im Kindergarten betreut. Sie beugt, wenn es notwendig ist, möglichen sprachlichen Fehlentwicklungen vor.

Im Durchschnitt haben etwa zehn Prozent der Kinder Probleme im sprachlichen Bereich. Früher lag der Anteil um ein Vielfaches höher. Gerade was die sprachliche Erziehung im Hinblick auf die Einschulung betrifft, leistet der Kindergarten bei uns somit wertvolle Vorarbeit. Neben der Pflege des Dialekts wird natürlich auch die Schriftsprache gefördert, so daß sich dadurch die Schwierigkeiten vieler Kinder in den ersten Grundschuljahren reduziert haben.

Nicht reduziert sondern erhöht hat sich demgegenüber der Anteil der Kinder, die bereits in den ersten Schulklassen ein Musikinstrument erlernen wollen. Wir führen dies nicht zuletzt darauf zurück, daß eine speziell ausgebildete Musiklehrerin die Kleinen spielerisch an Melodie, Rhythmik und Harmonie heranführt, so daß schon im Kindergartenalter ein Bezug zur Musik entstehen kann.

Gespräche, Besuche, Info-Abende - die Zusammenarbeit zwischen Eltern und Kindergartenpersonal wird groß geschrieben. In einer Gemeinde wie Engelsberg, mit extremer Streusiedlung, sind Kindergarten und Schule Orte der Begegnung und der Kommunikation. Innerhalb eines Jahrzehnts ist die 1950-Seelen-Gemeinde um knapp ein Drittel angewachsen. Gerade auch für die neu zugezogenen Familien ist damit der Kindergarten auch eine Art Integrationsfaktor geworden. Die Eltern lernen sich ja praktisch durch ihre Kinder kennen. Das beginnt bereits in der "Zwergerl-Gruppe", wo die Mütter und Väter ihre Sprößlinge meist noch begleiten.

Der ursprünglich im Erdgeschoß der Grundschule untergebrachte Kindergarten ist mittlerweile längst zu klein geworden. 1985 ist daher ein neuer Kindergarten durch die Pfarrei gebaut worden. Die Verwaltung des Kindergartens wird nach wie vor von der Gemeinde durchgeführt.

Welch hohen Stellenwert der Kindergarten in der kommunalen Sozialpolitik hat, zeigt sich auch darin, daß der Engelsberger Gemeinderat im Frühjahr dieses Jahres die völlige Gebührenfreiheit des Kindergartens beschloß. 40.000 DM hat sich die Gemeinde Engelsberg jährlich zusätzlich an Kosten aufgebürdet, zehn Prozent der freien Finanzmittel im Haushalt werden damit zu Gunsten von Kindern und Familien gesetzt.

Anton Forster

DER KINDERGARTEN DER STADT SPALT
- EIN BEISPIEL FÜR DIE GESCHICHTE UND TRADITION EINES BAYERISCHEN KLEINSTADTKINDERGARTENS

Daß schon recht bald nach dem Erlaß der ersten rechtlichen Bestimmungen zum Kindergartenwesen in Bayern durch König Ludwig I. nicht nur in den Groß- und Industriestädten sondern auch in kleineren Städten und Gemeinden die Errichtung von "Kinderbewahranstalten" angeregt wurde, zeigt die Geschichte des Kindergartens in der mittelfränkischen Stadt Spalt (Landkreis Roth).
So geht die Frage der Errichtung einer sog. "Kinderbewahranstalt" in der Stadt SPALT ursprünglich schon in das Jahr 1852 zurück. Aus alten Aktenunterlagen ist zu entnehmen, daß das Königliche Landgericht Pleinfeld bereits am 6. Juni 1852 schriftlich an die Stadt wegen der Errichtung einer Kinderbewahranstalt herangetreten ist.
Der damalige Stadtmagistrat stand diesem Anliegen jedoch ablehnend gegenüber. In seinem Antwortbrief ist zu lesen, daß die Institution der Kleinkinderbewahranstalten wohl gut für größere Städte und Fabrikorte und dort besonders zu empfehlen sei, in kleineren Orten (zu denen Spalt zählte) deren Einführung indessen nicht unbedingt notwendig wäre. Auch im Mai 1861 wird zur Frage der Kinderbewahranstalt in einem Bericht an das Königl. Bezirksamt noch Fehlanzeige in gleichlautendem Sinne erstattet.

Es dauerte dann noch 15 Jahre - bis zum Jahre 1876 - bis ein echtes Interesse für die Errichtung einer Kleinkinderbewahranstalt entstanden war. Vom Magistrat wurden die Städte Nürnberg, Schwabach, Weißenburg, Hilpoltstein und Freystadt angeschrieben, um von dort Näheres über die Finanzierung solcher Einrichtungen zu erfahren. Gleichzeitig wurde auch mit der Generaloberin der Armen Schulschwestern in München bei St. Jakob am Anger Verbindung aufgenommen, ob das Mutterhaus bereit und in der Lage wäre, das notwendige Personal für eine Kinderbewahranstalt zur Verfügung zu stellen. Von einigen der angeschriebenen Städte gingen im Grundsatz positive Antworten ein; von der Stadt Nürnberg dazu beispielsweise die Abschrift einer Regierungsentschließung vom 15.11.1839 an die Distrikt-, Polizei- und Schulbehörden, in der auf 11 Seiten Vorschriften über die Errichtung und Beaufsichtigung der Kleinkinderbewahranstalten übermittelt wurden.

Die Stadt Schwabach übersandte damals ihr Gründungsprotokoll vom 24. März 1837 als Beratungsgrundlage und dazu auch eine sehr umfangreiche Benützungsordnung über den Zweck und den Sinn dieser Kinderbewahranstalten.

Am 19. Juli 1876 erging seitens des Stadtmagistrats unter dem damaligen Bürgermeister Richard Dauber und dem Stadtschreiber Ottmar Ehard ein allgemeiner Aufruf über den Sinn und Zweck sowie die Notwendigkeit einer solchen Einrichtung. Unter anderem hieß es in diesem Aufruf:

"Wem fällt nicht der Unterschied auf, der zwischen Kindern stattfindet, die schon vor der Schulzeit eine sorgsame Aufsicht und Erziehung genießen und solchen, die wegen der Umstände ihrer Eltern sich selbst überlassen sind. Die Eltern der ärmeren Volksklasse müssen dem kärglichen Verdienst ihrer Hände nachgehen und ihre noch nicht schulpflichtigen Kleinen entweder daheim einschließen, wo sie leiblich und geistig verkümmern, oder sie müssen ältere Geschwister von der Schule zurückhalten, die dann mitverwahrlost werden, oder sie auf gut Glück der Straße überlassen, wo der noch weiche Körper leicht auf Lebenszeit zu Schaden kommen kann, noch mehr aber die bis zum 6. Jahr doch auch schon eine Richtung annehmende junge Seele allen moralisch verderblichen Einflüssen der Straße ausgesetzt, in frühesten Jahren jenen ungebundenen rohen Straßengeist einatmet, der einem Teil unserer Werk- und Sonntagsschuljugend wie zur anderen Natur geworden ist."

Am 20. Juli 1876 wurde der Königl. Bayer. Regierung von Mittelfranken, Kammer des Innern, in Ansbach das Ansuchen um die Errichtung einer Kleinkinderbewahranstalt vorgetragen. Eingeschaltet wurde aber auch das Zentral-Kapitel des St. Johannisvereins, einer damals kooperativen Stelle für die Kinderbewahranstalt-Förderung. Mit Schreiben vom 23. Juli 1876 erfolgte seitens des Generalrats der Armen Schulschwestern der Stadt gegenüber eine grundsätzliche Zusage über die Personal-Bereitstellung hierfür.

Der Schriftwechsel mit der Regierung und den verschiedenen sonstigen Stellen zog sich dann längere Zeit hin. Am 8. September 1876 hielt Stadtschreiber Ottmar Ehard vor dem Magistrat und dem Gemeindekollegium einen Vortrag, der in der gemeinsamen Sitzung beider Gremien zwei Tage später endgültig zu einer verbindlichen Beschlußfassung mit einem nachfolgenden formellen Antrag an das Königl. Bezirksamt Schwabach führte. Mit Schreiben vom 6.12.1876 wurde auch seitens des Bischöflichen Ordinariats an die Königl. Bayer. Regierung von Mittelfranken, Kammer des Innern, in Ansbach die Errichtung einer Kinderbewahranstalt in Spalt begrüßt und unterstützt.

Am 15. Januar 1877 erging vom damaligen Regierungspräsidenten Feder über das Bezirksamt Schwabach ein Zustimmungsbeschluß.

Die endgültige Genehmigung für die Errichtung der Kinderbewahranstalt erfolgte dann mit Schreiben des Königl. Bayer. Staatsministeriums des Innern, Abteilung für Kirchen- und Schulangelegenheiten vom 10. Januar 1878. In diesem Schreiben ist vor allen Dingen auch darauf abgestellt, daß vor der Inbetriebnahme des Kindergartens zwischen dem Stadtmagistrat und dem Generalat der Armen Schulschwestern von U.L.Fr. in München ein entsprechender Betreuungsvertrag abgeschlossen werden muß. Dieser Vertrag kam dann am 3. April 1878 zustande. Vorausgehend hatte der Stadtmagistrat mit entsprechender Genehmigung unterm 22.3.1878 bereits eine Satzung, "Statuten der Kinderbewahranstalt in Spalt" erlassen. Aus dieser Satzung geht hervor, daß die Kinderbewahranstalt nicht als öffentliche Einrichtung betrieben wurde, sondern als private Anstalt zu führen war, d.h. die Kassenführung getrennt vom allgemeinen Haushalt der Stadt zu erfolgen hatte und lediglich der Stadtrat einmal im Jahr mit dem Ergebnis im Hinblick auf etwaige Bezuschussungen beschäftigt wurde.

Vor Eröffnung des Kindergartens waren verschiedene Umbaumaßnahmen erforderlich, da sich im Kindergartengebäude (d.h. im Kloster) auch noch Schulräume befanden. Der am 3. April 1878 mit dem Mutterhaus der Armen Schulschwestern abgeschlossene "Kontrakt" galt dann die ganze Betreuungszeit hindurch - sehr zum Vorteil der Gemeinde - fort.
Die Benützungszeiten des Kindergartens waren damals werktäglich von früh 7.00 bis abends 18.00 Uhr und im Sommer sogar bis 19.00 Uhr festgelegt. Im Laufe der Jahre hat sich diese Benützungszeit - auch im Interesse der Kinder - gewandelt, d.h. verringert und 1906/1907 ist aus dem Jahresbericht über die Kinderbewahranstalt zu entnehmen, daß der Kindergarten von 8.00 - 11.00 Uhr vormittags und von 12.00 - 16.00 Uhr nachmittags im Winter und im Sommer bis 18.00 von Montag bis einschließlich Samstag geöffnet war. Die Gebühren dieser Zeit waren außerordentlich niedrig und die Entlohnung der Schwestern so festgelegt, daß die eingehenden Benützungsgebühren deren Entschädigung decken mußten. Nur der Sachbedarf war mehr oder weniger Aufgabe des Kindergartenträgers. Die Rechnung der Kinderbewahranstalt wurde dem damaligen Magistrat z.B. für das Jahr 1891 mit folgenden Zahlen unterbreitet:

Einnahmen	1242,16 M
Ausgaben	1125,75 M
Kassenbestand	116,41 M

1920 (also 30 Jahre später bereits) betrug die Besoldung der Kindergartenleiterin beispielsweise für das ganze Kalenderjahr 900.- Mark.

Einen harten Einschnitt in die Geschichte des Städt. Kindergartens und des Klosters der Armen Schulschwestern brachte auch in Spalt das Jahr 1937. Wie im III. Reich üblich, wurden auch in Spalt alle Schwestern aus dem Schuldienst entfernt. In der Umsetzung dieser parteipolitischen Entscheidung stellte die NSV-Kreisleitung beim Stadtrat den Antrag, daß sie ab 1.4.1937 den Städt. Kindergarten übernehmen kann. In seiner Sitzung am 25.3.1937 entschied der Bürgermeister nach Anhörung der Ratsherrn (wie es nach dem Führerprinzip so schön hieß), daß im Benehmen mit der NSV festgelegt wird, daß der Vertrag der Stadt Spalt mit dem Mutterhaus der Armen Schulschwestern mit einjähriger Kündigungsfrist zum 31.3.1938 zu kündigen ist. Gleichzeitig wurde aber auch die Festlegung getroffen, daß unter Fortzahlung der vereinbarten Vergütung von mtl. 30.- RM die Schwestern ihre Tätigkeit bereits zum 1.4.1937 einzustellen hätten. Die NSV erstattete dann für die Zeit vom 1.4.37 - 31.3.1938 der Stadt diese Personalkosten.

So ist auch der Auszug der Schwestern aus dem Kloster, ihre private Unterbringung und Versorgung in Spalt und der damit verbundenen schweren Zeit für den Schwestern-Konvent ein Teil der Geschichte des Kindergartens in Spalt. Nur durch den Unterricht in Schreibmaschine, Steno usw. war es den Schwestern damals möglich, sich durchzuschlagen.

Während des Krieges wurden die Räume des Klosters zweckentfremdet und anderweitig genutzt. Eine Nürnberger Augenklinik, die zwangsevakuiert war, wurde dort untergebracht.

Am 10. Juni 1945, d.h. bereits wenige Wochen nach dem Zusammenbruch, faßte der Stadtrat von Spalt den Beschluß, daß der Kindergarten möglichst bald wieder unter der Leitung der Klosterschwestern eröffnet werden sollte. Als Räumlichkeiten hierfür wurde damals das ehemalige Gastzimmer der alten Brauerei am Spitzenberg zur Verfügung gestellt. Damit war der Wiederbeginn des Kindergartens unter klösterlicher Leitung gesichert. Später erfolgte dann die Rückkehr in die alten Schul- bzw. Kindergartenräume des Mädchenschulhauses.

Waren es vor dem 2. Weltkrieg grundsätzlich nur klösterliche Schwestern, die die Kinderbetreuung durchführten, so mußten ab 1945 mangels Schwesternnachwuchs bereits weltliche Kräfte hilfsweise herangezogen werden.

Im Laufe der Jahre 1963-1970 wurden verschiedene kleinere Verbesserungen des Kindergartens herbeigeführt. 1972 schließlich kamen die ersten Überlegungen und Planungen für eine grundsätzliche Verbesserung der Kindergartenunterbringung auf. Eine Beschleunigung dieses Entscheidungsprozesses brachte das Bayer. Kindergartengesetz aus dem Jahre 1972. Dort wurden als Voraussetzung für die finanzielle Förderung von Kindergärten im Sach- wie auch im Personalaufwand zwingend Mindestvoraussetzungen für die Anerkennung als Kindergarten durch die Aufsichtsbehörden verlangte.

Jedoch erst in seiner Sitzung am 20.4.1976 faßte der Stadtrat Spalt den einstimmigen Beschluß, einen Architekten mit der Planung und dem Umbau des ehemaligen Mädchenschulhauses, zu einem modernen Kindergarten zu beauftragen.

Dem Stadtrat fiel die Entscheidung nicht leicht. Es galt im Interesse von Kindern, Eltern und Gemeinde abzuwägen, ob ein völlig neuer Kindergarten "im Grünen" errichtet werden sollte oder ob das ehemalige Kanoniker-Haus, für das die Stadt die Instandhaltungs- und Unterhaltspflicht hat, nach einem Umbau weiterhin in der sinnvollen Nutzung des Kindergartens bleiben sollte. In knapp 2-jähriger Bauzeit wurde der gesamte Umbau durchgeführt.

Während der Baumaßnahme mußte für den Kindergarten eine Ausweichunterkunft gefunden werden. Überlegungen über eine Auslagerung des Kindergartenbetriebs, etwa in das ehemalige Schulhaus einer Nachbargemeinde standen zur Diskussion. Dank des Entgegenkommens der Schulleitung und des Lehrkörpers der Volksschule Spalt war es aber möglich, in Nebenräumen des Zentralschulhauses den Kindergartenbetrieb, wohl etwas eingeschränkt, aber dafür außerordentlich kostensparend, aufrecht zu erhalten bzw. fortzuführen und diese Bauzeit zu überbrücken.

Am 20. August 1978 konnte der Kindergarten in sein altes Gebäude, allerdings mit neuen Räumen und völlig neuer Einrichtung zurückgekehrt. In und mit diesen neuen Kindergartenräumen wurde es so auch möglich, neuen Bedürfnissen Rechnung zu tragen und z.B. für Kinder berufstätiger Mütter und für auswärtige Kinder zumindest in gewissem Umfang eine Ganztagsbetreuung zu gewährleisten.

Die Zusammenarbeit zwischen Kindergarten und Grundschule ist ein fester Bestandteil der Kindergarten- und Schularbeit. Die in das Schulpflichtalter kommenden Kinder haben rechtzeitig die Möglichkeit, durch Besuche mit ihrer Erzieherin die Schule und den Schulbetrieb kennenzulernen.

Der Kindergarten ist heute als eine Einrichtung zu betrachten, die der Gesamtbevölkerung dient.

Ausdruck findet dies auch bei einem jährlich stattfindenden Kindergartenfest, bei dem die Kinder aktiv mitwirken und bei dem die gesamte Bevölkerung regen Anteil nimmt und nicht nur die Eltern und Großeltern der Kindergartenkinder.

Da die Kindergartengebühren die Personal- und Sachaufwendungen nicht decken, sind die Zuschußmittel recht erheblich, aber doch eine gute Kapitalanlage. Im Jahre 1988 betrugen sie pro Kind etwa 1.000.-- DM, das waren insgesamt rund 125.000.-- DM Jahreszuschuß.

IV. Forschung, Lehre und Ausbildung in der Frühpädagogik in Bayern

Michaela Ulich & Pamela Oberhuemer

FORSCHUNG IM WANDEL: ARBEITSSCHWERPUNKTE AM STAATSINSTITUT FÜR FRÜHPÄDAGOGIK UND FAMILIENFORSCHUNG

Bildungspolitischer Kontext der Institutsgründung

Gegen Ende der sechziger Jahre rückten in den Industrieländern Fragen der Früherziehung und der Bedeutung der ersten Lebensjahre für die weitere kindliche Entwicklung in den Vordergrund des öffentlichen und bildungspolitischen Interesses. Gründe dafür waren u.a. gesellschaftspolitische Motive, neuere Forschungsergebnisse zu frühkindlicher Entwicklung und Bildungschancen und auch wirtschaftspolitische Überlegungen. In der Bundesrepublik Deutschland begann in dieser Zeit eine euphorische Reformdiskussion über Formen und Inhalte der Vorschulerziehung. In diesem Kontext ist die Bildung einer Kommission durch das Bayerische Staatsministerium für Unterricht und Kultus im Jahre 1969 zu sehen, die sich mit Fragen der Vorschulerziehung befassen sollte. Daraufhin wurde eine "Projektgruppe Vorschulerziehung" 1970 in München gegründet, die dann Vorarbeiten für das im Januar 1972 gegründete Institut für Frühpädagogik (IFP) - nach 1974 Staatsinstitut für Frühpädagogik - leistete.

Aufbau und Konsolidierung frühpädagogischer Schwerpunkte

Zentral für die Konzeption des Instituts war ein enger Theorie-Praxis-Bezug. Aufgrund neuester Forschungserkenntnisse in den für die Früherziehung relevanten Wissenschaftsdisziplinen (z.B. Pädagogik, Entwicklungspsychologie, klinische Psychologie, Soziologie) sollte - so die Formulierung in der Gründungsverordnung 1974 - in enger Verbindung mit der Praxis an der ständigen Weiterentwicklung der Frühpädagogik gearbeitet werden. Dieser Auftrag wurde schon im Bayerischen Kindergartengesetz vom 25. Juli 1972 gesetzlich verankert.

Die konkreten Arbeitsgebiete des Staatsinstituts bezogen sich noch bis Mitte der achtziger Jahre primär auf den Elementarbereich. Sie umfaßten:
- Modellversuche zu bildungspolitisch "brisanten" Fragestellungen (z.B. die "Zuordnung der Fünfjährigen", Kooperation zwischen Kindergarten und Grundschule, die Integration ausländischer Kinder, die gemeinsame Förderung behinderter und nichtbehinderter Kinder)

- Curriculumforschung und -entwicklung (z.B. Musik- und Bewegungserziehung, ästhetische Erziehung, sittlich-religiöse Entwicklung und Erziehung,)
- präventive und kompensatorische Erziehung (z.B. pädagogisch-therapeutisches Arbeiten mit verhaltensauffälligen Kindern, die Förderung von Kindern aus Steusiedlungen und Einödhöfen)
- Fragen zur kindlichen Entwicklung (z.B. Entwicklung und Förderung von sozialem Verständnis und sozialer Handlungsfähigkeit bei Kindern im vorschulischen Alter)
- Professionalisierung im Erzieherberuf (z.B. berufsbegleitende Fortbildungsprogramm für Erzieherinnen und Sozialpädagoginnen)
- Elternarbeit und Elternbildung (z.B. Eltern-Kind-Programm, Präventives Elterntraining).

Familienforschung als erweiterter Aufgabenbereich

In den 80er Jahren wurde die fortschreitende Veränderung der Entwicklungsbedingungen und des Erziehungskontextes von Kindern immer deutlicher. Wissenschaftliche Erkenntnisse, demographische und sozialpolitische Entwicklungen und ein zunehmender "Praxisdruck" machten eine Neuorientierung unabdingbar. Forschung zur Entwicklung und Erziehung von *Kindern* muß in Bezug zu Forschung zur Entwicklung der *Familie* gesehen werden, eine systemische Sichtweise, die eine Analyse der sich wandelnden familialen Lebensformen voraussetzt. Diese Neuorientierung führte schließlich zu einer offiziellen Erweiterung des IFP. Zu einer "Abteilung Frühpädagogik" kam nun eine "Abteilung Familienforschung" hinzu. Mit einer neuen Gründungsverordnung vom 1.1.1986 wurde das Institut umbenannt in Staatsinstitut für Frühpädagogik und Familienforschung. Das Bayerische Staatsministerium für Unterricht und Kultus bleibt dienstvorgesetzte Behörde des Instituts mit Fachaufsicht über den Schwerpunkt Frühpädagogik. Die Fachaufsicht über die Abteilung Familienforschung liegt beim Bayerischen Staatsministerium für Arbeit und Sozialordnung.

Darstellung ausgewählter Arbeitsschwerpunkte

1. Der Übergang vom Kindergarten zur Grundschule (1972-1984)

Im Rahmen des neu entdeckten Interesses für Fragen der Vorschulerziehung wurde der Übergang in die Schule thematisiert (vgl. Strukturplan für das Bildungswesen 1970; Bildungsgesamtplan 1973). Zunächst wurden in Bayern und in anderen Bundesländern Modellversuche durchgeführt, die die Frage der "Zuordnung der Fünfjährigen" klären sollten. So wurde das Institut schon im Gründungsjahr 1972 mit der wissenschaftlichen Begleitung von zwei Modellversuchsreihen beauftragt: *Modellkindergärten* und *Eingangsstufen in den Primarbereich.*

In einer Zwischenbilanz (1976) dieser bundesweit umfangreichen Feldforschung kam die Bund-Länder-Kommission für Bildungsplanung zu dem Schluß, "daß der Besuch einer vorschulischen Einrichtung für die Förderung der Gesamtpersönlichkeit bedeutsamer ist als der Besuch einer bestimmten Art vorschulischer Einrichtung". Durch Kontinuität der Inhalte und Vermittlungsformen, Zusammenarbeit und gemeinsame Fortbildung von Erzieher/innen und Lehrer/innen sowie eine enge Zusammenarbeit zwischen den Bildungseinrichtungen und den Eltern sollte jedoch einen "gleitenden Übergang" angestrebt werden.

Diese waren die Ziele eines nachfolgenden Modellversuchs in den Jahren 1979 bis 1982 zur verstärkten *Kooperation zwischen Kindergarten und Grundschule,* der in 16 Kindergärten und 16 Grundschulen in Bayern angesiedelt war. Im Rahmen eines Handlungsforschungsansatzes wurde in enger Zusammenarbeit mit den beteiligten Pädagogen eine Optimierung der Übergangspraxis in personellen, didaktisch-methodischen und organisatorischen Fragen angestrebt. Diese umfaßte u.a. eine enge Zusammenarbeit zwischen den Erzieherinnen und Lehrerinnen durch gegenseitige Hospitationen in der jeweils benachbarten Bildungseinrichtung; Besprechungen und Konferenzen; schulbezogene Aktivitäten mit Kindergartenkindern; Angebote für Kinder ohne Kindergartenbesuch; Innovationen im Unterricht (Raumgestaltung, Materialangebot, Spielphasen usw.); gemeinsame Zusammenarbeit mit den Eltern; Veranstaltungen für Kinder und Eltern (u.a. Schuleinschreibung, Tag der offenen Tür in der Schule, gemeinsame Festgestaltung).

Erfahrungen und Ergebnisse dieses Modellversuchs haben zur Einführung wichtiger bildungspolitischer Maßnahmen geführt, z.B. eine Empfehlung zur Kooperation des bayerischen Kultusministeriums an alle Kindergärten und Grundschulen (1980); entsprechende Hinweise im Grundschullehrplan (1981); Berücksichtigung in der Prüfungsordnung der Ausbildungsstätten im Vor- und Grundschulbereich; Fortbildungsveranstaltungen durch Trägerverbände und Schulämter. Dennoch bieten die Rahmenbedingungen im Alltag der Einrichtungen noch zu wenig Raum für eine zufriedenstellende Zusammenarbeit.

2. Verhaltensprobleme und Entwicklungsstörungen im vorschulischen Alter (1974 bis heute)

Modelle und Modellversuche zur pädagogisch-therapeutischen Arbeit mit verhaltensauffälligen Kindern im Kindergarten sind seit den 70er Jahren ein wichtiger Teil der Institutsarbeit. Wesentlich dabei war die Erkenntnis, daß viele Verhaltensstörungen bereits im Kindergarten auftreten und die davon betroffenen Kinder dringend fachkompetente und gezielte Unterstützung brauchen, um weitere Entwicklungsaufgaben zu bewältigen. Mitte der 70er Jahre wurde ein Modellversuch "Therapeutisches Interventionsprogramm im Schulkindergarten" durchgeführt, in dem Verfahren zur *Früherkennung* von "Gehemmtheit" und *pädagogisch-psychologische Interventionsmöglichkeiten* zu diesem Symptombereich entwickelt wurden. Dieser Bereich wurde deshalb gewählt, weil Befragungen erbracht hatten, daß die Probleme von gehemmten Kindern von Erzieher/innen weniger beachtet werden als die Probleme von gruppenstörenden, aggressiven Kindern.

In einem weiteren Modellversuch wurde dann eine Fortbildungskonzeption für das pädagogische Fachpersonal im Elementarbereich entwickelt. Die Erzieher/innen sollten befähigt werden, im Kindergarten präventiv zu arbeiten, d.h. bei auftretendem Problemverhalten einzelner Kinder rechtzeitig pädagogisch-psychologische Maßnahmen einzusetzen, um das Entstehen dauerhafter Verhaltensstörungen oder psychischer Fehlentwicklungen möglichst zu verhindern oder abzubauen. Zwei Schwerpunkte wurden erarbeitet: (a) Das Kind in der Gruppe: Erfassen und Verändern von Erzieher-, Gruppen- und Kindverhalten, und (b) Das Kind in der Familie: Kontakte zu den Eltern durch gezielte Gespräche.

In den 80er Jahren wurden sowohl epidemiologisch orientierte empirische Studien über verschiedene Entwicklungsprobleme im vorschulischen Alter - wie z.B. Sprachstörungen und Hyperaktivität - durchgeführt, als auch bildungspolitische Fragestellungen zur *Integration behinderter Kinder* bearbeitet. In einem vom Bundesministerium für Bildung und Wissenschaft geförderten Modellversuch "Gemeinsame Förderung behinderter und nichtbehinderter Kinder im Elementarbereich" (1984-1987) wurden sowohl strukturelle Bedingungen der Integration (Rahmenbedingungen, Organisationsformen, institutionelle Umwelt) erforscht, als auch Arbeitsformen zur sozialintegrativen und zur behinderungsspezifischen Förderung entwickelt und erprobt.

Der rote Faden in all diesen Projekten ist die Bemühung um Kinder mit Verhaltens- und Entwicklungsstörungen. Der Ansatz entwickelte sich von einer klassischen verhaltenstherapeutischen Orientierung am Symptom und an der Verhaltensmodifikation zum Konzept einer präventiven Frühpädagogik mit stärkerer Akzentuierung von Interaktionsprozessen, Beziehungsstrukturen und sozialen Systemen. Gegenwärtig wird ein Forschungvorhaben mit den Eltern von behinderten Kindern in Integrationskindergärten geplant. Dabei sollen nicht nur die Familien mit behinderten Kindern, sondern der "Integrations-Kindergarten" als Stützsystem im Mittelpunkt des Forschungsinteresses stehen.

3. Ausländische Kinder und Familien (1975 bis heute)

Fragen der Integration und Förderung von Migrantenkindern, der *gemeinsamen Erziehung ausländischer und deutscher Kinder* sind seit Mitte der siebziger Jahre bis heute ein besonderer Schwerpunkt der Institutsarbeit.

Aufbauend auf wissenschaftlichen Arbeiten zur *bilingual-bikulturellen Erziehung* wurde in den Jahren 1975-1983 ein vom Bundesministerium für Bildung und Wissenschaft geförderter Modellversuch durchgeführt. Es wurden binationale Kindergruppen gebildet (jeweils deutsch-türkisch, deutsch-jugoslawisch, deutsch-griechisch, deutsch-italienisch), die von einer deutschen Erzieherin und einer ausländischen Erzieherin der jeweiligen Nationalität betreut wurden. Das Ziel war die bilingual-bikulturelle Erziehung ausländischer Kinder und die interkulturelle Förderung deutscher Kinder. Die Ergebnisse dieses Modellversuchs und deren praktische Umsetzung werden in 7 Praxisheften ausführlich dargestellt. Obgleich die in diesem Projekt geforderten Rahmenbedingungen (Einrichtung binationaler Kindergruppen, Einstellung ausländischer Erzieher/innen) nicht bundesweit akzepiert wurden, so ist doch mittlerweile das Ideal der bilingual-bikulturellen Entwicklungsmöglichkeiten von Migrantenkindern heute kaum noch umstritten.

Zwei anders konzipierte Projekte zur *interkulturellen Erziehung* wurden ebenfalls vom Bund gefördert. In einem ersten Schritt (1981-1984) wurde eine umfangreiche Materialsammlung von Kinderliteratur und Kinderkultur entwickelt, mit Quellen (Spiele, Lieder, Texte, Illustrationen usw.) aus den Ländern Italien, Jugoslawien, Griechenland, Türkei, Spanien und Portugal. Das flexibel einsetzbare, reichhaltige Angebot für unterschiedliche Zielgruppen wurde in national gemischten Kindergartengruppen erprobt und in Handbüchern für die Praxis (Kindergärten, Grundschulen, Bibliotheken, Kulturstätten) aufbereitet. Ergänzend zu diesen Printmedien werden in einem weiteren Schritt (1988-1991) Videokassetten und Tonkassetten produziert, die am Beispiel der Länder Türkei und Italien exemplarische Ausschnitte traditioneller und moderner Kinderkultur, Kinderliteratur, Kindertheater und Kinderfilm für deutsche, türkische und italienische Kinder in Familien und für den Einsatz in national gemischten Kindergruppen aufbereiten.

Ein familiensoziologisch orientiertes Forschungsprojekt zum Themenbereich Migration wird in Kooperation mit dem Seminar für Soziologie der Universität Bonn durchgeführt. Dieses Projekt (das 1984-1990 von der Deutschen Forschungsgemeinschaft gefördert wird) befaßt sich mit dem *migrationsbedingten Wandel* speziell *in türkischen Familien* und - in einer interkulturell vergleichenden Perspektive - mit Unterschieden in der Familienstruktur bei deutschen und türkischen Familien. Es handelt sich um die erste größere systematische Untersuchung der Familien von Arbeitsmigranten und um die erste interkulturell vergleichende Untersuchung zwischen einem Herkunfts- und einem Aufnahmeland.

4. Kreativitätserziehung (1972 bis heute)

Beispielhaft für den Bereich der ganzheitlichen Förderung und Kreativitätserziehung wird zunächst die Arbeit zur *Musik- und Bewegungserziehung im Elementarbereich* skizziert, ein Schwerpunkt, der bereits bei der Gründung des Instituts etabliert wurde und seitdem fester Bestandteil der Institutsarbeit ist.

Leitgedanke für die theoretische und praktische Arbeit sind die Grundsätze einer *elementaren* Musik- und Bewegungserziehung. Die Arbeit zielt auf die Kommunikations- und Ausdrucksebene in den Medien Musik, Bewegung, Bild und Sprache und nicht auf eine spezialisierende Kunsterziehung.

Bei der Entwicklung von Konzepten und praktischen Anregungen für die Musik- und Bewegungserziehung im Elementarbereich wurden unterschiedliche Themenschwerpunkte erarbeitet: Bewegung als Mittel zur Bildung des Körpergefühls, Kommunikationsübungen, musikalisches Symbolverständnis, Sensibilisierung der Sinne und des sozialen Erlebens, erstes Spiel mit Orff-Instrumenten, darstellendes Spiel, Verbindung und Umsetzung der Ausdrucksformen Musik, Bild, Bewegung und Sprache. In Zukunft sollen die Grundsätze der elementaren Musikpädagogik auch für Familien aufbereitet und zugänglich gemacht werden. Familienbezogene und z.T. therapeutische Ansätze, die die Kommunikationsfähigkeit unterstützen sollen, sind vielversprechende Perspektiven für ein erweitertes Verständnis von Musikpädagogik.

Ähnlich umfassende und praxisrelevante Entwicklungsarbeiten wurden im Bereich der *Ästhetischen Erziehung* geleistet. Auch hier geht es nicht um Kunsterziehung im engeren Sinne, sondern um ganzheitliche Förderung, Ich-Stärkung, Sensibilisierung des sozialen Erlebens, Entwicklung der gestalterischen Fähigkeiten und des Ausdruckswillens. In Zusammenarbeit mit Erzieher/innen wurden zahlreiche Aktionen entwickelt, erprobt und publiziert. Hier sei nur beispielhaft ein Projekt genannt, "Naturhäuser - Ökologie - Erziehung", das in jüngster Zeit bundesweit positive Resonanz gefunden hat: Im Freigelände wird von Kindern (und Erwachsenen) ein "Naturhaus" aus Ästen und Zweigen gebaut, dessen Außenwände bepflanzt werden. Dieses Projekt kann Kinder über Monate hinweg immer wieder faszinieren. Das Haus wächst allmählich zu und die Kinder können es einrichten und mit Eltern und Nachbarn ein "Richtfest" feiern. Wesentlich ist hier der Gedanke vom Haus als "dritte Haut", von der Natur als ein Teil des Menschen, der kultiviert werden kann, sichtbar und erfahrbar.

5. *Der Blick auf die Familie: erste Arbeiten in der Familienforschung*

Bereits Anfang der 80er Jahre entwickelte sich am IFP ein Arbeitsschwerpunkt "Familienforschung". Ein wesentliches Anliegen damals und heute ist die systematische Erforschung des familialen Wandels mit all seinen psychologischen und sozialen Konsequenzen. Die Entwicklung von weiterführenden familienstützenden Konzepten setzt nicht nur fundierte Kenntnisse über die Veränderungen in der und um die Familie voraus, sondern auch eine Auseinandersetzung mit traditionellen Sichtweisen, Schulenbildungen und Ideologien, die den Blick auf komplexe Entwicklungsprozesse, Bedürfnisse und Probleme von Familien heute verstellen.

Ein erster Arbeitsschwerpunkt befaßte sich mit *Konsequenzen der Scheidung für Eltern und Kinder.* Trotz der deutlich steigenden Scheidungsraten wurde noch Anfang der 80er Jahre - mit Ausnahme der Diskussion um juristische oder finanzielle Fragen - Scheidung primär als privates, individuelles Problem betrachtet. Familienkrisen waren Anlaß für therapeutische Intervention und nicht für die Entwicklung präventiver, familienstützender Konzepte und Maßnahmen. In einer 1982 erschienenen Monographie wird der internationale Forschungs- und Diskussionsstand präsentiert und ein Familienentwicklungsmodell erarbeitet, das

Scheidung nicht als einmaliges, traumatisches und dann endgültig zu regelndes Ereignis konzipiert, sondern als Folge komplexer Ereignisse und Prozesse, die vielfältige Anpassungsleistungen und Bewältigungsstrategien erfordern und alle Familienmitglieder und deren Netzwerke betreffen. Dies führt u.a. zur Problematisierung gängiger Sorgerechtspraktiken, zur Betonung der gemeinsamen elterlichen Verantwortung auch nach der Scheidung.

Ein zweiter Schwerpunkt der ersten Forschungsarbeiten zum Thema Familie war die *Rolle des Vaters in der kindlichen Entwicklung*. Die bis heute vorherrschende z.T. ideologische Fixierung auf das Verhältnis Mutter-Kind entspricht nicht der tatsächlichen Familiendynamik, sie übersieht die Bedeutung des Vaters für die Entwicklung des Kindes, und sie macht Familienprobleme zu Frauenproblemen - eine Sichtweise, die die Bedürfnisse und Rechte von Kindern, Frauen und Männern verkennt. In einem zweibändigen Werk über "Väter" wurden schwerpunktartig die Vater-Kind-Beziehung, die Rolle des Vaters in unterschiedlichen Familienstrukturen und anwendungsbezogene Aspekte der Vaterforschung aufgearbeitet. So dokumentierte das Werk nicht nur den neuesten Stand der Vaterforschung, sondern auch die Notwendigkeit einer stärkeren Berücksichtigung der Vaterrolle in den Sozialwissenschaften, in den sozialen Berufen und nicht zuletzt in der Sozial-, Familien- und Rechtspolitik.

IFP-Arbeiten heute

Im folgenden werden aus der Vielzahl der am IFP laufenden Projekte vier Schwerpunktbereiche skizziert, die das gegenwärtige Spektrum der Institutsarbeit (inhaltlich und methodisch) verdeutlichen sollen.

1. *Umfassende empirische Forschungsprojekte über Familien und Kinderbetreuung in Bayern*

a) Erwerbstätige Frauen in unterschiedlichen Lebenslagen - eine Representativerhebung

Dieses Projekt wird in einem Forschungsverbund mit dem Projekt des Deutschen Jugendinstitutes "Wandel und Entwicklung familialer Lebensformen in der Bundesrepublik Deutschland" durchgeführt. Das IFP wurde mit einer Zusatzstichprobe in Bayern beauftragt. Es werden insgesamt ca. 2.900 Frauen und 900 Männer befragt und folgende Schwerpunkte bearbeitet: Verlauf der Bildungs-, Erwerbs-

und Familienbiographie; Wechselwirkungen zwischen Erwerbstätigkeit und Familienstruktur; Einstellungen zu Partnerbeziehungen, zu Kindern und zur Erwerbstätigkeit.

b) Horterziehung in Bayern

Der Hort wurde bisher in der wissenschaftlichen und bildungspolitischen Diskussion vernachlässigt, und dies, obwohl die ganztägige, außerfamilale Betreuung und Erziehung von Kindern ein immer aktuelleres Problem wird.

Im vergangenen Jahr wurde eine Befragung in bayerischen Horten durchgeführt. Zur Stichprobe gehörten alle Leiterinnen und Gruppenleiterinnen von Horten in Bayern (Totalerhebung) sowie Eltern von Hortkindern (geschichtete Stichprobe). Fragebögen und Interviews bezogen sich u.a. auf: Rahmenbedingungen der Einrichtungen, Gruppenzusammensetzung und pädagogische Arbeit in der Gruppe, Elternarbeit, Lebensbedingungen und Erwartungen der Eltern gegenüber dem Hort. Auf der Grundlage des Datenmaterials sollen Konzepte und Vorschläge für eine Verbesserung der Rahmenbedingungen der Hortarbeit erarbeitet werden.

2. *Aktuelle Themen in der Elementarerziehung*

Neben den bereits etablierten Themenschwerpunkten (s.o. Darstellung ausgewählter Arbeitsschwerpunkte) kristallisieren sich im Bereich der frühpädagogischen Forschung sowohl thematische Verschiebungen als auch neue Ansätze und Sichtweisen heraus. Hierzu zählt zum Beispiel ein sich wandelndes Veständnis von *Elternarbeit*. Es geht heute weniger um "Elternbildung" im traditionellen Sinne als um Möglichkeiten der differenzierten Erfassung (und Aktivierung) des Beziehungsnetzes Familie-Kindergarten-Hort-Schule. Die anfängliche Orientierung an Interventionsansätzen und kompensatorischen Erziehungskonzepten entwickelt sich zu einer eher präventiven, sozialökologisch orientierten, differentiellen Erforschung von Belastungen und Ressourcen.

Darüber hinaus werden zur Zeit pädagogische Konzepte und praktische Materialien zu *Gesundheitserziehung* und *Umwelterziehung* erarbeitet. Gesundheit und Natur waren schon immer Themen in der Elementarpädagogik. Hier geht es aber um ein erweitertes und aktuelles Verständnis. Dazu gehören: Einstellungen zu Krankheit und Behinderung, zu gesundheitsschädigenden Lebensgewohnheiten, Ernährung, positive Erfahrungen mit Naturphänomenen, aktiver Umweltschutz.

3. Familien im Übergang, familiäre Krisen und Belastungen

In diesem Bereich laufen am Institut zahlreiche Arbeiten mit unterschiedlichen Themenschwerpunkten und methodischer Ausrichtung. Dazu gehören Arbeiten zur Entwicklung junger Ehen und Familien beim *Übergang zur Elternschaft*, eine Längsschnittuntersuchung zur Entwicklung *gewaltbelasteter Mutter-Kind-Interaktionen* (DFG-Forschungsprojekt), eine empirische Studie über die Belastung *alleinerziehender und gemeinsam erziehender Familien* in Abhängigkeit von sozialen Netzwerken.

Die ersten Arbeiten über *Trennung und Scheidung* wurden in den letzten Jahren substantiell ausgebaut - sowohl inhaltlich als auch im Hinblick auf den Wirkungsbereich des IFP. Grundgedanke der Forschungsarbeiten und Beratungskonzepte in diesem Bereich ist eine prozeßorientierte Sichtweise von Krisen und Krisenbewältigung. Zu den behandelten Problembereichen gehören: Strukturveränderungen des familialen Systems infolge der elterlichen Scheidung, Konfliktentwicklung in der Scheidung, Entwicklung familialer Beziehungen nach der Scheidung, Reaktionen und Sichtweisen der Kinder zu Trennung bzw. Scheidung der Eltern, Kriterien der elterlichen Sorge, Sorgerechtsmodelle, Reorganisation des familalen Systems nach der Scheidung, neue Partner, Wiederheirat, Stieffamilien, Adoption und Adoptivfamilien, Pflegefamilien.

4. Kindeswohl und kindliche Perspektiven

Kindliche Perspektiven werden in zwei Projekten gegenwärtig herausgearbeitet. Ein besonderes Anliegen der letzten Jahre ist eine kritische, wissenschaftliche und öffentlich geführte Diksussion um den Begriff "Kindeswohl" mit Blick auf die Entwicklung von differenzierteren, an den Bedürfnissen von Kindern orienterten Modellen zur Bestimmung von Kindeswohl. In diesem Zusammenhang wird die *Perspektive von Kindern, die von Scheidung und Trennung betroffen sind*, untersucht.

Kindliche Sichtweisen sind auch Gegenstand einer empirischen Studie über *kindliche Perspektiven und Deutungsmuster zu Familie und Freundschaft*. Das Datenmaterial umfaßt halbsturkturierte Interviews und freie Erzählungen von 250 Kindern im Alter zwischen 4 und 8 Jahren. Zentrale Fragen sind: was assoziieren Kinder mit dem Begriff "Familie", wer gehört dazu und wer gehört nicht dazu, wie denken sie über Freundschaft?

5. Forschung, Lehre und Ausbildung zum Themenbereich Familie

1986 initiierte das IFP auf Anregung des des Bayerischen Staatsministeriums für Arbeit und Sozialordnung die Bildung von zwei Arbeitskreisen (mit Vertretern des Instituts, der Ministerien, der Universitäten, der Fachakademien und Fachhochschulen). Auf der Grundlage einer Totalerhebung an bayerischen Universitäten, Fachakademien und Fachhochschulen wurden der gegenwärtige Stand von Forschung und Lehre ermittelt sowie Empfehlungen zur Förderung der Familienforschung und zur Verbesserung von Lehre und Ausbildung im Bereich "Familie" erarbeitet.

Praxisbezug und Verbreitung der Forschungsergebnisse

Schon in den Gründungsjahren des Instituts wurde bei der Personalpolitik darauf geachtet, daß neben den wissenschaftlichen Mitarbeiter/innen auch Fachkräfte mit praxisorientierter Ausbildung angestellt wurden. Bis heute bestimmt ein interdisziplinärer Anspruch die Personalauswahl. Die Mitarbeiter/innen vertreten verschiedene Fachrichtungen und Praxisfelder, z.B. Psychologie, Pädagogik und Sozialpädagogik, Familiensoziologie, Heil- und Sonderpädagogik, Musik-und Kunstpädagogik, Rechts- und Wirtschaftswissenschaften.

Eine enge Zusammenarbeit mit Träger- und Spitzenverbänden in der Entwicklungsphase von Modellversuchen hat die Praxisrelevanz und die praktische Durchführung der Projektarbeiten gesichert. Gerade bei den breitangelegten Modellversuchen bis Anfang der achtziger Jahre ("Förderung der Fünfjährigen", Kooperation zwischen Kindergarten und Grundschule, die Förderung ausländischer und deutscher Kinder im Elementarbereich) wurde die Verbindung von Forschung und Praxis besonders deutlich. An diesen Modellversuchen waren zahlreiche Personen und Einrichtungen beteiligt.

Im Jahre 1980 z.B. arbeiteten sechs Referate des IFP mit 99 Modellgruppen in 74 Kindergärten und mit 32 Grundschulklassen in 16 Grundschulen zusammen. Diese Einrichtungen verteilten sich auf 22 Gemeinden in den Regierungsbezirken Oberbayern, Mittelfranken, Oberpfalz und Schwaben. Bei den Kindergärten handelte es sich um Einrichtungen folgender Maßnahmeträger bzw. Trägerverbände: Arbeiterwohlfahrt, Caritasverband, Deutscher Paritätischer Wohlfahrtsverband, Diakonisches Werk, Kommune. 250 Erzieher/innen und Sozialpädagogen sowie 32 Grundschullehrer/innen waren an den Modellversuchen beteiligt. Ca. 3 000 Kinder wurden in diesen Einrichtungen betreut.

Ein wesentlicher anwendungsbezogener Aspekt der Institutsarbeit in den letzten Jahren sind Initiativen für eine verstärkte Zusammenarbeit zwischen Jurisprudenz und Humanwissenschaften. In Fragen des Sorge- und Umgangsrechts hat sich eine intensive und institutionell verankerte Zusammenarbeit des IFP mit Familienrichtern, Rechtsanwälten, Jugendämtern, Sachverständigen und Beratungsstellen etabliert.

Im Rahmen von Projekten und Modellversuchen und auf Einladung unterschiedlichster Veranstaltungsträger wirken Institutsmitarbeiter bei zahlreichen *Fortbildungsseminaren und Informationsveranstaltungen* mit. Zu den Adressaten zählen Erzieher/innen, Sozialpädagogen/Sozialpädagoginnen, Sozialarbeiter/innen, Rechtsanwälte, Familienrichter und Sachverständige, Verwaltungsbeamte, Grundschullehrer/innen, Eltern, Studierende an Fachhochschulen und Fachakademien für Sozialpädagogik. Die Ergebnisse der Institutsarbeit werden außerdem durch *wissenschaftliche und praxisbezogene Publikationen* in verschiedenen Medien - Monographien, Arbeitshefte, Praxishandbücher, Videofilme, Tonkassetten usw. - einem breiten Personenkreis zugänglich gemacht.

Weitere Formen der Verbreitung von Forschungsergebnissen und Praxishilfen, an dem Institutsleitung und Mitarbeiter/innen wirken, sind: *Rundfunk- und Fernsehsendungen;* eine vom Institut herausgegebene *"Zeitschrift für Familienforschung"* (1989 erstmals erschienen); ein vom Institut herausgegebener *"IFP-Nachrichtendienst"* (1984 erstmals erschienen als Nachfolge-Publikation des "IFP-Informationsdienstes"); vom Institut veranstaltete *Seminare, Kolloquien, Fachtagungen;* Mitgliedschaft in wissenschaftlichen und fachpolitischen *Gremien und Kommissionen.*

Neben der wissenschaftlichen, praxisorientierten und publizistischen Verbreitung von Forschungsergebnissen übernimmt das Institut Beratungs- und Gutachtertätigkeiten bei familienpolitischen und bildungspolitischen Maßnahmen.

Luis Erler

ELEMENTAR- UND FAMILIENPÄDAGOGIK IN DER LEHRE.
ZUR ETABLIERUNG EINER NEUEN PÄDAGOGISCHEN DISZIPLIN AN DER HOCHSCHULE

In der 150jährigen Geschichte des bayerischen Kindergartens kommt der Entwicklung seit Ende der 60er Jahre eine besondere Bedeutung zu, denn in diesen reformintensiven Jahrzehnten hat sich der Kindergarten und mit ihm die gesamte Pädagogik der frühen Kindheit bzw. "Frühpädagogik" [1] am stärksten gewandelt. In einem glücklichen Zusammenspiel von gesellschaftlichen, politischen und wirtschaftlichen Kräften sowie wissenschaftlichen Erkenntnissen erhielt der Kindergarten den entscheidenen "Entwicklungsschub": Er wurde zu einer eigenständigen Bildungseinrichtung mit einem klar definierten, von anderen Erziehungsinstitutionen abgehobenen Bildungs- und Erziehungsauftrag verbunden mit einem hohen Versorgungsgrad und allgemeiner gesellschaftlicher Anerkennung.

Die Erneuerung der frühkindlichen Erziehung blieb jedoch nicht bei der Reform des Kindergartens stehen. Etwa ab Mitte der 70er Jahre und verstärkt in den 80er Jahren wandte sich das gesellschaftliche und wissenschaftliche Interesse der primären Erziehungsinstanz Familie zu in der wissenschaftlich fundierten Überzeugung, daß die Erziehung in den Institutionen den Kindern um so mehr Nutzen bringt, je enger diese mit der Erziehung in der Familie korrespondiert.[2] Die These wurde eindeutig bestätigt, daß die familiale Erziehung nicht "umgangen" oder gar ersetzt werden kann durch die institutionelle Erziehung. Das heißt, daß familialen Systemen in bezug auf Erziehungsleistungen grundsätzlich der Vorrang einzuräumen ist.

Aufgrund dieser noch näher zu erläuternden Entwicklung kann die Pädagogik der frühen Kindheit in zwei Bereiche gegliedert werden: in die "Elementarpädagogik" und in die "Familienpädagogik". Die Elementarpädagogik beschäftigt sich mit allen Fragen der institutionellen frühkindlichen Erziehung, in deren Zentrum der Kindergarten steht. Die Familienpädagogik, verstanden als Theorie der Erziehung in der und durch die Familie, behandelt die Problembereiche der familialen Erziehung.

Im folgenden wird - bezogen auf die Verhältnisse im Freistaat Bayern - beschrieben, wie sich die Elementar- und Familienpädagogik als neue pädagogische Disziplin an der Hochschule verselbständigt hat. Im ersten Teil wird die Entwicklung der organisatorischen Strukturen und der fachlichen Inhalte dargestellt. Im zweiten Teil wird die Situation der Familie als Gegenstand von Lehre und Ausbildung an den Hochschulen analysiert. Konsequenzen und Empfehlungen aus dieser Analyse schließen den Beitrag ab.

I. Die Entwicklung der Elementar- und Familienpädagogik zu einer eigenständigen pädagogischen Disziplin

Die Wurzeln für die Etablierung der Elementar- und Familienpädagogik liegen in der Vorschuldiskussion Ende der 60er/Anfang der 70er Jahre, die in der Anfangsphase sich stark konzentrierte auf Fragen der Förderung der intellektuellen Entwicklung und Erziehung von 3- bis 6jährigen Kindern im Kindergarten. Wie kam es von dieser verengt verstandenen "Vorschulerziehung" zu einer umfassenden Pädagogik der frühen Kindheit als akademisches Lehrfach?

1. Die Entwicklung der organisatorischen Strukturen

Früher wurden die Inhalte der Pädagogik der frühen Kindheit von der Psychologie (Entwicklungspsychologie), Soziologie (Familiensoziologie und Sozialisationstheorie) und Pädagogik (Schul- und Sozialpädagogik) an den Hochschulen "mitgelehrt". Verstärkte Aufnahme in das hochschulische Lehrangebot fanden frühpädagogische Themen seit ca. 1969/70, als die Reform der vorschulischen Erziehung zu einem allgemeinen gesellschaftlichen Anliegen geworden war. Eine vom Autor durchgeführte Analyse von 84 Vorlesungsverzeichnissen bayerischer Hochschulen von 1970 bis 1975 ergab jedoch, daß relevante Lehrveranstaltungen zum Thema "Vorschulerziehung" nur in geringem Umfange angeboten wurden. Im Durchschnitt traf es pro Vorlesungsverzeichnis ein bis zwei Veranstaltungen. Von einer systematischen Bearbeitung dieses Bereiches seitens der traditionellen Disziplinen konnte also sowohl umfangmäßig als auch inhaltlich nicht die Rede sein.

In der Forschung haben sich einige Hochschulen in den 70er Jahren verstärkt mit den Möglichkeiten und Grenzen frühkindlicher Förderung auseinandergesetzt und mit ihren Untersuchungsergebnissen zu einer nüchternen Einschätzung der hochgesteckten, teils euphorischen Erwartungen beigetragen. Ein Beispiel für die Dämpfung dieser überzogenen Erwartungen durch exakte wissenschaftliche Daten ist die experimentelle Längsschnittstudie zum Frühlesen in Regensburger Kindergärten, die vom Lehrstuhl für Psychologie der damaligen Pädagogischen

Hochschule unter Leitung von Prof. D. Rüdiger durchgeführt wurde.[3] Von solchen Ausnahmen abgesehen, wurde jedoch der frühpädagogische Lehr- und Forschungsbereich an den Hochschulen nicht systematisch vertreten.

Angesichts dieses Defizits, das unter dem Druck der öffentlichen Vorschuldiskussion und der vermehrten Anfragen aus der Kindergartenpraxis immer sichtbarer wurde, beschäftigte man sich in den Hochschulen vereinzelt mit dem Gedanken, zur Abdeckung dieser Fragen eine eigene pädagogische Disziplin zu etablieren. Soweit dem Autor bekannt ist, sind diese Überlegungen nur an der damaligen Pädagogischen Hochschule Bamberg in einem schriftlichen Konzept unter dem Titel "Denkmodell zur Errichtung eines Instituts für Elementarerziehung an der Pädagogischen Hochschule Bamberg" 1970 von Prof. P. Hastenteufel fixiert worden[3a]. Diese Konzeption hat Eingang gefunden in den hochschulischen Haushaltsentwurf, der an das Bayerische Staatsministerium für Unterricht und Kultus weitergeleitet wurde. Dies führte 1972/73 zur Genehmigung und Besetzung des "Lehrstuhls für Elementarerziehung", womit die Pädagogik der frühen Kindheit in Lehre und Forschung eine eigenständige Vertretung an der Hochschule bekommen hatte.

Zunächst galt es, das neue pädagogische Fach in die Infrastruktur der sich im Aufbau und starkem Wandel begriffenen Hochschule in Bamberg einzufügen. In der Anfangsphase fungierte es als "Dienstleistungsfach" für die Lehrer- und Theologenausbildung.

Der Autor hat sich jedoch seit der Übernahme des Lehrstuhls intensiv dafür eingesetzt, daß die "Elementarerziehung" als eigene Studienrichtung in den Diplomstudiengang Pädagogik (neben Schule, Sozialpädagogik und Erwachsenenbildung) aufgenommen wird. Die vom Bayerischen Staatsministerium für Unterricht und Kultus eingesetzte "Studienreformkommission für Pädagogik" unter dem Vorsitz von Prof. W. Böhm hat diese Bemühungen unterstützt und in ihrer Sitzung am 28. Juli 1976 dem entsprechenden Antrag der Gesamthochschule Bamberg zugestimmt. Das Bayerische Staatsministerium für Unterricht und Kultus ist dieser Empfehlung gefolgt, so daß seit dem WS 1976/77 "Elementarerziehung" als eigenständige Studienrichtung im Diplomstudiengang Pädagogik studiert werden konnte.

Diesem Beispiel sind andere bayerische Universitäten (Würzburg und Augsburg) gefolgt, wenn dort auch eine andere Infrastruktur vorliegt und andere organisatorische Festlegungen und inhaltliche Schwerpunktsetzungen getroffen wurden.

Seitdem die Universität Bamberg als einzige Hochschule in Bayern den "Studiengang Lehramt an beruflichen Schulen, Fachrichtung Sozialpädagogik" führt und damit Berufsschullehrer sozialer Fachrichtung (z.B. Für Fachakademien für Sozialpädagogik) ausbildet, werden im Staatsexamenfach "Pädagogik" systematisch die Inhalte der Pädagogik der frühen Kindheit vom Lehrstuhl für Elementar- und Familienpädagogik behandelt.

Der seit Mitte der 70er Jahre immer deutlicher werdende Bedarf an Spezialisten für Familienfragen sowie das stetig zunehmende Interesse der Öffentlichkeit und Wissenschaft an familienrelevanten Forschungsergebnissen hat zu einer wesentlichen Erweiterung des Faches "Elementarerziehung" und 1988 schließlich zur Umbenennung in "Elementar- und Familienpädagogik" geführt.

2. *Die Entwicklung der fachlichen Inhalte*

Die inhaltliche Entwicklung der Pädagogik der frühen Kindheit könnte man mit dem Schlagwort charakterisieren: "Von der Vorschulerziehung zur Elementar- und Familienpädagogik". Damit soll angedeutet werden, daß sich das Fach gewandelt hat von einer mehr schulpädagogisch orientierten Institutionspädagogik mit Schwerpunkt auf dem Kindergarten zu einer sozialpädagogisch ausgerichteten Disziplin, die sich mit Geschichte, Theorie, Empirie und Praxis familialer Lebensformen und mit der Kindererziehung in allen vor- und außerschulischen Bereichen und Institutionen beschäftigt. Dieser Wandel hat sich in mehreren, sich gegenseitig überschneidenden Phasen vollzogen, die im folgenden dargestellt werden.
Zuvor ist jedoch zu bemerken, daß sich der Gegenstandsbereich des Faches nicht nur auf die Kinder der Altersstufen von der Geburt bis zur Pubertät bezieht (individuum- bzw. personenzentrierte Sicht), sondern auch auf die Kinder im Kontext ihrer sozialen Beziehungen (z.B. Eltern-Kinder), Lebenszusammenhänge und Systeme (z.B. Kindergarten, Familie). Gerade im Erziehungsbereich ist die systemische Sicht unabdingbar notwendig, weil die Ansatzpunkte für die Änderung kindlicher Verhaltensweisen und generell von Entwicklungsbeeinflussungen häufig bei den sie umgebenden Erwachsenen liegen. Auch wenn die Erwachsenen in die konkrete Intervention nicht direkt einbezogen sind, wie dies z.B. bei den Eltern-Kind-Gruppen der Fall ist, muß ihre Rolle bei allen Interventionsplänen doch stets mitbedacht und strukturiert einbezogen werden. Dasselbe gilt für Erzieherinnen und alle übrigen regelmäßigen Kontaktpersonen der Kinder.
Nach diesem kurzen Exkurs nun zu den Phasen der Wandlung bzw. zunehmenden Erweiterung des Faches.

Erste Phase: Vorschulerziehung und Kindergartenpädagogik[4]

In einer ersten Phase, ca. von 1965 bis 1975, stehen Fragen der Erziehung von Vorschulkindern in Institutionen, speziell im Kindergarten im Vordergrund. Die bundesrepublikanische Vorschuldiskussion der 70er Jahre beginnt - in Unkenntnis und Mißdeutung der frühpädagogischen Tradition und teilweise in Verkennung der Leistungen des seit über einem Jahrhundert bestehenden Kindergartens - mit der hitzig geführten Auseinandersetzung über die provozierende These, der Kindergarten würde in einem "Schonraum"-Klima Kinder künstlich dumm halten. Aufgrund dieser Ausgangssituation, in der "Frühlesen" eine Art "Aufreißerfunktion" spielte, legten sich Pädagogen und Psychologen auf die eingeengte Frage nach der Rolle der intellektuellen Begabung und deren Förderungsmöglichkeiten im institutionellen Kontext fest - unter Vernachlässigung anderer Fähigkeiten (z.B. im sozial-emotionalen Bereich) und ohne die Rahmenbedingungen außerhalb des Kindergartens zu berücksichtigen. Einen weiteren Schwerpunkt bildeten bildungsorganisatorische Fragen, vor allem der "Streit um die Fünfjährigen", d.h. die Frage, ob die Fünfjährigen beim Kindergarten bleiben oder als erste Klasse der Eingangsstufe der Grundschule zugeordnet werden sollen, wie es der "Strukturplan" des Deutsches Bildungsrates (1970) vorsah. Erst nachdem diese Frage unter Berücksichtigung der Ergebnisse aufwendiger Vergleichsuntersuchungen Kindergarten versus Vorklasse bzw. Eingangsstufe zugunsten des Kindergartens entschieden worden ist, wandte man sich dem Kern der vorschulischen Erziehung, nämlich den Zielen, Inhalten, Methoden und Arbeitsformen, d.h. dem Curriculum des Kindergartens zu, Fragen also, die den Praktiker in erster Linie interessieren. Eine ausführliche Darstellung dieser Phase findet der Leser in der in Fußnote 4 der Anmerkungen angegebenen Literatur.

Die bayerischen Hochschulen leisteten zu den hier erwähnten Bereichen wichtige Beiträge, und zwar sowohl durch Einbeziehung frühpädagogischer Themen in die Lehre als auch durch eine Reihe von Entwicklungs- und Forschungsarbeiten. Beispielhaft sei hier der Rahmenplan "Der Übergang vom Kindergarten zur Grundschule" erwähnt, der 1973 zum erstenmal erschienen ist und nun bereits in der 14. Auflage vorliegt.[5] Die Konzeption wurde vom Autor (damals Pädagogische Hochschule Regensburg) und seiner Frau (Fachbereich Sozialwesen der Fachhochschule Regensburg) erarbeitet und von einer Arbeitsgruppe des Bayerischen Staatsministeriums für Unterricht und Kultus unter der Leitung von Frau A. Hagenbusch umgesetzt. Der ursprüngliche Arbeitsauftrag lautete, einen Plan für den Schulkindergarten, d.h. für schulpflichtige, aber noch nicht schulfähige

Kinder zu entwickeln. Daher wurde die gezielte Förderung spezieller Fähigkeiten und Fertigkeiten in den Vordergrund gerückt, allerdings verbunden mit Anregungen zur Entwicklung der Gesamtpersönlichkeit und eingebettet in die bewährte Spielpädagogik des Kindergartens. Im Zuge der bildungspolitischen Entwicklung ist es jedoch immer dringender geworden, allen Kindergärten pädagogische Hilfen zur Verfügung zu stellen. Daher kam es zur "Umwidmung" des Planes für den Regelkindergarten. Für die Modellkindergärten war der Plan als verbindliche Richtlinie vorgeschrieben, allen anderen Kindergärten stand und steht er als Arbeitshilfe zur freien Verfügung. Die Verbreitung weit über Bayern und die BRD hinaus läßt darauf schließen, daß hier für die Arbeit mit Vorschulkindern ein praktikabler Ansatz gefunden wurde.

Zweite Phase: Pädagogik der Kindheit

Die Themen der ersten Phase bezogen sich beinahe ausschließlich auf den Binnenraum des Kindergartens und auf das einzelne Kind mit seinen je individuellen, speziell intellektuellen Fähigkeiten. In einer zweiten Phase weitete sich der Blickwinkel aus, indem nun nicht mehr nur Institutionenfragen diskutiert wurden, sondern der Kindergarten und andere vorschulische Einrichtungen in ihrem gesamtgesellschaftlichen Bedingungsgefüge und im Zusammenhang mit den Institutionen Familie und Schule gesehen wurde. Das Signal zu dieser ökologisch orientierten Perspektive ging vor allem von den Untersuchungen und Veröffentlichungen U. Bronfenbrenners aus.[6]

Zu dieser "ökologischen Öffnung" des Faches kam etwa Mitte der 70er Jahre eine Erweiterung durch den sozialhistorischen Forschungsansatz hinzu. Die individuumzentrierte Betrachtungsweise, die sich auf das einzelne Kind und seine Fähigkeiten bzw. deren Förderung konzentriert, wurde ergänzt durch eine Perspektive, welche die Entstehung und den Verlauf der Kindheit als eigenständige Lebensphase neben Jugend- und Erwachsenenalter thematisiert. Auslösendes Moment dieser Richtung im deutschsprachigen Raum war das 1975 in deutscher Sprache von Ph. Ariès erschienene Buch "Geschichte der Kindheit". Danach folgten eine Vielzahl von Publikationen, deren Anliegen Erforschung und Darstellung des alltäglichen Lebens der Kinder in Geschichte und Gegenwart war.[7]

Am Lehrstuhl für Elementar- und Familienpädagogik der Universität Bamberg werden in Lehre und Forschung wichtige Beiträge zur sozialhistorischen Erhellung und Einordnung der Kindergartenerziehung und der Kindheit geleistet. Hinzuweisen ist in diesem Zusammenhang auf die zweibändige "Geschichte der Kindergartens", die von einem Mitarbeiter des Lehrstuhls mit herausgegeben wurde.[8] In diesem Werk wird die sozialhistorische Perspektive konsequent realisiert. Nach demselben Ansatz wurde die bisher umfangreichste Ausstellung zur Geschichte des Kindergartens vom gleichen Mitarbeiter mit konzipiert, deren erster Teil im März dieses Jahres in Bonn durch die Bundesfamilienministerin U. Lehr der Öffentlichkeit vorgestellt wurde.[9]

Dritte Phase: Familienpädagogik

In einer dritten Phase des Ausbaus des Faches, die sich mit der zweiten zeitlich überschneidet, treten Fragen der Familienerziehung in den Vordergrund. Seit etwa Mitte der 70er Jahre und verstärkt in den 80er Jahren dokumentieren die human- und sozialwissenschaftlichen Disziplinen, allen voran die Familiensoziologie, einen als "Modernisierungsprozeß" etikettierten wirtschaftlichen und gesellschaftlichen Wandel, dessen Ausmaß nur mit dem Industrialisierungsprozeß im 19. Jahrhundert vergleichbar ist und der voll auf die Familie und die familiale Erziehung "durchgeschlagen" hat.[10]

Einige für die Kindererziehung wichtige Faktorenkomplexe seien hier nur schlagwortartig angedeutet: Geburtenrückgang (Weniger Kinder, mehr Erziehung?), die veränderte Stellung der Frau in der Gesellschaft, die alternativen Lebensformen (Pluralisierung und Individualisierung familialer Lebensformen), Auswirkungen der veränderten Informationsmöglichkeiten und Medienlandschaft auf die Kinder. Die Einschätzung der Leistungsfähigkeit der familialen Erziehung im Vergleich zur institutionellen Erziehung, etwa im Kindergarten, hat sich seit den Zeiten der Vorschuldiskussion wie z.B. in den ersten Familienberichten der Bundesregierung - mehr als "Patient" behandelt, dessen Mängel durch geeignete Erziehungsmaßnahmen in den Institutionen zu kompensieren sind, so wird heute die große Leistungskraft der Familie in den verschiedenen Lebensbereichen, u.a. im Bildungs- und Erziehungssektor betont. Dem Kindergarten und anderen pädagogischen Institutionen werden mehr Stützfunktionen für die familiale Erziehung zugesprochen - eine Zielsetzung, die in der traditionellen Kindergartenpädagogik unter dem Begriff "Familienergänzung" stets ganz vorne rangierte.

Für die Einbeziehung und Aufarbeitung familienpädagogischer Themen in Forschung und Lehre an den bayerischen Hochschulen bestehen gute Ansätze und

Vorarbeiten, die jedoch - wie im zweiten Teil gezeigt wird - eines systematischen Ausbaues und umfassender Förderung bedürfen.

Vorarbeiten in größerem Umfang werden seit vielen Jahren an der Universität Bamberg geleistet, so daß dort als einziger bayerischer Universität ein Schwerpunkt für Familienforschung und Familienpädagogik etabliert werden konnte.
Die verstärkte Beachtung der Familienpädagogik geht bereits auf das Jahr 1976 zurück, in dem der Lehrstuhl für Elementarerziehung in Zusammenarbeit mit dem Fachbereich Sozialwesen der Fachhochschule Regensburg (Prof. H.M. Erler) ein "Pädagogisches Praxismodell zur Förderung der Familienerziehung" entwickelte und realisierte.

Überzeugt von der Notwendigkeit der Praxisorientierung - auch in akademischen Studiengängen - entstand eine pädagogische "Werkstätte" mit einer ähnlichen Intention und Funktion wie die Labors in der Technikerausbildung und die Kliniken in der Ärzteausbildung, in der in systematisch ausgewählten, überschaubaren und relativ kontrollierbaren Erziehungssituationen fachgerechtes pädagogisches Handeln im Zusammenspiel von Erkenntnis und Anwendung gleichsam "am kleinen Stück" eingeübt werden kann. Dieser Versuch der Etablierung einer sozialpädagogischen Praxis direkt an der Hochschule wollte und konnte die bewährte Struktur der Praxisausbildung an sozialen Einrichtungen außerhalb der Hochschule nicht ersetzen, sondern - im Gegenteil - diesen Praxisbezug verstärken und ergänzen, indem projektorientiertes Lernen enger mit der Aneignung theoretischen Wissens verschränkt wurde.

Als konkrete Handlungsfehler wurden "Eltern-Kind-Gruppen" und "Geschwistergruppen" aufgebaut. Dabei wurde auf die kindgerechte Einrichtung und Ausgestaltung der Räume besonderer Wert gelegt in der Überzeugung, daß davon "stille Botschaften" ausgehen, die nicht selten stärker wirken als viele "erzieherisch gemeinte Reden".

In den zu Beginn des Projektes (1976) noch relativ seltenen Eltern-Kind-Gruppen wurden bis zu 15 Kinder zwischen 1 und 3 Jahren in Begleitung einer Dauerbezugsperson (in der Regel der Mutter) von Berufserziehern betreut und gefördert (Öffnungszeiten: Montag bis Freitag jeweils 9.00 bis 12.00 Uhr).
Besucht wurden diese Gruppen vor allem von jungen Eltern mit Einzelkindern. Dabei ist deutlich geworden, daß Kinder bereits in diesem Alter positive Kontakte miteinander aufnehmen und viel voneinander lernen können. Wie die Beobachtung

der Bindungs- und Lösungsprozesse zeigte, haben sich die Eltern-Kind-Beziehungen in der Gruppe und zuhause positiv entwickelt. Die Eltern konnten in dieser "natürlichen" Erziehungssituation nicht nur von den Berufserziehern, sondern vor allem voneinander viel lernen.

Die "Geschwistergruppe" stellte eine bisher noch nicht erprobte Variante zum Hort dar. Betreut wurden 4- bis ca. 10jährige Kinder, die die Gruppe von einem bis zu fünf Nachmittagen (jeweils 14.00 bis 18.00 Uhr) je nach Bedarf und Interesse besuchen konnten. Aufgenommen wurden Kinder entweder weil eine häusliche Betreuung z.B. wegen der Berufstätigkeit beider Elternteile nicht möglich war (soziale Indikation) oder/und weil sie eine Ergänzung zum häuslichen Milieu suchten (pädagogische Indikation). Hausaufgabenbetreuung war mit eingeschlossen. Der Besuch der "Geschwistergruppe" zeigte positive Wirkungen vor allem im Bereich des sozialen Lernens. Die starke Altersstreuung, die völlig freiwillige Teilnahme an den Angeboten und die bewußte Verstärkung der Eigeninitiative und Spontaneität ermöglichte soziale Erfahrungen und Übungen, die als sinnvolle Ergänzung und wichtige Erweiterung der familiären Beziehungen gesehen werden können. Das Modell konnte auch dazu beitragen, einen die schulischen Anforderungen ergänzenden Aspekt der kindlichen Lebensbedingungen zu verwirklichen, den Aspekt der möglichst freien Entfaltung des Ausdrucks in jeglicher Form. Dies führte notwendigerweise zur besonderen Beachtung des musisch-kreativen Bereichs im pädagogischen Programm, wobei auf die Abstimmung aller Erziehungs- und Lernprozesse mit der Familie großer Wert gelegt wurde.

Diese Vorarbeiten und der systematische Einbau familienpädagogischer Themen in die Lehre haben dazu geführt, daß mit der Umbenennung des "Lehrstuhls für Elementarerziehung" in einen "Lehrstuhl für Elementar- und Familienpädagogik" auch die bisherige Studienrichtung im Diplomstudiengang Pädagogik erweitert wurde zur "Elementar- und Familienpädagogik".

Als einzige Universität Bayerns konnte die Universität Bamberg aufgrund der wissenschaftlichen Aktivitäten vieler Kollegen vor einigen Jahren den Forschungsschwerpunkt "Familienforschung" (Sprecher: Prof. L. Vascovics) bilden, dessen theoretische Perspektive sich auf die Leistungen familialer Systeme für die verschiedenen gesellschaftlichen Lebensbereiche bezieht.[12]

Überregional haben sich 1987 zwei Arbeitskreise, "Familienforschung in Bayern" und "Familie als Gegenstand von Lehre und Ausbildung" konstituiert, die von

Vertretern der Universitäten (Prof. Dr. Ulich, Augsburg; Prof. L. Vascovics und Prof. L. Erler, Bamberg) und vom Staatsinstitut für Frühpädagogik und Familienforschung (Prof. W. Fthenakis) geleitet und koordiniert werden. Aufgrund einer Bestandsaufnahme, die in Sitzungen und auf einer Fachtagung im März 1988 an der Universität Bamberg sowie durch eine Erhebung des Staatsinstituts für Frühpädagogik und Familienforschung erarbeitet wurde, haben die Arbeitskreise Empfehlungen zur Förderung der Familienthematik in Forschung und Lehre an den Hochschulen Bayerns ausgesprochen, die politisch umgesetzt werden sollen. Entsprechend dem hier aufgezeigten Wandel des Faches in drei Phasen wird am Lehrstuhl für Elementar- und Familienpädagogik der Universität Bamberg das Lehrangebot in einem Zyklus von drei großen Lehrbereichen angeboten: Pädagogik, Psychologie und Soziologie der Kindheit, Familienpädagogik, Institutionenpädagogik (mit einem Schwerpunkt auf Kindergartenpädagogik). Eine detaillierte Wiedergabe der Lehrinhalte würde hier zu weit führen. Wichtig zu bemerken bleibt jedoch, daß gerade eine Pädagogik der frühen Kindheit dem "ganzheitlichen Prinzip" verpflichtet ist, denn bei den Kindern, auf die sich letztlich alle Bemühungen beziehen sollen, ist die Ratio noch nicht abgespalten von den Emotionen und anderen "nicht-vernünftigen" Seelenregungen. Die wesentliche Tätigkeit der Kinder ist Spiel und Spiel bedeutet immer, so verschieden und voneinander abweichend die Definitionen auch sein mögen, spontane Integration von Intellekt, Emotion, Intuition und Phantasie. Wollen Erwachsene günstige Bedingungen für diese Integration setzen, was die Aufgabe aller professionellen Erzieher ist, so müssen sie für diese Leistung ihre eigene Person erst disponieren, d.h. sie müssen die Integration üben. Aus diesen Überlegungen heraus ist der Seminarzyklus "Ganzheitliches Lehren und Lernen" entstanden, der Theorie und Praxis "ganzheitlichen" Lernens in Form geeigneter und erprobter Methoden (z.B. Psychodrama, Spieltherapie, Themenzentrierte Interaktion nach R.C. Cohn, Suggestopädie nach Losanov) beinhaltet und begleitend zu den oben angeführten drei Lehrbereichen angeboten wird. Auf diese Weise wird auch der für einen Pädagogen dringend erforderliche Handlungsbezug in der Ausbildung wenigstens teilweise zu realisieren versucht.

Da die Familie in den letzten Jahren stark in den Vordergrund gerückt ist, wird diese Thematik im folgenden unter dem Gesichtspunkt der Ausbildung näher behandelt.

II. Familie als Gegenstand von Lehre und Ausbildung an den Universitäten

Seit geraumer Zeit ist ein steigender Bedarf an familienbezogenen Themen in Lehre und Ausbildung festzustellen. Das Lehr- und Ausbildungsangebot ist in inhaltlicher und quantitativer Hinsicht noch nicht so ausgebaut, daß von einer Deckung der gestiegenen Nachfrage gesprochen werden kann. Vielmehr bestehen hier trotz der vorhin erwähnten guten Ansätze und Vorarbeiten Defizite, die möglichst rasch abzubauen sind, da es sich bei der Familie um einen höchst sensiblen gesellschaftlichen Bereich handelt.

1. *Der Bedarf an familienbezogener Lehre und Ausbildung*

Der schnell wachsende Bedarf an familienbezogener Ausbildung kann auf mehreren Ebenen nachgewiesen werden:
Zunächst ergibt er sich aus den durch zahlreiche empirische Untersuchungen dokumentierten Problemsituationen im Kontext von Ehe und Familie, deren fachgerechte Lösung nur mit fachlicher Unterstützung gelingen kann. Beispielhaft sei verwiesen auf die Zunahme der intrafamilialen Spannungen und Konflikte, die psychologische Beratung, sozialpädagogische Intervention und - im Falle der Scheidung - rechtliche Klärung notwendig machen. Ebenso ist hinzuweisen auf veränderte Erziehungsbedingungen, welche die Erarbeitung expliziter Erziehungskonzepte und deren Vermittlung als Vorbereitung auf die Eltern- und Erzieherrolle erfordern. Der Fachmann/die Fachfrau ist aber auch gefragt, wenn es um die Stellung der Familie als gesellschaftliche Institution geht, deren Wert heute sehr unterschiedlich beurteilt wird. Dieser politisch sensible, stark wert- und gefühlsbesetzte Bereich bedarf großer Fachkenntnisse und fachlicher Fundierung.

Der steigende Bedarf an familienbezogenen Ausbildungsangeboten kann auf einer zweiten Ebene abgeleitet werden aus der Differenz zwischen dem heute aus Forschungserkenntnissen verfügbaren Wissen und dem in Ausbildungsplänen de facto angebotenen Wissen. Hier klaffen Lücken sowohl hinsichtlich der Aktualität und Interdisziplinarität des Wissens als auch im Hinblick auf die anwendungsbezogene Erschließung neuerer Forschungsergebnisse (Beispiel: Auswirkungen der Scheidungsfolgen auf Kinder und die daraus ableitbaren Konsequenzen für sinnvolle Interventionsstrategien).

Die dritte Ebene, auf der sich der Bedarf an "Fachleuten für Familienfragen" artikuliert, ist der Arbeitsmarkt. Befragungsergebnisse von potentiellen Anstellungsträgern, z. B. der Wohlfahrtsverbände zeigen, daß für die Familienarbeit geschulte Absolventen gesucht werden, vor allem für die Bereiche Prävention und Beratung.[13] Ein weiteres Indiz für den vom Arbeitsmarkt her motivierten Bedarf ist der äußerst rege Zuspruch, den familienbezogene Fortbildungsveranstaltungen erfahren. Schließlich werden die Wachstums- und Berufschancen sowie das längerfristige öffentliche Interesse für diesen Ausbildungssektor positiv bis sehr positiv eingeschätzt.[14]

2. *Das Angebot an familienbezogener Lehre und Ausbildung*

Dem steigenden Bedarf an "familienwissenschaftlicher" Ausbildung steht - im Durchschnitt der Universitäten - ein in qualitativer und quantitativer Hinsicht ungenügendes Lehrangebot gegenüber, womit nicht die Qualität der einzelnen Lehrveranstaltungen gemeint ist, sondern die allgemeinen methodischen und strukturellen Merkmale des Lehrkanons. Diese Beurteilung basiert auf einer 1987 durchgeführten Totalerhebung über "Lehre und Ausbildung im Themenbereich Familie an bayerischen Ausbildungsstätten", auf einer Analyse der Vorlesungsverzeichnisse von 18 Universitäten der BRD vom SS 1986 bis WS 1987, die der Autor selbst durchgeführt hat, sowie auf den Ergebnissen einer Expertentagung am 11./12. März 1988 an der Universität Bamberg.

An allen bundesdeutschen Universitäten gibt es bislang nur einen einzigen Fall, in dem "familienwissenschaftliche" Ausbildung auf der Ebene eines eigenen Studienganges organisiert ist: An der Universität Göttingen gibt es seit 1985 einen erziehungswissenschaftlichen Diplomstudiengang "Familienpädagogik und Familienhilfe", über dessen Akzeptanz am Arbeitsmarkt wegen der kurzen Laufzeit noch nichts gesagt werden kann.

An der Universität Bamberg kann, wie oben bereits ausgeführt wurde, Familienpädagogik seit neuestem zusammen mit der Elementarpädagogik als eigene Studienrichtung im Diplomstudiengang Pädagogik studiert werden. Die schwierige Leistung besteht in beiden Fällen - sei es in der Organisationsform eines Studienganges oder in der einer Studienrichtung - in der Integration einzelwissenschaftlicher Erkenntnisse und Methoden in eine systematische und umfassende "familienwissenschaftliche" Ausbildung und einer damit gegebenen Öffnung der Pädagogik.

An einigen Universitäten wird familienbezogene Lehre auf einer unterhalb eines Studienganges oder einer Studienrichtung liegenden Organisationsebene angeboten, als Pflichtfach oder Wahlpflichtfach, als Vertiefungsfach oder als Schwerpunkt im Hauptstudium der jeweiligen Diplomprüfungsordnungen, so etwa im Falle von Familiensoziologie oder Familienpsychologie.

Eine quantitative Auswertung des Lehrangebots in den oben angegebenen Untersuchungen zeigt, daß die familienbezogenen Veranstaltungen in den Fächern Pädagogik, Soziologie, Psychologie, Recht und Theologie liegen und daß sie nach einzelnen Universitäten stark variieren, so bietet z.B. die Universität Bamberg über einen Zeitraum von vier Semestern die meisten familienrelevanten Lehrveranstaltungen an.

In qualitativer Hinsicht muß das universitätre Lehrangebot als einzelwissenschaftlich fixiert und als vorwiegend theoretisch und wissensvermittelnd bezeichnet werden. Es liegt bislang kein disziplinübergreifender Ansatz in Richtung einer systematischen "familienwissenschaftlichen" Ausbildung vor, der ein hohes Maß an Kooperation zwischen den einzelnen Fachvertretern erfordert. Ebenso fehlt die Umsetzung der Forschungsergebnisse in ein Orientierungs- und Handlungswissen, das den Absolventen eine sachgerechte Lösung der Probleme im Berufsalltag ermöglichen bzw. erleichtern würde. Statt dessen müssen auch die akademisch gebildeten Fachleute in ähnlicher Weise wie die fachlichen Laien häufig aufgrund ihrer subjektiven Theorien mit mehr oder weniger Plausibilität ihre Entscheidungen treffen.

3. Konsequenzen und Empfehlungen

Bisher wurde aufgezeigt, daß ein gesellschaftlicher Bedarf an Fachleuten besteht, die "Familienwissen" und "Familienfähigkeiten" vermitteln, daß diesem Bedarf jedoch kein adäquates Angebot gegenübersteht. Im folgenden werden einige Vorschläge gemacht, diese Differenz zwischen Bedarf und Angebot zu verringern.

a) Straffung und Neuorganisation des vorhandenen familienbezogenen Lehrangebots an den Hochschulen

Eine Arbeitsgruppe sollte die Studien- und Prüfungsordnungen aller einschlägigen Fächer auf die Familienthematik hin nach Umfang und Inhalt überprüfen und Vorschläge für eine Straffung und Neuorganisation dieses Studienanteils machen. So wäre z.B. vorstellbar, daß die familienbezogenen Lehrveranstaltungen nicht nur bei den jeweiligen Fachgebieten, sondern zusätzlich in der Rubrik "fakultätsübergreifende Veranstaltungen" ausgewiesen werden, soweit sie für Hörer aller

Fakultäten von Interesse und von der Kapazität her zugänglich sind. Die größten Anstrengungen müßten jedoch aufgeboten werden für die Kooperation und interdisziplinäre Zusammenarbeit.

b) Dienstleistungen der Hochschulen für außeruniversitäre Institutionen und Organisationen

Ähnlich wie die Kooperation zwischen Hochschule und Wirtschaft vorangetrieben wird, sollte es zu einer engeren Zusammenarbeit zwischen den Hochschulen und den sozialen Institutionen, Organisationen und Verbänden kommen, die für und mit Familien arbeiten. Dabei könnten die Hochschulen Dienstleistungen erbringen in Form eines verstärkten Wissens- und Informationstransfers familienbezogener Themen und dies in einer Art "Dienstleistungsverzeichnis" anbieten. In dieses Informations- und Bildungsnetz könnten auch die Außenstellen der Universitäten einbezogen werden. Auf diese Weise würde nicht nur ein Wissenstransfer von der Hochschule nach außen in die einzelnen Berufsfelder realisiert, sondern umgekehrt könnte auch die Praxis dazu beitragen, theoretische Fragestellungen zu bereichern, zu ergänzen, zu modifizieren und notfalls zu korrigieren. Die Hochschulen wären ihrerseits gehalten, die Umsetzung wissenschaftlicher Erkenntnisse zu einem eigenen Forschungsgegenstand zu machen und neue Formen des Wissens- und Informationstransfers zu erproben.

Während die bisherigen Vorschläge alle Hochschulen betreffen, sind die folgenden Empfehlungen nur für Hochschulen gedacht, die hinsichtlich ihrer Infrastruktur, ihrer personellen Ausstattung und ihrer bisherigen Arbeit besonders geeignet sind.

c) Aufbaustudiengang "Familienpädagogik"

An Universitäten, die eine geeignete Infrastruktur und hinsichtlich der Familienforschung in den relevanten Disziplinen eine für die wissenschaftliche Lehre genügend breite Basis anbieten könnte, soll ein Aufbaustudiengang "Familienpädagogik" eingerichtet werden.

d) Graduiertenkolleg "Familienforschung"

Im Zusammenhang mit dem Forschungsschwerpunkt "Familienforschung" soll an einer bayerischen Universität ein Graduiertenkolleg "Familienforschung" eingerichtet werden. Dabei geht es - im Gegensatz zur Ausbildung für ein späteres praktisches Handlungsfeld - um die Ausbildung von Dissertanten für die familienbezogene Forschung. An der Universität Bamberg liegt ein detailliertes Konzept eines "Graduiertenkollegs Familienforschung" bereits vor, das im Zusammenhang mit dem Forschungsschwerpunkt Familienforschung erarbeitet wurde.

e) Schwerpunkte in den Diplomstudiengängen Pädagogik, Psychologie und Soziologie

Wo noch nicht vorhanden, sollte überlegt werden, Familienpädagogik, -psychologie, -soziologie als Schwerpunkte in Form einer Studienrichtung oder eines Vertiefungsfaches in die Diplomprüfungsordnungen aufzunehmen. Mit diesem Angebot soll den Studierenden die Möglichkeit einer Spezialisierung in einem Gebiet geboten werden, in dem ein akuter gesellschaftlicher Handlungsbedarf besteht.

f) Ergänzungs- und Zusatzstudien

An einigen wenigen Hochschulen wäre es sinnvoll, Ergänzungs- und Zusatzstudien für Juristen, Theologen, Mediziner, Lehrer und andere regelmäßig mit Familienproblemen befaßte Berufsgruppen einzurichten. Das Angebot kann in Form eines Baukasten- oder Punktesystems flexibel gestaltet werden. Dieses Angebot muß abgestimmt sein mit den Angeboten anderer Fort- und Weiterbildungsträger. Ferner muß es wissenschaftlichen Ansprüchen genügen und eine spezifische Funktion im Rahmen der gesamten "Weiterbildungslandschaft" erfüllen.

Wenn es gelänge, Vorschläge in der hier aufgezeigten Richtung in den nächsten Jahren zu realisieren und inhaltlich zu konkretisieren, dann wäre zumindest seitens der Wissenschaft der Boden für einen ähnlichen "Entwicklungsschub" der Familienpädagogik vorbereitet, wie er in den 70er Jahren für die Kindergartenpädagogik eingetreten ist. In der aktuellen hochschulpolitischen Diskussion steht zwar die Ausbildung in den wirtschaftswissenschaftlichen, naturwissenschaftlichen und technischen Fächern im Vordergrund gemäß der These, daß die Qualität der Nachwuchsförderung in diesen Bereichen in hohem Maße das wirtschaftliche Wachstum und die Prosperität unserer Gesellschaft bestimmt. Darüber sollte jedoch nicht vergessen werden, daß es in den Geistes- und Sozialwissenschaften höchst sensible Bereiche gibt, die gleichermaßen, wenn auch nicht gleicher Art für das Wohlergehen einer Gesellschaft bestimmend sind wie die wirtschaftliche Produktivität. Um einen solchen Bereich handelt es sich beim sozialen System Familie. Daher ist es geboten, auch auf diesen Ausbildungsbereich personelle und finanzielle Ressourcen zu konzentrieren, sei es durch zusätzliche Mittel, sei es durch Umverteilung vorhandener Mittel.

Anmerkungen:

1 Der Begriff "Pädagogik der frühen Kindheit", in abgekürzter Form als "Frühpädagogik" bezeichnet, ersetzt zunehmend mehr den häufig eingeengt gebrauchten bzw. verstandenen Begriff "Vorschulerziehung", der in den vergangenen Jahrzehnten zu vielen Mißverständnissen Anlaß gegeben hat.

2 Vgl. z.B. U. Bronfenbrenner: Wir wirksam ist kompensatorische Erziehung? Stuttgart 1974.

3 D. Rüdiger: Institutionalisiertes Frühlesen und seine Entwicklungsauswirkungen. In: Zeitschrift für Entwicklungspsychologie und Pädagogische Psychologie, 3, 1971, 195-211.
Zur Gesamtthematik "Frühlesen" vgl. den Übersichtsartikel von L. Erler: Untersuchungen zum Frühlesen in der BRD und den USA. In: Zeitschrift für Entwicklungspsychologie und Pädagogische Psychologie, 4,1972, H. 1.

3a Prof. Dr. Paul Hastenteufel, welcher der Bamberger Hochschule seit Beginn angehört und einen wesentlichen Beitrag zum Aufbau der Pädagogik, speziell der Diplom-Pädagogik geleistet hat, ist 1987 mitten aus dem engagierten Wirken durch seinen plötzlichen tod herausgerissen worden.

4 Diese Phase ist ausführlich und kritisch behandelt im Artikel von L. Erler und H.M. Erler: Der Übergang vom Kindergarten zur Grundschule und die Rolle der vorschulischen Förderung. In; H. Lukesch/W. Nöldner/H. Peez (Hrsg.): Beratungsaufgaben in der Schule. München/Basel 1989.

5 Bayerisches Staatsministerium für Unterricht und Kultus (Hrsg.): Der Übergang vom Kindergarten zur Grundschule: Frühpädagogische Förderung in altersgemischten Gruppen. Donauwörth, 14. Auflage, 1986.

6 Vgl. u.a. U. Bronfenbrenner: Die Ökologie der menschlichen Entwicklung: Natürliche und geplante Experimente. Hrsg. v.Kurt Lüscher, Stuttgart 1981.

7 Vgl. herzu die Literaturübersicht von L. u.H.M. Erler: Das Kind (3). Geschichte der Kindheit. In: Welt der Bücher. Aus Literatur und Wissenschaft. Literarische Beilage zur Herder Korrespondenz. 1981, 6. Folge, H. 5.

8 G. Erning/K. Neumann/J. Reyer (Hrsg.): Geschichte des Kindergartens. 2 Bände. Freiburg 1987.

9 Als Begleitlektüre zu dieser Ausstellung vgl. K. Neumann (Hrsg.): Bilanz für die Zukunft. Magazin zur Ausstellung Geschichte des Kindergartens in Deutschland. Freiburg 1988.

10 Vgl. hierzu z.B. den Sammelband von R. Nave-Herz (Hrsg.): Wandel und Kontinuität der Familie in der Bundesrepublik Deutschland. Stuttgart 1988.

[11] Zur genauen Beschreibung dieses Modells vgl. L. und H.M. Erler: YESWECAN - Projekt zur Förderung der Familienerziehung. In: Mitteilungen der Fachhochschule Regensburg, Beiheft 2, Regensburg 1972.

[12] Zum Forschungsschwerpunkt "Familienforschung" erscheint seit 1986 jährlich ein Arbeitsbericht, der über die Universität Bamberg, Lehrstuhl für Soziologie I (Prof.Dr. L. Vascovics) bezogen werden kann.

[13] W.E. Fthenakis und H.R. Kunze: Theorien und Ergebnisse der Familienforschung in Lehre und Ausbildung - Vorüberlegungen und Einführung. In: Zeitschrift für Familienforschung, 1, 1989, H. 1, S. 68-89.

[14] H. Kasten: "Lehre und Ausbildung im Themenbereich Familie an bayerischen Ausbildungsstätten" und "Familienforschung in Bayern 1988" (Bericht über zwei Fragebogenerhebungen). In: Zeitschrift für Familienforschung, 1, 1989, H. 1, S. 102-111.

Josef Hederer

AUSBILDUNG VON ERZIEHERN UND SOZIALPÄDAGOGEN

Die Anfänge - bis zum ersten Weltkrieg

Von Anhängern begeistert gefeiert, von politischen Gegnern verfolgt, begann Fröbel 1849, also vor 140 Jahren, mit der Ausbildung von Kindergärtnerinnen. Im Herbst 1849 in Dresden und Bad Liebenstein, ein Jahr später in Hamburg, eröffnete er Kurse und Lehrgänge für Kindergärtnerinnen. Fröbel hatte es verstanden, junge Frauen für seine pädagogischen Ideen anzusprechen und für den neuen Beruf "Kindergärtnerin" zu werben.

Unterstützung fand er bei Diesterweg (1790-1866), der Fröbel als einen "Mann von ungewöhnlichem Schlage" bezeichnete und als Freund treu zu ihm stand. Diesterweg hat als erster den Begriff *Sozialpädagogik* gebraucht und definiert. Fröbels Pädagogik reichte weiter als die von Diesterweg. Erziehung war nach Fröbel "... eine Wissenschaft, ein echtes Erziehungswissen, ein Erziehen mit klarem Wissen des Gegenstandes, des Zieles und Zweckes, der Mittel, Wege, Weisen usw." [1]

So sollte seine Ausbildungsstätte für Kindergärtnerinnen ein Seminar sein, eine "Hochschule für Frauen und Kindergärtnerinnen" (nach Karl Fröbel). Seine Gegner sahen dieses Kindergärtnerinnen-Seminar anders, als eine Anstalt "des Fröbel'schen sozialistischen Systems, das auf Heranbildung der Jugend zum Atheismus berechnet ist" [2]

Als staatsgefährdend galten neben den Fröbel'schen Kindergärten auch die nach dem Vorbild Pestalozzis und Diesterwegs konzipierten Volksschulen.

Die Lehrgänge und Kurse bestärkten Fröbels Pläne für eine institutionalisierte Ausbildung von Kindergärtnerinnen und so war es für ihn ein Glücksfall, im Schlößchen Marienthal eine Stätte zu finden, in dem er 1850 ein Seminar für Kindergärtnerinnen einrichten konnte. Vergleichbar mit der Ausbildung von Lehrern sollte es ein "Seminar" sein. Die Ausbildung und Professionalisierung von Erziehern war damit grundgelegt.

In gleicher Weise wie sich der Gedanke einer Kleinkinderziehung in Fröbel'schen Kindergärten durchsetzte und weiterverbreitete, entstanden in den deutschen Ländern auch Kindergärtnerinnen-Seminare nach dem Vorbild des Seminars in Marienthal.

Es waren zunächst private Vereinigungen, die den Gedanken einer Kleinkinderziehung in eigenen Einrichtungen aufnahmen und als notwendige Ergänzung junge Frauen zu Kindergärtnerinnen ausbildeten. Frauen sollten es sein, die Fröbels Theorie des Spiels in die Praxis umsetzten, die seine Spiel- und Beschäftigungsmittel verwendeten, um den Spiel- und Beschäftigungstrieb der Kinder sinnvoll zu befriedigen. Sie sollten "so das Kind zum Anschauen und später zur Erkenntnis" [3] führen.

Daß für diese Tätigkeit eine fundierte Ausbildung erforderlich ist, stand für Fröbel außer Zweifel und so war von Anfang an Erziehung im Kindergarten und Ausbildung von Kindergärtnerinnen unmittelbar miteinander verbunden. Zu jedem Kindergärtnerinnen-Seminar gehörten ein und mehrere Kindergärten, in denen die künftigen Erzieher täglich üben konnten.

Die Kindergärten-Vereine, die nun in Deutschland entstanden, hatten so auch eine doppelte Zielsetzung:
- Gründung und Förderung von Kindergärten nach dem Fröbel'schen Erziehungskonzept und
- Ausbildung von Kindergärtnerinnen nach dem Vorbild des Marienthaler Seminars.

Einer der ersten Vereine in Bayern dieser Art war der "Münchner Kindergarten-Verein". 1868 gegründet brachte er es fertig, schon 1870 in der Schellingstraße ein privates Kindergärtnerinnen-Seminar zu initiieren. Der Lehrplan gründete sich auf die Fröbel'schen Gedanken und die Vorgabe der Inhalte in Marienthal.

Voraussetzung für die Aufnahme war der Besuch einer höheren Töchterschule oder das Abschlußzeugnis der Werk- und Feiertagsschule mit der Note "eins". Nach heutigem Sprachgebrauch: der Nachweis eines Mittleren Schulabschlusses oder ein überdurchschnittlich guter mittlerer Bildungsabschluß. Die gleichen Voraussetzungen galten auch für die Aufnahme in ein Lehrer-Seminar. Die Schulgebühren betrugen jährlich 200.-- Mark, für die damalige Zeit eine beachtliche Summe, es ist deshalb verständlich, daß nur Töchter gutsituierter Bürger das Seminar besuchen konnten.

Der Unterricht teilte sich in Allgemeine und Spezielle Fächer.

Als Allgemeine galten:

Deutsch mit Literatur, Aufsatz in Verbindung mit Schönschrift, Übungen im guten Erzählen
Rechnen (Münz-, Maß- und Gewichtssystem, Dezimalbrüche)
Geschichte, Geografie und Naturkunde

Spezielle Fächer:

Erziehungskunde und Seelenlehre
Körperlehre und Körperpflege der Kinder
Kindergartenpädagogik und -methodik, nebst Biografien aus der Geschichte der Pädagogik
Fröbel'sches Netz- und geometrisches Zeichnen mit elementarer Raumlehre
Gesang in Verbindung mit Fröbel'schen Bewegungsspielen
Turnen: Angemessene Körperübungen und Spiele
Anleitung zur Fertigung und Anwendung aller Fröbel'scher Beschäftigungsgaben
Methodischer Unterricht in weiblichen Handarbeiten
Kindergartenpraxis in hiesigen Kindergärten. [4]

Der erfolgreiche Abschluß wird durch das "Reifezeugnis als Kindergärtnerin" attestiert.

Dieses erste Münchner Kindergärtnerinnen-Seminar beendet nach 35 Jahren seine Unterrichtstätigkeit. Der damalige Leiter Albert Herrmann ist wegen einer schweren Krankheit nicht mehr in der Lage, die Schule zu leiten, außerdem zwingen ihn finanzielle Gründe, die Behörde um Schließung des Seminars zu bitten.

Die Kgl. Lokal-Schulkommission gibt mit Schreiben vom 20. März 1916 ihre Zustimmung: "Es wird Ihnen hiermit eröffnet, daß gemäß Regierungsentschließung vom 8. März 1916, Nr. 12490 genehmigt wurde, daß das unter Ihrer Leitung stehende Kindergärtnerinnen-Seminar mit dem Schuljahr 1915/16 seine Tätigkeit beendet." [5]

Die Kindergarten-Idee war mittlerweile in das öffentliche Bildungsbewußtsein gedrungen, besonders dort, wo weitschauende und entscheidungsfreudige Persönlichkeiten die Politik mitbestimmten. So hatte schon 1913 der Münchner Stadtschulrat Kerschensteiner eine städtische Frauenfachschule gegründet und fand es nun folgerichtig, dieser Schule 1916 das Kindergärtnerinnen-Seminar anzugliedern. Schon 1907 hatte der Magistrat von München vom Kindergarten-Verein die 23 Kindergärten mit 65 Kindergärtnerinnen übernommen. Die Stadt München hat sich damit als erste in Bayern als Träger von Kindergärten und eines Kindergärtnerinnen-Seminars bekannt.

Neben der Fröbel'schen Kleinkinderpädagogik widmeten sich Ordensschwestern der erzieherischen Pflege von Kleinkindern in den sogenannten Bewahranstalten. Daß für diese erzieherische Tätigkeit eine pädagogische Zurüstung notwendig war, stand auch bald fest. So hatten schon 1843 die Armen Schulschwestern in München am Angerkloster für ihre Mitschwestern Lehrkurse zur Ausbildung von Leiterinnen für Bewahranstalten eingeführt. 1899 wurde diese Ausbildung umgewandelt in ein Seminar für Jugendpflegeberufe.

Auch im übrigen Bayern entstanden Kindergärtnerinnen-Seminare, so 1889 ein privates Seminar in Nürnberg (1923 von der Stadt Nürnberg übernommen), im gleichen Jahr in Mallersdorf als "Bildungsstätte für Bewahrschwestern" der Armen Franziskanerinnen, und in Augsburg begann man zur gleichen Zeit in Sommerkursen Diakonissen für die Arbeit in Kindergärten auszubilden. 1906 folgten weitere Gründungen:
In Nördlingen eröffnet das Kloster Maria Stern ein Seminar für Kindergärtnerinnen und in Neuendettelsau werden Kurse für Kinderlehrerinnen eingerichtet mit dem Ziel, "christliche Kleinkinderlehrerinnen auszubilden, welche um der sozialen Not willen den Kindern unseres Volkes dienen wollen, den Kindern, welchen vielfach mütterliche Aufsicht und Pflege fehlen". [6]
1908 beginnen die Schwestern des Erlösers in Würzburg mit Lehrgängen zur Ausbildung von Ordensangehörigen für die Kleinkinderziehung.
1913 genehmigt die königliche Regierung von Schwaben einen Kindergärtnerinnen-Lehrkurs für die Franziskanerinnen in Dillingen.
1916 folgt die Gründung eines Kindergärtnerinnen-Seminars in Haag durch das Institut der Englischen Fräulein und
1917 eröffnen die Niederbronner Schwestern ein Kindergärtnerinnen-Seminar in Bamberg.
Bis Ende des 1. Weltkrieges bestehen 11 Ausbildungsstätten, von denen 9 von Klöstern für den Ordensnachwuchs,
2 von Diakonissenanstalten und
2 für weltliche Kindergärtnerinnen
unterhalten werden. Staatliche Seminare gab es auch damals nicht.

Während die "weltlichen" Seminare von der Gründung her als Ausbildungsstätten im Geiste Fröbels ihren Unterricht aufbauen und gestalten, stehen die klösterlichen Lehrgänge und Schulen zunächst als Ausbildungsstätten für die Kinderbewahranstalten (Kinderbewahrschwestern) vorrangig unter sozialer Zielsetzung. Es geht um Hilfeleistung an Kindern, die familiäre Not erleiden oder von Not bedroht sind.

In den klösterlichen Schulen wird ausschließlich Ordensnachwuchs ausgebildet. Dies entspricht auch der Kindergartensituation: Mit Ausnahme von Kindergärten in München und Nürnberg stehen die Bewahranstalten und Kinderschule ausschließlich in kirchlicher bzw. klösterlicher Trägerschaft.

Die Ausbildung stabilisiert sich - die Zeit zwischen den beiden Weltkriegen

Mit der Verabschiedung des Reichsjugendwohlfahrtsgesetzes (RJWG) 1922 gewinnt sowohl die Kleinkinderziehung als auch der gesamte Bereich der Jugendwohlfahrt eine neue Dimension.

Das Recht jedes deutschen Kindes "auf Erziehung zu leiblicher, seelischer und gesellschaftlicher Tüchtigkeit" (§ 1 RJWG) ist zunächst nur eine politische Absichtserklärung, doch sind damit die Aspekte für die weitere Entwicklung formuliert. Es ist nun Aufgabe des Jugendamtes, Einrichtungen zu schaffen für die "Wohlfahrt der Säuglinge, die Wohlfahrt der Kleinkinder und die Wohlfahrt der im schulpflichtigen Alter stehenden Jugend außerhalb des Unterrichts" (§ 4). Diese u.a. in § 4 genannten Aufgaben gelten im Gegensatz zu den Pflichtaufgaben (§ 3) als freiwillige Leistungen, sprechen aber indirekt die Forderung nach Errichtung von Kinderkrippen, Kindergärten und Horten aus. Es vereinigen sich die soziale Zielsetzung, wie sie vor allem durch die kirchlichen Einrichtungen vertreten werden, mit den erzieherischen Ideen der Fröbel'schen Kleinkinderpädagogik. Damit vereinheitlicht sich auch die Ausbildung in diesem Bereich.

Es entstehen die ersten Kinderpflegerinnen-Schulen und die Ausbildungsstätten für Fürsorger werden ausgebaut und in ihrem Unterrichtsangebot auf das neue Aufgabengebiet, wie es im Reichsjugendwohlfahrtsgesetz beschrieben wird, angeglichen.

Die 13 Ausbildungsstätten für Bewahrschulschwestern, Seminare für Kindergärtnerinnen, Seminare für Jugendpflegeberufe vereinheitlichen ihre Ausbildung hinsichtlich der 2-jährigen Dauer in den Lerninhalten und nennen sich nun einheitlich Kindergärtnerinnen-Seminare. Fast alle erhöhen ihre Ausbildungskapazität und die Absolventen reichen zunächst aus, um den Bedarf an Fachkräften zu decken. Einige Seminare erweitern ihr Ausbildungsziel um einen einjährigen "Hortnerinnen-Kurs". Dieser Kurs ist zunächst als Aufbau auf das Kindergärtnerinnen-Seminar konzipiert und wird zum Teil auch als Abendkurs geführt.

Auch der berufliche Status beginnt sich zu festigen. Kindergärtnerinnen und Hortnerinnen werden in der Bezahlung den Fachlehrern gleichgestellt. Ihre wöchentliche Arbeitszeit beträgt (bei weltlichen Kräften) zumindest bei der Stadt München 30 Stunden in der Woche.
Ende der zwanziger Jahre steigt die Zahl der meist konfessionellen Einrichtungen und es kommt zu zwei Neugründungen im Jahr 1927.
Das Kloster Maria Stern errichtet nun auch in Augsburg ein Seminar für Kindergärtnerinnen und Hortnerinnen und
das Diakonissenmutterhaus Hensoltshöhe in Gunzenhausen gliedert seinen Ausbildungsstätten ein Kindergärtnerinnen-Seminar an.
Ein Jahr vorher (1926) erhielten die Seminare die erste amtliche Prüfungsordnung. Die Prüfung gliedert sich wie noch heute in einen schriftlichen, mündlichen und praktischen Teil.

1938 wird die Schullandschaft durch eine neue Schule ergänzt.
Elisabeth Hunaeus, eine engagierte Pädagogin, hatte 1926 in Hellerau bei Dresden ein "Seminar für Frauenbildung" gegründet. Diese Schule war von einem aktiven Christentum geprägt, das auch auf den Lehren Rudolf Steiners und dessen Pädagogik fußte. Für Frau Hunaeus wurden die Bedingungen in Sachsen im Dritten Reich immer schwieriger und sie verlegt ihre Schule nach Kempfenhausen am Starnberger See. Neben die kirchlichen und kommunalen Seminare tritt nun noch ein privates.
Frau Hunaeus hat durch ihre Impulse die Ausbildung der Kindergärtnerinnen mit beeinflußt und bereichert. Viele Diskussionen wurden durch sie angeregt.

Das Streben nach Weiterbildung und der Bedarf an Führungskräften war Anlaß für Überlegungen und Planung einer Aufbauform. Es entstanden in Berlin, Hamburg, Düsseldorf-Kaiserswörth, Freiburg usw. Jugendleiterinnen-Seminare. Diese Ausbildungsstätten sollten qualifizierten Kindergärtnerinnen und Hortnerinnen eine Aufstiegsmöglichkeit bieten: Jugendleiterinnen übernahmen Aufgaben als Leiterinnen von größeren Kindertagesstätten, Kinder- und Jugendheimen, sie stellten den Hauptteil der Lehrkräfte an den Kindergärtnerinnen-Seminaren und waren zunehmend als Fachreferenten in Verbänden und Ämtern tätig.
Voraussetzung für die Aufnahme in ein Jugendleiterinnen-Seminar war der erfolgreiche Abschluß eines Kindergärtnerinnen-Seminars und eine mehrjährige berufliche Tätigkeit in Einrichtungen der Jugendwohlfahrt. Gefordert waren 3 Jahre, tatsächlich bewarben sich Kindergärtnerinnen, die mindestens 5 Jahre praktisch gearbeitet hatten.

Die Koordinierung dieser Arbeit in Deutschland erfolgte nicht durch hoheitliche Schulordnungen, sondern durch die souverän arbeitende "Konferenz der Jugendleiterinnen-Seminare", die aus den Leitern/innen der Schulen bestand.
Der Berufsstand der Jugendleiterinnen erreichte schon nach wenigen Jahren ein hohes Ansehen und gilt noch heute als hoch qualifiziert.
Die Ausbildung dauerte zunächst ein, dann eineinhalb Jahre und wurde nach dem 2. Weltkrieg auf 2 Jahre verlängert.
Das erste Jugendleiterinnen-Seminar in Bayern wurde 1936 durch die Stadt München errichtet und dem Kindergärtnerinnen-Seminar in Bogenhausen angegliedert, ein zweites Seminar kam nach dem 2. Weltkrieg in Nürnberg dazu. Damit war ein Grundstein für ein Aufbau-Studium gelegt. Die heutige Fachhochschule für Sozialwesen ist ein Nachfahre dieser Jugendleiterinnen-Seminare.
Parallel dazu lief in Bayern seit 1926 die Ausbildung zum Fürsorger, später Wohlfahrtspfleger und ab 1958 Sozialarbeiter. Auch hier war die Stadt München Vorreiter. Getrennt geleitet befanden sich diese 3 Schulen: Kindergärtnerinnen-Seminar, Jugendleiterinnen-Seminar und Soziale Frauenschule als kooperierende Institutionen unter einem Dach, d.h. in einem Gebäude am Bogenhauser Kirchplatz, der damit jahrzehntelang ein Zentrum sozialpädagogischer Ausbildung war.

In der Zeit zwischen den beiden Weltkriegen stabilisierte sich so die Ausbildung der sozialen Berufe, nämlich die der Kinderpflegerinnen, Kindergärtnerinnen und Hortnerinnen, der Jugendleiterinnen und Fürsorgerinnen. Sie bilden bis heute die Grundformen sozialpädagogischer Berufstätigkeit.

Die Cäsur des Dritten Reiches unterbrach die geistige Konzeption sowohl einer sozialen Erziehung als auch einer auf die Persönlichkeit hin orientierten Kleinkindererziehung. Die im Dritten Reich geforderte Intensivierung der Kindergarten-Erziehung - Fröbel wird als völkischer Erzieher hochstilisiert - schafft eine Konfliktsituation. Einmal liegt die Mehrzahl der Kindergärten und der Kindergärtnerinnen-Seminare in kirchlicher und klösterlicher Hand und damit außerhalb des direkten Zugriffs durch Partei und Staat. Andererseits soll schon im Kindergarten das Gedankengut des Nationalsozialismus grundgelegt werden.
So versuchen die Nationalsozialisten über die Nationalsozialistische Volkswohlfahrt (NSV), eigene Bildungseinrichtungen zu schaffen. Sie bieten Kurzkurse für Mädchen und Frauen an, um Führerinnen für die NSV-Kindergärten zu gewinnen. Der beginnende Krieg und die Zuspitzung im "Totalen Krieg" verhindern eine stärkere Ausweitung, da die Frauen in der Rüstungsindustrie nötiger sind als in den Kindergärten.

Die Zielsetzung und Umwandlung des pädagogischen Denkens verdeutlicht das Geleitwort, das der Reichswalter des NS-Lehrerbundes und Gauleiter Fritz Wächter der "Festschrift zur Hundertjahrfeier des deutschen Kindergartens" vorausstellt.
"In diesem Jahr feiert der Kindergarten seinen 100. Geburtstag!
Friedrich Fröbel hat im deutschen Kindergarten eine Erziehungseinrichtung geschaffen, die sich lebendig der völkischen Lebensordnung einzufügen vermochte. Darum war es ihm auch vergönnt, im Deutschland Adolf Hitlers unter der Führung der NS-Volkswohlfahrt einen Aufschwung zu erleben, der einzig in aller Welt dasteht.
Wenn der Reichsverwaltung des NS-Lehrerbundes am 28. Juni dieses Kriegsjahres 1940 im Hause der Deutschen Erziehung zu Bayreuth eine würdige Feier veranstaltet, so soll damit bekundet werden, daß aus der Schöpfung eines einzelnen großen Deutschen nach einem Jahrhundert eine der bedeutungsvollsten Erziehungseinrichtungen für die ganze Jugend Deutschlands und darüberhinaus für die Jugend anderer Völker geworden ist.
Wie die Erziehung im nationalsozialistischen Deutschland selbst, so ist auch der Kindergarten ein wesentlich politisches Erziehungsmittel geworden, in dem alle Grundsätze nationalsozialistischer Menschenführung ihre Verwirklichung finden.

Die Hundertjahrfeier des deutschen Kindergartens möge deshalb von dem stolzen Bewußtsein getragen werden, daß der deutsche Kindergarten heute eine Bedeutung erlangt hat, die es ihm auch in der Zukunft ermöglichen wird, stets ein unentbehrlicher Faktor deutscher Volkserziehung zu sein.
Heil Hitler!
gez. Fritz Wächter" [7]

Vom Kindergärtnerinnen-Seminar zur Fachakademie für Sozialpädagogik - vom Jugendleiterinnen-Seminar zur Fachhochschule

Soweit die Schulgebäude nicht zerstört worden waren, begann im September 1945 wieder der Unterricht. Fast alle Lehrer mußten zunächst durch die "Spruchkammern", d.h. "entnazifiziert" werden. Diejenigen, die nicht der NSDAP oder einer ihrer Gliederungen angehört hatten, durften weiter unterrichten. In der amerikanischen Besatzungszone, so auch in Bayern, übernahm die Militärregierung die Überprüfung der Lehrpläne und Lehrbücher. Das Reorientations-Programm der Besatzungsmacht erfaßte auch teilweise die soziale Ausbildung. Auf der einen Seite boten die Amerikaner inhaltliche, willkommene Hilfe an: Sozialpsychologie und Gruppenpädagogik mit den damaligen Autoren Kurt Lewin und Gisela Konopka, auf der anderen Seite wurde die Kleinkindpädagogik des völkischen Erziehers Fröbel mit übergroßer Vorsicht und Skepsis behandelt.
Das Haus Schwalbach in Wiesbaden - Institut für Gruppenarbeit - wurde zur zentralen Bildungsstätte und initiierte die neuen methodischen Ansätze in der Sozialarbeit. Darüber hinaus erhielten erhielten Lehrer Einladungen nach England und in die USA, um westliche wissenschaftliche Erkenntnisse und Methoden zu

studieren. Der Begriff Social-work mit den Methoden Case und group work, social action und community organization wurde Ausgangspunkt für ein neues zentrales Fach: die Praxis- und Methodenlehre. Zunächst hielt dieses Fach nur Einzug in einzelne Wohlfahrtsschulen, entwickelte sich dann aber immer mehr in alle Bereiche der sozialen Arbeit.

Die ersten 10 Jahre nach 1945 wurden so zu einer Integrationsphase von westlicher, vorwiegend amerikanischer Denkweise und bereinigter deutscher Kleinkindpädagogik und Sozialarbeit.

Der allgemeine Ausbau des deutschen Schulwesens ging in dieser Zeit an der sozialen Ausbildung vorbei. Zu den bisherigen Ausbildungsstätten für Kindergärtnerinnen kam 1945 lediglich das Seminar im Kloster Oberzell, heute Würzburg St. Hildegard.

Die freien Wohlfahrtsverbände, die Kirchen aber auch die Kommunen als Träger hatten lebenswichtigere Aufgaben als die Einrichtung von Kindergärten und Horten, obwohl die Not der Familien, insbesondere wegen der im Krieg gefallenen oder noch in Kriegsgefangenschaft befindlichen Väter, materiell und seelisch größer war als je zuvor. Am Ende dieser Phase hatte die soziale Pädagogik die Verbindung vollzogen: die deutsche, überwiegend geisteswissenschaftlich orientierte Pädagogik hatte die amerikanisch empirisch ausgerichtete Denkweise akzeptiert und durch die von der Sozialarbeit geprägte Methodik integriert. Zwei Lehrbücher aus dieser Zeit sollen stellvertretend für diese pädagogische Allianz genannt werden: Elisabeth Zorell's Erziehungslehre (1953 bei Klinkhardt erschienen) und Heinrich Schiller's Gruppenpädagogik (1963 vom Haus Schwalbach verlegt).

Die nächsten beiden Dezenien wurden bestimmt durch die Bildungseuphorie und -reform und besonders durch das Einbeziehen der Kleinkindpädagogik in die gesetzliche Sozialpolitik als auch in das amtliche Bildungssystem.

1966 veröffentlichte der Hyperion Verlag "Wie kleine Kinder lesen lernen". Rolf Lückert hatte Doman's Buch aus dem Englischen übersetzt und ungeheueres Aufsehen erregt. Im Vorspann zum ersten Grundsatzreferat vor der AGJJ (April 1966) wird die damalige Situation deutlich charakterisiert:

"Es scheint, als ob das Vorschulalter für die pädagogische Forschung wie für die Kultusverwaltungen und die Öffentlichkeit interessant wird. So sind hierzu in letzter Zeit immer wieder einmal provokatorische Fragen zu hören, z.B. ob das Vorschulalter hinsichtlich der Förderung der kulturellen Entwicklung des Kindes in seinen Möglichkeiten auch wirklich ausgeschöpft wird, oder ob die Kindergärten ihre schulpflichtig werdenden Kinder ausreichend auf den Eintritt in die Schule vorbereiten. Solche Fragen rütteln an Bastionen klassischer Kindergartenpädagogik. Zu einem Frontalangriff scheint Prof. Lückert, Direktor des Instituts für Jugendforschung und Unterrichtspsychologie der Pädagogischen Hochschule München, angetreten zu sein. Mit der Herausgabe und Ergänzung des amerikanischen Buches "Wie kleine Kinder lesen lernen" erregte Prof. Lückert Aufsehen und erntete ebenso Zustimmung wie Widerspruch." [8]

Der Deutsche Bildungsrat nimmt die Forderung nach einer Elmentarbildung auf und fordert die obligatorische Einführung eines Elementarbereichs in das Bildungssystem. Die Diskussion darüber dauern über 5 Jahre. Am Ende stehen die Kindergartengesetze der einzelnen Bundesländer. Nicht als Erweiterung der Schulgesetze, sondern meist als Durchführungsgesetz zum Jugendwohlfahrtsgesetz.

Wie sah es zu dieser Zeit in Bayern aus?
Im Freistaat gab es 1965 2612 Kindergärten mit 166.154 Plätzen. Bis 1968 waren es schon 2757 Kindergärten mit 220.288 Plätzen, doch diese Steigerung war minimal im Vergleich mit dem anvisierten Bedarf.
In einem Bericht aus dieser Zeit heißt es:

"Die bayerischen Staatsministerien für Unterricht und Kultus und des Inneren haben 1966 Richtlinien mit Mindestbestimmungen für Kindergärten erlassen. Darin werden Raumbedarf, Mindestanforderungen an sanitäre Einrichtungen und Personal festgestellt. 1968 wurden über 200 Kindergärten kommunaler, freier und privater Träger in einem bayerischen Regierungsbezirk untersucht und auf ihre Übereinstimmung mit den Forderungen der Richtlinien überprüft.
Nur 13% der untersuchten Kindergärten hatten entsprechend den Richtlinien mindestens 2 qm Raum pro Kind zur Verfügung, nur 21% besaßen mindestens 1 Toilette auf 10 Kinder, ein Waschbecken auf 10 bis 15 Kinder fand sich bei 65%. ...
Die Gruppenstärke soll laut Richtlinien 25-35 Kinder betragen. Das Ergebnis sieht so aus: Nur 1,3% haben eine Gruppenstärke von bis zu 25 Kindern, und nur bei 21,9%% wird die Höchstgrenze von 35 Kindern nicht überschritten. 57,4%, also mehr als die Hälfte, haben eine Gruppenstärke von 40 bis 50 Kindern; 16,1% der untersuchten Kindergärten hatten mehr als 60 Kinder in einer Gruppe, 1,6% 80 und mehr, und 0,3% sogar über 100." [9]

Bei Beachtung der damaligen Richtlinien bestand für die vorhandenen Kindergärten zu dieser Zeit ein Bedarf an

        ca. 250 Jugendleiterinnen/Sozialpädagogen
        2.500 Kindergärtnerinnen und
        1.800 Kinderpflegerinnen.

Dies war ein Alarmzeichen für die Ausbildung. Zum ersten Mal greift das Bayerische Staatsministerium für Unterricht und Kultus ein und versucht, die Träger der Ausbildungsstätten zu mobilisieren. Es fordert, ja bittet die Träger um

- Ausweitung der Kapazität der bisherigen Schulen und
- Gründung neuer Schulen.

Die Neugründung in Landshut-Seligenthal, die Zisterzienserinnen hatten 1956 ihren Schulen ein Seminar für Kindergärten, Horte und Heime angegliedert, und die beiden kleinen Seminare in Kempten (Christliche Jugendhilfe) und Gemünden (Schwestern vom Hl. Kreuz) reichten nicht aus, um den laufenden Bedarf zu decken.

Der Aufruf des Kultusministeriums hatte mittelfristig Erfolg. Im Laufe der nächsten 10 Jahre verdoppelte sich die Zahl der Ausbildungsstätten, die bisherigen erweiterten ihre Kapazität, so daß bis 1974 über 2.000 Absolventen die Schulen verlassen konnten.

Neugründungen in dieser Zeit waren:

1965 **Schweinfurt** durch die Cummunität Casteller Ring
München im Verbund der Katholischen Bildungsstätten für Sozialberufe
1969 **Lindau** durch das Institut der Englischen Fräulein
1970 **Straubing**, angegliedert an das Institut der Ursulinen
1971 **München** eröffnet der Caritasverband im Schloß Fürstenried eine Fachschule für Sozialpädagogik
Hof, das Evangelisch-Lutherische Diakoniewerk versorgt Oberfranken
Regensburg, der bischöfliche Stuhl in Verbindung mit dem Caritasverband
Altdorf, der Landkreis Nürnberg wird Träger einer Schule
Münnerstadt, auch der Landkreis Kissingen errichtet eine Ausbildungsstätte
Eichstätt, das Haager Kindergärtnerinnen-Seminar des Instituts der Englischen Fräulein übersiedelt in die Bischofsstadt
1972 **Zwiesel** durch das Mädchenwerk Zwiesel
Weiden, die zweite Schule der Diözese Regensburg
1973 **Erlangen,** eine weitere Schule des Caritasverbandes
Höchstadt wird errichtet durch den Landkreis Erlangen-Höchstadt
Aschaffenburg, eine Schule des Landkreises
Aschau, nach langer Pause wieder eine private Schule, angegliedert den Stahmer Schulen
1974 **Mühldorf, Krumbach und Deggendorf**, jeweils vom Landkreis errichtet.

In der Bundesrepublik Deutschland war durch Georg Picht der "Bildungsnotstand" verkündet worden. Schon vorher hatte in den USA der Sputnik-Schock die Frage aufgeworfen, ob der Westen seine Intelligenz nicht besser mobilisieren kann und soll. Der Einstieg in diese Bildungsoffensive muß - darin waren sich die Planer weitgehend einig - über eine effizientere und intensivere Elementarerziehung erfolgen. Programme wurden entwickelt und gefördert. Als Beispiel gilt bis heute noch das Head-Start-Programm. Neben einem Ausbau der schulischen Einrichtungen vertraute man auf den Einsatz der Massenmedien. - Die Sesam-Street - flimmert noch heute über unsere Bildschirme.

Es muß etwas getan werden für die Bildung und Erziehung. Man tat etwas für die Lehrer und Erzieher. Die Ausbildung der Volksschullehrer wurde den Universitäten angegliedert und natürlich wurden auch die Gehälter aufgestockt, die Gymnasiallehrer konnten bis A 15 aufsteigen.

Auch die Kindergärtnerinnen sollten daran teilhaben. Einige Jahre sprach man mehr von der Vorschullehrerin und die Bezeichnung Kindergarten wurde zeitweise und je nach regionalem Erprobungsfeld ersetzt durch Elementarbereich, Vorschulklasse, Klasse 0, Orientierungsstufe u.a.
Die Kultusministerfonferenz (KMK) diskutierte mehrere Jahre über die Verbesserung und Vereinheitlichung der Ausbildung. 1968 war es dann soweit:
- aus den Kindergärtnerinnen-Seminaren wurden Fachschulen für Sozialpädagogik
- aus den Jugendleiterinnen-Seminaren wurde Höhere Fachschulen für Sozialpädagogik (in einigen Ländern in grundständiger, in den übrigen, dazu gehörte Bayern, in Aufbauform).

Die Sozialen Frauen- und Wohlfahrtsschulen waren schon 1961 zu Höheren Fachschulen für Jugend- und Sozialarbeit aufgestiegen. Die Absolventen der Fachschulen für Sozialpädagogik hießen nicht mehr Kindergärtnerinnen/Hortnerinnen, sondern Erzieher. Der Beruf sollte auch für Männer attraktiv werden. Wer eine Höhere Fachschule für Sozialpädagogik absolviert hatte, erhielt die Berufsbezeichnung Sozialpädagoge, der Absolvent der Höheren Fachschule für Jugend- und Sozialarbeit nannte sich in Angleichung an den Social-worker in Deutschland Sozialarbeiter. Die Reform beschränkte sich natürlich nicht nur auf die Namensänderung; auch inhaltich und hinsichtlich der Ausbildungsdauer unterschied sich die neue berufliche Bildung.
Als Voraussetzung für die Aufnahme wurde neben der bisher geforderten Mittleren Reife noch ein 12monatiges Vorpraktikum verlangt.
Die eigentliche Ausbildung gliederte sich in eine
- vorwiegend theoretische 2-jährige Ausbildung und
- ein einjähriges Berufspraktikum.

Als nicht mehr aktuell wurde aus der Stundentafel gestrichen:
Kultur- und Heimatkunde, Geschichte der Pädagogik, Jugendhilfe und Berufskunde; dafür wurde in den Fächerkanon aufgenommen:
Praxis- und Methodenlehre, Soziologie, Heim- und Heilpädagogik und Jugendpflege. Im Gegensatz zu anderen Bundesländern blieben in Bayern der Erzieherausbildung alle musisch-pädagogischen Fächer erhalten.
Im Gegensatz zu den Lehrern fiel die Verbesserung der Vergütung nicht ins Gewicht. Im öffentlichen Dienst stiegen die Erzieher nach einer halbjährigen Vergütung in BAT VII (die bisherige Vergütungsgruppe) nun in BAT VI auf.

Der Lerninhalt der Höheren Fachschulen für Sozialpädagogik änderte sich nicht. Die Absolventen erhielten bei erfolgreichem Abschluß (ohne zusätzliche Prüfung) zusätzlich zur Berufsqualifikation die fachgebundene Hochschulreife. Die Berufsqualifikation wurde auch neu gefaßt. Die Ausbildung befähigt "in Kindergärten, Horten, Heimen, Einrichtungen der Jugendpflege und anderen sozialpädagogischen Bereichen als Erzieher tätig zu sein".

Die KMK-Empfehlung zur Vereinheitlichung der Ausbildung ließ aber noch viele Fragen offen. Das Kultusministerium hatte mit der allgemeinen Bildungsreform andere Sorgen, als sich um die Detailfragen der Erzieher-Ausbildung zu kümmern. So übernahm die 1968 gegründete Arbeitsgemeinschaft der Bayerischen Fachschulen für Sozialpädagogik, ein freiwilliger Zusammenschluß aller Schulleiter, die Arbeit, die üblicherweise von den Schulaufsichtsbehörden durchgeführt wird.

In den ersten Jahren ging es der Arbeitsgemeinschaft insbesondere um
- die Erarbeitung eines neuen Lehrplans,
- die Überprüfung der Stundentafel,
- Richtlinien für das Vor- und Berufspraktikum,
- Erarbeitung eines Entwurfes für eine Schulordnung,
- Fortbildung der Lehrkräfte (es gab noch kein Studienfach Sozialpädagogik, die Lehrer hatten zwar einschlägige Studiengänge absolviert, aber kein Lehramtsstudium) und
- Koordinierung der Ausbildung in Bayern.

Nach vielen Diskussionen und in Absetzung von der in anderen Bundesländern üblichen Regelung wurde in Bayern der Bereich Kindergarten dem Kultusministerium zugeordnet und dort ein eigenes Referat geschaffen. Eine der ersten Aufgaben war die Planung bzw. Erweiterung der Kindergartenplätze, die Verbesserung der Struktur und die Errechnung des Personalbedarfs.

Aus dem Schulreport 3/1971 entnehmen wir die Prognosezahlen:

	1972	1975	1978	1980
angenommener Besucheranteil	%	%	%	%
der Dreijährigen	30	30	50	70
der Vierjährigen	40	50	80	90
der Fünfjährigen	40	50	80	90

Im gleichen Zeitraum sollte die Gruppenstärke wie folgt abgebaut werden

Gruppenstärke	30-35	25-28	22-23	15-20

Das ergibt einen Personalbedarf von (bei Zugrundelegung der optimalen Gruppenstärke)

Sozialpädagogen	-	-	3390	7950
Erzieher	6180	7520	13550	23870
päd. Assistent	6180	7520	13550	23870

Dabei wurde zugrundegelegt, daß pro Gruppe ein Erzieher und ein pädagogischer Assistent zur Verfügung steht. Die Sozialpädagogen sollten die Leitung von Kindertagesstätten und beratende Funktionen übernehmen.

Die bisherigen und die geplanten Ausbildungsstätten reichten da nicht aus, um den Bedarf zu decken, es mußten zusätzliche Ausbildungsmöglichkeiten geschaffen werden.

Das Bayerische Staatsministerium für Unterricht und Kultus begründete mit dem Bayerischen Rundfunk 1972 des Telekolleg für Erzieher (TKE). Eine Handvoll Mitarbeiter schuf in wenigen Monaten ein Programm, das von der Qualität heute noch als mustergültig gewertet wird.
Das Fernsehen strahlte die Fächer Deutsch, Englisch, Sozialkunde und Biologie (insgesamt 130 Halbstundensendungen), der Hörfunk Pädagogik, Jugendrecht und Soziologie aus (91 Halbstundensendungen).
Im Direktunterricht (12 Wochenstunden, Abendunterricht) wurden die übrigen Fächer gelehrt. Dazu kamen Übungen in sozialpädagogischen Einrichtungen.
In 2 Durchgängen, 1972/74 und 1974/76 wurden beinahe 2.000 Erzieher ausgebildet. Damit konnte der Erzieherbedarf in Bayern gedeckt werden. [10]

Auch das Schulrecht differenzierte sich in den siebziger Jahren.
Das Gesetz über das berufliche Schulwesen vom 15. Juni 1972 brachte für die Fachschulen für Sozialpädagogik einen neuen Status: sie wurden Fachakademien.

Das Fachhochschulgesetz gliederte die Höheren Fachschulen für Sozialpädagogik und die Höheren Fachschulen für Jugend- und Sozialarbeit in den Hochschulbereich (Fachhochschulen) ein. Die Absolventen erhielten in Bayern einheitlich die Berufsbezeichnung Sozialpädagogen (FH), später den akademischen Grad eines Dipl. Sozialpädagogen (FH).

Eine Angleichung an das allgemeine Schulwesen brachte für die Erzieherausbildung die Allgemeine Schulordnung vom 2. Oktober 1973. Ihre besonderen schulischen Aufgaben wurden in den Ergänzenden Bestimmungen zur Allgemeinen Schulordung (EBASchOFakSO) festgeschrieben. Die Verrechtlichung des Schulwesens zwang damit auch die bisher mehr freie Art der Erzieherausbildung in einen strengeren rechtlichen Rahmen.

Das Bayerische Erziehungs- und Unterrichtsgesetz (BayEUG) vom 10. September 1982 und die Fachakademieordnung (FakOSozPäd) vom 4. September 1985 stellen die letzten rechtlichen Akte für die Erzieherausbildung dar.

Bis heute blieben als Träger der Ausbildungsstätten kirchliche Körperschaften und Kommunen. Im Gegensatz zu den übrigen Bundesländern hat der Freistaat verzichtet, eigene Ausbildungsstätten zu errichten. Nur beim Telekolleg für Erzieher war er direkt an der Ausbildung beteiligt. Allerdings hat er in den letzten 15 Jahren durch Gesetzgebung und Verordnungen Ausbildungsinhalte und Formen bestimmt. Eine Kooperation zwischen Kultusministerium und Schulen fand in der Arbeitsgemeinschaft der Ausbildungsstätten statt. Diese vertrauensvolle Partnerschaft konnte auf sachliche Auseinandersetzungen nicht verzichten, wurde aber immer bestimmt vom Geist der Subsidiarität und fachlicher Autorität.

Ende der 80er Jahre wiederholt sich, wenn auch aus anderen Gründen, die Situation, wie sie sich vor 20 Jahren darstellte. Ein Erziehermangel zeichnet isch für die nächsten Jahre ab. Der Geburtenrückgang, die geringe Vergütung gegenüber anderen vergleichbaren Berufen und die anspruchsvollere Erziehungsarbeit führen zu einem Nachwuchsmangel, dem auf der anderen Seite der Ausbau der Kindergärten, neuerdings auch der Horte und Kinderkrippen, gegenübersteht.

Neue zusätzliche Ausbildungsgänge werden notwendig werden. Im Gegensatz zu den früheren siebziger Jahren, in denen die gesamte Gesellschaft von einer Bildungseuphorie ergriffen war, scheint heute das Anspruchsdenken vorzuherrschen: der Anspruch der Eltern auf kostenfreie Plätze in Kinderkrippen, Kindergärten und Horten und gleichzeitig der berechtigte Anspruch der Erzieher auf eine adäquate Vergütung und vergleichbare Arbeitsbedingungen, wie sie etwa bei den Lehrern gegeben sind.

Neue Formen werden geschaffen werden und damit wird die aktuelle Entwicklung eine neue Dynamik der Ausbildung erzwingen.

Quellennachweis

[1] F.W.A. Fröbel, Die Menschenerziehung, Seite 347

[2] K. Müller, Kulturreaktion in Preußen im 19. Jahrhundert, Berlin 1929, Seite 59 f

[3] Boldt, Eichler, Friedrich Wilhelm August Fröbel, Leipzig 1982, Seite 118

[4] Fünfzig Jahre Kindergärtnerinnenseminar der Landeshauptstadt München 1916-1966, München 1966, Seite 13/14

[5] ebenda, Seite 17

[6] Chronik - Kindergärtnerinnenseminare, Fachschulen für Sozialpädagogik, Fachakademien für Sozialpädagogik, München 1986, Seite 77

[7] Wächter (Hrsg.), Festschrift zur Hundertjahrfeier des deutschen Kindergartens, München 1941, Seite 1

[8] Mitteilungen der Arbeitsgemeinschaft für Jugendpflege und Jugendfürsorge, Nr. 45/46, Seite 39

[9] Hederer, Neue Wege in der Vorschulpädagogik, in Bayerische Staatszeitung Nr. 40/41/42 1969

[10] Hederer, Das Telekolleg für Erzieher, Analyse und Erfahrungen Band 4, Forschungsbereich Ausbildung für den Elementarbereich der Philipps Universität Gießen 1975

Rita Kagerer

AUSBILDUNGSSTÄTTEN FÜR KINDERPFLEGER/INNEN UND ERZIEHER/INNEN IN BAYERN

Im vielfältigen Bereich des beruflichen Schulwesens spielen die sozialpädagogischen und sozialpflegerischen Schulen eine wichtige Rolle. Für die Ausbildung von Fachpersonal für den Kindergarten kommt insbesondere den Berufsfachschulen für Kinderpflege und den Fachakademien für Sozialpädagogik Bedeutung zu.

Die *Berufsfachschule für Kinderpflege* bietet mit der 2jährigen Ausbildung zum/ zur staatl. gepr. Kinderpfleger/in eine Einstiegsmöglichkeit für Hauptschulabsolventen in den sozialpädagogischen/sozialpflegerischen Berufsbereich.
Im Schuljahr 1988/89 besuchten insgesamt 4.118 Schüler und Schülerinnen diese Schulen.
Die Anstellungschancen für Kinderpfleger/innen sind heute sehr gut.
Nach der in der Schulordnung für die Berufsfachschulen für Hauswirtschaft und für Kinderpflege formulierten *Zielsetzung* vermittelt die Berufsfachschule für Kinderpflege "grundlegende Kenntnisse und Fertigkeiten zur Tätigkeit als pädagogisch ausgebildeter Helfer in verschiedenen sozialpädagogischen Arbeitsfeldern, insbesondere bei der Betreuung von Kindern im vorschulischen Alter oder frühen Schulalter".
Neben einem Angebot in allgemeinbildenden Fächern während der gesamten Ausbildung ist die Stundentafel auf diese berufliche Zielsetzung ausgerichtet. Im ersten Jahr der Ausbildung sind grundlegende - zum Teil auch hauswirtschaftliche - Themenbereiche der Unterrichtsgegenstand, im zweiten Jahr dann vorrangig sozialpädagogische und sozialpflegerische Themen.

Wie in allen beruflichen Bereichen ist eine Anpassung und Reflexion der Ausbildungsinhalte immer wieder erforderlich. Die Lehrpläne für die Berufsfachschule für Kinderpflege werden im kommenden Jahr grundlegend überarbeitet; dabei wird auch die Strukturierung der Ausbildung überdacht.
Den 58 Berufsfachschulen für Kinderpflege sind in der Regel 1jährige Berufsaufbauschulen angegliedert, so daß für die Berufsfachschüler die Möglichkeit besteht, nach dem Berufsabschluß auch den mittleren Schulabschluß zu erwerben. Damit sind viele Weiter-bildungsmöglichkeiten (z.B. die Erzieherausbildung) eröffnet.

Die Ausbildung zum staatl. anerk. Erzieher/zur staatl. anerk. Erzieherin erfolgt in Bayern an den *Fachakademien für Sozialpädagogik.* Fachakademien sind eine für Bayern spezifische Schulform auf Fachschulebene. Wie in Art. 17 des Bayerischen Gesetzes über das Erziehungs- und Unterrichtswesen formuliert, sind sie Bildungseinrichtungen, "die einen mittleren Schulabschluß voraussetzen und in der Regel im Anschluß an eine dem Ausbildungsziel dienende berufliche Vorbildung oder praktische Tätigkeit auf den Eintritt in eine angehobene Berufslaufbahn vorbereiten."

Diese gesetzliche Festlegung setzt den Rahmen für die in der Schulordnung für die jeweilige Ausbildungsrichtung (z.b. Sozialpädagogik) festgelegten Aufnahmevoraussetzungen und Ausbildungsziele. Fachakademien dienen nach ihrer gesetzlichen Festlegung der vertieften beruflichen Aus- und Fortbildung; damit hat schon der Gesetzgeber signalisiert, daß die fachlichen Lernziele ständiger Anpassung an den Entwicklungsstand der beruflichen Praxis bedürfen.

Fachakademien für Sozialpädagogik - Standorte, Träger, staatliche Förderung, Lehrer, Studierende: Es gibt in Bayern 39 Fachakademien für Sozialpädagogik, so daß ein flächendeckendes Ausbildungsangebot besteht.

Keine dieser Schulen befindet sich in staatlicher Trägerschaft. 10 Fachakademien für Sozialpädagogik haben kommunale (i.d.R. Landkreise oder kreisfreie Städte), 29 kirchliche Träger. Durch staatliche Zuschüsse zum Personal- und Schulaufwand, die nach dem Bayerischen Schulfinanzierungsgesetz z.B. für staatlich anerkannte private Fachakademien 90 % des Lehrpersonalaufwands zuzüglich eines Ausgleichbetrags ausmachen, erhalten Fachakademien eine erhebliche - als Rechtsanspruch abgesicherte - staatliche Förderung.
Häufig ist durch die Kombination der Trägerschaft von Schule und anderen sozialpädagogischen Einrichtungen (z.B. Kindergarten, Heim oder Hort) eine enge Verknüpfung von Ausbildung und späterem Einsatzfeld gewährleistet.
Dieses Zusammenwirken sollte in den nächsten Jahren noch intensiviert werden. Ein ständiger Erfahrungsaustausch muß erfolgen, um die Bedürfnisse der Praxis in die Ausbildung einzubringen, aber auch, um aus der Ausbildung Impulse an die Praxis zu geben.
Eine ganz wesentliche Aufgabe kommt hierbei den Fachakademielehrern zu. Wie Art. 16 des Gesetzes über das berufliche Schulwesen festlegt, müssen "Fachakademielehrer für allgemeinbildende und fachtheoretische Fächer ein ihrem Lehrgebiet entsprechendes Studium an einer wissenschaftlichen Hochschule mit einer

Hochschulprüfung oder Staatsprüfung abgeschlossen haben. Fachakademielehrer für fachpraktische Fächer müssen hierfür eine abgeschlossene fachpraktische und pädagogische Ausbildung nachweisen, welche den Aufgaben der Fachakademien entspricht." An den Fachakademien für Sozialpädagogik unterrichten in den fachpraktischen Fächern Sozialpädagogen und Fachlehrer.
Die fachtheoretischen Fächer werden von Dipl.-Psychologen, Dipl.-Pädagogen und zunehmend auch Lehrern des seit 1978 in Bayern neu eingerichteten Studienganges des Lehramts an beruflichen Schulen der Fachrichtung Sozialpädagogik erteilt. Fast alle Fachakademielehrer weisen selber einschlägige Berufserfahrung nach. Diese Kenntnisse zu erhalten und zu aktualisieren ist eine Aufgabe, die sich für diese Lehrergruppe ganz besonders stellt.

Schulische Ausbildungsgänge wie die Erzieherausbildung haben sich dem ändernden Feld von Angebot und Nachfrage zu stellen. Die Berufswahlentscheidung des einzelnen ist ausschlaggebend für die Studierendenzahl.

Die folgende Tabelle gibt eine Übersicht über die Entwicklung der Studierendenzahlen:

Schuljahr	Studierende insgesamt
1986/87	5660
1987/88	5043
1988/89	4479

Nach einer ersten Voraberhebung haben die Studierendenzahlen im laufenden Schuljahr (1989/90) zugenommen. Diese Entwicklung ist erfreulich und sicher auch ein Ergebnis der verbesserten Anstellungssituation; mehr als Konditionen der Schule beeinflussen nämlich Kriterien wie Arbeitsmarktlage, Bezahlung, Arbeitsbedingungen, Aufstiegsmöglichkeiten die Berufswahlentscheidung. Quantitativ und qualitativ bedarfsgerechte Ausbildung fordert daher von allen Beteiligten eine Wertung der Gesamtsicht.
Derzeit (Schuljahr 1989/90) stellt sich die Ausbildung an den Fachakademien für Sozialpädagogik wie folgt dar:
Zielsetzung, Eingangsvoraussetzungen und Struktur der Erzieher/innen-Ausbildung

Wie in der Rahmenvereinbarung über die Ausbildung und Prüfung von Erziehern/ Erzieherinnen (Beschluß der Kultusministerkonferenz vom 24.9.1982) festgelegt,

ist Ziel der Ausbildung die "Befähigung in sozialpädagogischen Bereichen als Erzieher/Erzieherin selbständig tätig zu sein."
In der Schulordnung für die Fachakademien für Sozialpädagogik (FakOSozPäd) ist diese Zielsetzung einer "Breitbandausbildung" konkretisiert (§ 2 FakOSozPäd): "Die Fachakademie für Sozialpädagogik soll die Studierenden befähigen, in Kinderkrippen, Kindergärten, Horten, Heimen, Einrichtungen der Jugendpflege sowie in anderen sozialpädagogischen Bereichen als Erzieher selbständig tätig zu werden."
Diese breite, anspruchsvolle Zielsetzung hat Auswirkungen hinsichtlich der geforderten Eingangsvoraussetzungen und der Struktur der Ausbildung. So ist neben dem mittleren Schulabschluß eine abgeschlossene Berufsausbildung in einem sozialpädagogischen, pädagogischen, sozialpflegerischen, pflegerischen oder rehabilitativen Beruf mit einer Regelausbildungsdauer von mindestens zwei Jahren oder eine abgeschlossene Berufsausbildung in einem staatlich anerkannten Ausbildungsberuf oder eine selbständige Haushaltsführung mit mindestens einem minderjährigen Kind und ein erfolgreich abgeschlossenes einjähriges Praktikum in sozialpädagogischen Einrichtungen oder eine einschlägige berufliche Tätigkeit von mindestens vier Jahren berufliche Zugangsvoraussetzung.

Das 2jährige Vorpraktikum für Bewerber ohne jegliche berufliche Vorbildung ist derzeit umstritten. Viele Argumente pro und contra werden aufgeführt.
Legt man die Zielsetzung einer Ausbildung für alle sozialpädagogischen Tätigkeitsbereiche zugrunde, so ist ein entsprechender beruflicher Vorspann für die Erzieherausbildung wünschenswert. Hinsichtlich der Vergütung der Vorpraktikanten bahnen sich erhebliche Erhöhungen an und auch die Ausgestaltung und Betreuung dieses Praktikums wird verbessert. So soll erreicht werden, daß auf der Basis der Erstausbildung bzw. des Vorpraktikums die Weiterbildung zum/zur Erzieher/in erfolgen kann.

Aufbauend auf allgemeinbildende und berufliche Vorkenntnisse dauert die Erzieher/innen-Ausbildung drei Jahre. Sie gliedert sich in einen überwiegend fachtheoretischen Teil von zwei Studienjahren im Vollzeitunterricht an einer Fachakademie für Sozialpädagogik und ein anschließendes zwölfmonatiges - von der Fachakademie begleitetes - Berufspraktikum in Vollzeitform. Ausnahmsweise kann das Berufspraktikum auch in Teilzeitform durchgeführt werden. In diesem Fall beträgt die Ausbildungsdauer vier Jahre.
Zielsetzung, Inhalte und Ablauf des Berufspraktikums sind durch die Schulordnung (FakOSozPäd) geregelt.

Die Schulordnung räumt auch die Möglichkeit ein, daß Bewerber, die die Zulassungsvoraussetzungen erfüllen, ohne vorherigen Schulbesuch die Abschlußprüfung als anderer Bewerber ablegen und so unmittelbar in das Berufspraktikum eintreten können. Dadurch ist ein Weiterbildungsangebot für Erwachsene entstanden, das einen reifen Bewerberkreis für diesen Beruf gewinnt.

In der gesamten Struktur der Ausbildung stehen die Verknüpfung von Theorie und Praxis sowie die Entwicklung von Handlungskompetenzen im Vordergrund.

Dies spiegelt sich auch in den *Inhalten der Erzieher/innen-Ausbildung (Stundentafeln, Lehrpläne, Abschlußprüfung, zusätzliche Qualifikationsmöglichkeiten)* wider.

Die Stundentafel der Fachakademie für Sozialpädagogik enthält folgende Pflichtfächer:

Pädagogik, Psychologie, Soziologie, Deutsch, Sozialkunde, Biologie mit Gesundheitserziehung, Heilpädagogik, Jugendliteratur, Rechtskunde, Theologie/Religionspädagogik, Praxis- und Methodenlehre (Elementarbereich, Heim- und Hortbereich, Jugendarbeit), Kunsterziehung, Werkerziehung, Musikerziehung, Rhythmik, Sporterziehung, sozialpädagogische Übungen. Daneben gibt es ein variables Angebot an Wahlpflichtfächern (z.B. Übungen zur Hortpädagogik, zur Heimpädagogik, zur Heilpädagogik, zur Jugendarbeit, zur Elementarpädagogik; Spiel) und Wahlfächern (z.B. Chor/Orchester, Instrumentalunterricht, Medienpädagogik).

Somit ist gewährleistet, einerseits durch ein verbindliches Fächerangebot zu sichern, daß an allen Schulen Grundlagen in den vielfältigen Tätigkeitsfeldern vermittelt werden und andererseits durch die Gestaltung der Wahlpflichtfach- und Wahlfachangebote die Ausbildungsstätten ein eigenständiges Profil gewinnen können.

Für die Fachakademien für Sozialpädagogik sind mit Bekanntmachung des Bayerischen Staatsministeriums für Unterricht und Kultus vom 22. Juni 1981 Lehrpläne erlassen worden. Die Lehrpläne wurden am Staatsinstitut für Schulpädagogik und Bildungsforschung durch einen Arbeitskreis erstellt, dem Vertreter der Schulen, der Verbände und der Hochschulen angehörten.

Die Lehrpläne versuchen Theorie und Praxis eng zu verknüpfen. In den letzten Jahren wurden diese Pläne an den Schulen erprobt. Erfahrungen sind nun gesammelt und es ist in nächster Zeit zu entscheiden, welche Aktualisierungen notwendig werden. Eine Überarbeitung der Lehrpläne für die Fächer Gesund-

heitserziehung und Rechtskunde ist bereits vorgenommen, andere Bereiche werden folgen.
Auch die Organisationsformen des fachpraktischen Unterrichts und der Praktikumsbetreuung müssen fortentwickelt werden, wobei im Vordergrund die Anpassung an die sich in den verschiedenen Praxisfeldern wandelnden Aufgaben stehen muß und auch methodische Aspekte, wie z.B. Projektunterricht, noch mehr als bisher einbezogen werden müssen.

Die Fachakademie für Sozialpädagogik schließt mit einer mündlichen und schriftlichen Abschlußprüfung (in den Fächern Pädagogik oder Psychologie; Heilpädagogik; Jugendliteratur oder Theologie/Religionspädagogik) den ersten Ausbildungsabschnitt ab; nach dem Berufspraktikum erfolgt ein Colloquium.
Auch eine direkte Übergangsmöglichkeit in den Hochschulbereich ist für Erzieher/innen durch die Möglichkeit, die Ergänzungsprüfung abzulegen, geschaffen. Absolventen von Fachakademien für Sozialpädagogik können durch eine schriftliche Prüfung in Pädagogik oder Psychologie, Deutsch und Englisch und einer mündlichen Prüfung in Sozialkunde und Biologie die fachgebundene Fachhochschulreife (die Besten auch die fachgebundene Hochschulreife) erwerben und ggf. durch eine Zusatzprüfung in Mathematik auch die allgemeine Fachhochschulreife. Ein erheblicher Teil der Absolventen der Fachakademien für Sozialpädagogik nimmt diese zusätzliche Qualifikationschance wahr.

Insgesamt ist somit die Möglichkeit eröffnet, ausgehend vom Hauptschulabschluß über eine Erstausbildung und Weiterbildung einen Hochschulabschluß zu erwerben.

Mit den sich verändernden Lebensverhältnissen (Änderungen in der Familienstruktur, Integration von Aus- und Übersiedlerkindern ..), ändern sich die Anforderungen der Berufspraxis an Erzieher und Kinderpfleger. Die Ausbildung muß sich diesem Wandel stellen und zur weiteren Qualifizierung beitragen. Dies erfordert, daß Praxis, Schule und Hochschule eng zusammenarbeiten.

Hinzu muß kommen, daß die im Beruf befindlichen Fach- und Hilfskräfte durch entsprechende Fortbildungsangebote unterstützt und gefördert werden. Wenn die Berufsbilder des/der Erziehers/Erzieherin, Kinderpflegers/Kinderpflegerin - auch hinsichtlich Arbeitsbedingungen, Bezahlung und Aufstiegschancen - in Konkurrenz mit anderen Berufen einen guten Stellenwert erhalten, kann es gelingen, hinsichtlich Quantität und Qualität den zunehmenden Bedarf an Fachkräften dieser Berufe zufriedenstellend zu decken.

V. Zukunftsperspektiven und Ausblick

Wassilios E. Fthenakis

ENTWICKLUNG IN DER FRÜHPÄDAGOGIK - VON EINER INSTITUTIONELLEN ZU EINER SYSTEMORIENTIERTEN BETRACHTUNG DER ELEMENTARERZIEHUNG

I

Unter dem Einfluß der Bildungseuphorie hatte man Mitte der 60er Jahre begonnen, die Fragen nach dem Stellenwert und nach einer Neuorientierung der Erziehung von Kleinkindern aufzuwerfen. In den zurückliegenden 25 Jahren läßt sich eine Reform der Pädagogik der frühen Kindheit nachzeichnen, die an drei Dimensionen kurz angedeutet werden soll:
- Zunahme der Anzahl der Einrichtungen und damit der betreuten Kinder;
- Curriculum-Reform der siebziger Jahre und
- eine inzwischen vollzogene Neuorientierung des Kindergartens als Bildungsinstitution.

Die Anzahl der Einrichtungen stieg in der Bundesrepublik von 12 290 mit 817 200 Plätzen im Jahre 1960 auf 23 290 (und 1 478 900 Plätze) im Jahre 1975 an. Seitdem läßt sich eine Stagnation der Plätze und eine geringfügige Zunahme der Anzahl der Einrichtungen beobachten: Im Jahre 1986 gab es 24 476 Einrichtungen mit 1 415 000 Plätzen. Die Versorgung mit Kindergartenplätzen stagnierte in den siebziger Jahren und nahm - dank des drastischen Rückgangs der Geburtenzahlen - bis in die achtziger Jahre bundesweit zu. So kamen im Jahre 1960 auf 1000 drei- bis unter sechsjährige Kinder 328, im Jahre 1975 655 und ihm Jahre 1987 790 Kindergartenplätze.

Die gegen Ende der sechziger Jahre eingeleitete Curriculum-Reform war zunächst als Gegenreform gegen einseitig disziplinorientierte (vorwiegend kognitive) Ansätze zu verstehen. Motiviert durch die Studenten- und die neue Frauen-Bewegung der sechziger Jahre hat sie in einer ersten Phase soziopolitische Ziele verfolgt. Wenig später verlagerte sich der Schwerpunkt der Curriculum-Reform auf didaktisch-methodische Aspekte: Der situative Ansatz, der dieser Entwicklung zugrunde lag, war bereits zu Beginn der siebziger Jahre als der Vorbote einer Entwicklung anzusehen, die erst jetzt angemessene Formen anzunehmen beginnt und eine Neuorientierung der Pädagogik der frühen Kindheit nahelegt.

Der wichtigste Beitrag der siebziger Jahre zur Entwicklung des Elementarbereichs chs war die Anerkennung des Kindergartens als Bildungseinrichtung mit einem entsprechenden Stellenwert innerhalb der Bildungsinstitutionen.

In der Bundesrepublik Deutschland ist es zweifellos gelungen, Fehlentwicklungen im Elementarbereich zu vermeiden, wie sie aus anderen Ländern bekannt sind: So wurde zu Recht eine Absage an einseitig kognitiv orientierte Förderungsansätze erteilt, die Vorverlegung schulischer Inhalte in den Kindergarten abgelehnt und eine Umstrukturierung des Elementarbereichs durch eine Zuordnung der Fünfjährigen in den Primarbereich vermieden. Die Beibehaltung des sozialpädagogischen Ansatzes und die Förderung der Gesamtpersönlichkeit des Kindes in altersgemischten Gruppen, ohne Einengung auf den institutionellen Rahmen, etwa auf den der Schule hin, erwiesen sich als Ansätze, die die Erziehungskonzeption der siebziger Jahre maßgeblich beeinflußten.

Dennoch fußte die Entwicklung der zurückliegenden Jahre auf einer Reihe von z.T. bis heute ungeprüften Annahmen, die zur Problematik der gegenwärtigen Elementarpädagogik beigetragen haben.

Es waren die Arbeiten von Bloom (1964) und Hunt (1961, 1964, 1969), die in den späten sechziger und in den frühen siebziger Jahren als theoretische und empirische Rechtfertigung für die Initiierung einer Vielzahl von Förderprogrammen in der Frühpädagogik und damit auch für die Verteilung öffentlicher Gelder dienten. Den Annahmen dieser Autoren zufolge sind die ersten Jahre im Leben eines Kindes von besonderer und nicht umkehrbarer Bedeutung für seine weitere Entwicklung. Gleichzeitig lösten diese Thesen bei den Eltern und Pädagogen großen Enthusiasmus aus, der insbesondere mit der Hoffnung verknüpft war, die Defizite sozial benachteiligter Kinder durch entsprechende Förderprogramme in der vorschulischen Entwicklungsphase auszugleichen und somit die vielzitierte Chancengleichheit bzw. Chancengerechtigkeit für die Schullaufbahn herzustellen.

Durch entwicklungs- und kinderpsychologische Studien der letzten Jahre (vgl. Fthenakis, 1988) wurde die Annahme des irreversiblen, schicksalhaften Charakters der ersten Lebensjahre jedoch relativiert. 'Entwicklung' ist diesen Forschungsergebnissen zufolge aus einer lebenslangen Perspektive heraus zu begreifen und, somit ist Früherziehung in unmittelbarem Zusammenhang mit den anderen Phasen der individuellen Biographie eines Kindes zu betrachten. Eine solche lebenslauforientierte Perspektive von Entwicklung hat es ermöglicht, langfristige Auswirkungen einer Frühförderung nachzuweisen. Entwicklung als diskontinuierlich verlaufender Prozeß läßt die Bedeutsamkeit einer jeden Phase im Lebenslauf erkennen, und in diesem Sinne ist auch der Stellenwert der Früherziehung zu bestimmen. Eine diskontinuierlich verlaufende Entwicklung läßt die Relevanz der Elementarerziehung in einem anderen Licht erscheinen und liefert zugleich eine stichhaltigere und interessantere Diskussionsgrundlage für bildungspolitische Ansätze, die bislang nicht genutzt wurde.

Die zweite zu problematisierende Annahme ist die Auffassung, daß eine gesunde Entwicklung des Kindes nur durch eine sichere Bindung zu einer bestimmten Person erreicht werden kann. Seitens der Forschung konnte dieser Ansatz in den zurückliegenden 10 Jahren allerdings widerlegt werden. Das Kind benötigt für seine eigene Entwicklung Beziehungen zu mehreren Personen, die für das Kind von eigener Qualität sind, deren Gesamtheit das soziale Netz des Kindes bilden, innerhalb dessen Entwicklung realisiert wird. Dafür, daß eine außerfamiliale Betreuung von Kleinstkindern zwangsläufig zu einer Beeinträchtigung der Qualität der Eltern-Kind-Beziehung, sogar der kindlichen Entwicklung führen muß, gibt es gegenwärtig keine empirische Evidenz. Solche Annahmen beruhen auf Spekulationen (Fthenakis,1989a, 1989b). Es kann deshalb heute nicht um die Frage gehen, außerfamiliale Betreuung: ja oder nein?, sondern um qualifizierte Antworten auf die Frage, *wie* eine ausserfamiliale Betreuung des Kindes zu organisieren sei.

Eine dritte Annahme betrifft die Altersmischung. Die Organisation der Förderung im Elementarbereich erfolgt in altersgemischten Gruppen. Dabei geht man davon aus, daß diese in der Regel den überlegenen Ansatz einer Frühförderung darstellen. In der Reformphase der siebziger Jahre gewann das Prinzip der Altersmischung in der Bundesrepublik Deutschland an Bedeutung, nachdem sich einige Länder entschieden hatten, die Fünfjährigen dem Kindergarten und nicht einer Vorklasse oder Eingangsstufe der Grundschule zuzuordnen (Krüger, 1977). Allerdings liegen bis heute noch kaum Forschungsergebnisse über entwicklungsfördernde bzw. -hemmende Faktoren altersübergreifender Kindergruppen vor. Einige wenige Studien, die bislang auf diesem Gebiet durchgeführt wurden, legen den Schluß nahe, daß das Lernen und die Entwicklung optimal gefördert werden, wenn die Leistungsniveaus der Gruppenmitglieder zwar unterschiedlich sind, er nicht zu weit auseinander liegen (Mangione, 1982). Forschungssarbeiten, die Möglichkeiten und Grenzen eines auf Altersmischung organisierten Förderungsansatzes aufzeigen, befinden sich erst in ihren Anfängen.

Die Elementarerziehung wurde in den siebziger Jahren in der Bundesrepublik weitgehend ohne Bezug zur entwicklungspsychologischen Forschung und zu den Erkenntnissen der Familienforschung konzipiert. In der elementarpädagogischen Forschung wurden keine Längsschnittstudien geplant oder durchgeführt, die die Wirkung der Förderungsansätze hätten überprüfen können. Generell ließ sich eine Zurückhaltung gegenüber Evaluationsansätzen beobachten. Diese hätten innovative Impulse zur qualitativen Verbesserung des Curriculums und evtl. sogar zusätzliche Argumente für weitere Investitionen in diesem Bereich liefern können.

Was sich auch als fraglich erweisen kann, ist die Tatsache, daß offensichtlich die Organisation der Elementarerziehung und die Entwicklung des Gesamtförderungsansatzes mit Blick auf eine traditionell organisierte Zwei-Eltern-Familie erfolgt ist. Bis zu Beginn der achtziger Jahre hat man Probleme von Kindern, die in nicht traditionell organisierter Familienform aufwachsen, in der vorschulischen Förderung kaum gesehen und im Ausbildungs- oder Förderungscurriculum nicht thematisiert. Dies ist vor allem deshalb unverständlich, weil sich die Elementarerziehung selbst als familienergänzend begreift und die heute vorfindbare Vielfältigkeit familiärer Strukturen und Beziehungen keineswegs das Ergebnis lediglich der letzten zehn Jahre ist.

Die Reformbemühungen der siebziger Jahre haben ihre volle Entfaltung - dies steht heute fest - nicht erreichen können. Die Gründe hierfür sind verschieden: Neben teilweise ungeprüften theoretischen Annahmen, noch bestehender Forschungslücken und unzureichender Berücksichtigung unterschiedlicher Familienstrukturen ist ein wichtiger Grund darin zu sehen, daß es den Trägern nicht gelungen ist, die Reform in die breite Praxis umzusetzen und daß die Ausbildungsstätten wesentliche Elemente der Reform nicht aufgegriffen haben. Die in der Praxis tätigen Erzieher/innen, die diese Reform mitgestaltet hatten, haben zum großen Teil eine administrative Karriere ergriffen. Wenn man dabei berücksichtigt, daß es in den siebziger Jahren eine hohe Fluktuation der Erzieher/innen mit einer durchschnittlichen Verweildauer von sieben Jahren gegeben hat, so ist es verständlich, daß die Reform nicht weitergeführt werden konnte. Schließlich hat die Beschränkung innovativer Bemühungen vorwiegend auf den curricularen Bereich zu einer Entwicklung geführt, die man als "Vereinheitlichung" in der Elementarerziehung bezeichnen könnte: Es wurden curriculare Ansätze entwickelt, die sich vorwiegend an vier-und fünfjährige Kinder wandten. Unverhältnismäßig gering fällt dabei das Angebot an Förderungsansätzen für Drei- und Sechsjährige aus. Die Gefahr einer Überforderung der jüngeren und einer weitgehenden Unterforderung der älteren Kinder liegt auf der Hand. Was fehlte, waren sequentielle Ansätze, die bei zunehmender Komplexität dem jeweiligen Entwicklungsniveau des Kindes angemessen sind.

Die Reform der Elementarerziehung auf curricularer Ebene verstand sich als Gegenreform. Dies führte zu einer starken Vernachlässigung kognitiver Aspekte in der kindlichen Entwicklung, eine Vorgabe, die vor dem Hintergrund einer die

Gesamtpersönlichkeit des Kindes umfassenden Förderung kaum nachvollzogen werden kann. Der Kardinalfehler in der Reformphase war jedoch, daß man vorwiegend institutionell und nicht systemisch gedacht hat. Man war bemüht eine qualitative Förderung des Kindes im Kindergarten zu leisten. Auf diese Weise hat man eine Institution aufgebaut und die Zusammenhänge zwischen dieser Institution und anderen Systemebenen, wie etwa dem Mikrosystem Familie, weitgehend vernachlässigt. Das Ergebnis ist u.a. fehlende Kohärenz zwischen den verschiedenen Formen frühkindlicher Betreuung, etwa zwischen Krippe und Kindergarten und - wie eine Studie des IFP in diesem Jahr gezeigt hat - noch immer zwischen Kindergarten und Grundschule. Dies hat ferner dazu geführt, daß man Entwicklungen und Veränderungen in den anderen Systemen übersehen hat, was heute eine zentrale Problematik des Elemementarbereichs ist.

Die Elementarerziehung steht heute vor einer Reihe von Fragen und Problemen, die zum Teil aus dem institutionell verankerten Selbstverständnis des Kindergartens herrühren, z.T. aber auch aus anderen Systemebenen: Die Anwendung integrativer Formen der Erziehung behinderter und nicht behinderter Kinder, eine angemessene Förderung ausländischer sowie Kinder mit besonderen Bedürfnissen, die Modernisierung ihrer Ansätze im Bereich der Umwelt- und Gesundheitserziehung u.a. stellen nach wie vor für die Praxis der Elementarerziehung eine Herausforderung dar. In vielen Orten muß noch die Versorgung der Kinder mit Kindergartenplätzen gesichert werden. Trotz des Erreichten sind große Anstrengungen notwendig, um allen Kindern in Bayern eine Förderung zukommen zu lassen, die sie für ihre weitere Entwicklung benötigen.

Die schwierigen und zugleich neuen Fragen, die sich für die Frühpädagogik stellen, resultieren jedoch in erster Linie aus anderen System-Ebenen, wie etwa aus der Familie, aus weiteren Formen der außerfamilialen Betreuung des Kindes, aus der Arbeitswelt. Für die Beantwortung dieser und weiterer Fragen verfügt sie kaum über Wissen oder Handlungskompetenz. Die Frühpädagogik muß sie aber bewältigen, will sie dem tatsächlichen Auftrag der Erziehung, Betreuung und Bildung von Kindern gerecht werden.

Diese Neuorientierung, d.h. systemisches Denken anstatt dem bisherigen institutionellen, hat vor allem Veränderungen in den unterschiedlichen Systemebenen und insbesondere im Bereich familialer Strukturen und Beziehungen zu berücksichtigen. Wenn Elementarerziehung sich auch künftig als *familienergänzende, -begleitende Form der Betreuung, Bildung und Erziehung unserer Kinder begreift*, dann gilt es der Frage nachzugehen, wie die soziale Realität familialer Strukturen und Beziehungen aussieht. Und sie hat die Frage nach den Wechselwirkungen zu beantworten, die sich aus Veränderungen im System Familie ergeben. Generell gewinnen in der letzten Zeit die Wechselwirkungsprozesse sowohl innerhalb eines Systems, etwa des Kindergartens, als auch zwischen den Systemen an Bedeutung. Deren Berücksichtigung hilft, nicht nur die Komplexität der Aufgaben zu erkennen, sondern auch angemessenere theoretische und praktische Antworten zu finden. Gerade an solchen Veränderungen auf verschiedenen Systemebenen läßt sich die Notwendigkeit einer Neuorientierung auch in der Frühpädagogik eindrucksvoll aufzeigen, insbesondere was die Übernahme einer systemischen Betrachtungsweise betrifft.

II

In der gegenwärtigen familiensoziologischen Diskussion wird vielfach von einer "De-Institutionalisierung", das heißt vom Zerfall der Familie gesprochen. Gemeint ist damit die Freisetzung der Menschen der modernen Industriegesellschaft aus traditionellen und lokalen Bindungen. Als empirische Indikatoren für die These der De-Institutionalierung der Familie dienen vor allem *die sinkenden Heirats- und Geburtenziffern, das Ansteigen des Heiratsalters, die steigenden Scheidungsziffern und die Zunahme von Einpersonenhaushalten.*
Nave-Herz (1989) sowie Schütze (1989) fanden sowohl hinsichtlich der Frage, ob die Familie als soziale Institution verschwinden wird, als auch ob die betreffenden Individuen tatsächlich zu dauerhaften Bindungen nicht mehr in der Lage sind, derzeit keinerlei Anhaltspunkte, die auf einen Zerfall der Familie hinweisen. Junge Menschen im Alter zwischen 18 und 24 Jahren wählen - bei prinzipieller Bejahung der Ehe - häufig die nichteheliche Lebensgemeinschaft als Form des Zusammenlebens. Für die Mehrzahl dieser jungen Menschen gilt die nichteheliche Lebensgemeinschaft als Substitut für die frühere Verlobungszeit.
Hinsichtlich steigender Scheidungsziffern läßt sich in den letzten Jahren zwar eine Zunahme von Scheidungen beobachten, die Scheidung ist jedoch mehr als eine Absage an einen bestimmten Partner und weniger als Ablehnung der Institution Ehe und Familie anzusehen. In einer Befragung nannten immerhin 95,1% Ehe und Partnerschaft als die Bereiche, mit denen sie in ihrem Leben am meisten zufrieden waren (Zapf et al.,1987).
Insbesondere während der letzten Jahrzehnte zeigt sich ein zum Teil drastischer Rückgang der Geburten. Falsch wäre es allerdings, würde man aus einer Reduktion der Geburtenziffern per se eine Aversion gegen langfristige Bindungen und die Übernahme von Verantwortung für eigene Kinder ableiten wollen. Alle ver-

fügbaren empirischen Arbeiten sprechen vielmehr dafür, daß Eltern heute mehr denn je bereit sind, Verantwortung für ihre Kinder zu übernehmen.
Die sinkende Geburtenrate ist sicherlich zu einem Teil auch darauf zurückzuführen, daß immer mehr Frauen nicht bereit sind, bereits existierendes berufliches Engagement zugunsten der Versorgung eines Kindes ohne weiteres aufzugeben.
Auch die zunehmende Zahl kinderloser Ehen erweist sich als ungeeignet für eine Bestätigung der Hypothese abnehmender Bereitschaft zu elterlichem Engagement. Eine Studie von Nave-Herz (1988) zeigte z.B., daß bei vielen der kinderlos gebliebenen Ehepaare der Kinderwunsch lediglich solange hinausgeschoben wurde, bis es zu spät war. Im weiteren ließ sich anhand einer genauen Analyse der untersuchten Kohorten nachweisen, daß 1970 mehr Paare als 1980 es ablehnten, Kinder zu haben.
Zusammenfassend ist festzuhalten: Die Ehe als legalisierte Sexualbeziehung und Institution zur ökonomischen Absicherung von Frauen wird vielleicht an Bedeutung verlieren. Das Modell der bürgerlichen Familie wird nicht mehr *das* Familienmodell sein, sondern eine unter mehreren verfügbaren Alternativen. Daß der Bedeutungsverlust der institutionalisierten Ehe gleichbedeutend ist mit einer Aversion gegen langfristige Bindungen in den familialen Beziehungen, kann gegenwärtig durch die Ergebnisse der Familienforschung nicht gestützt werden.

Es ist deutlich geworden, daß wir es in den letzten Jahren mit einem Wandel familialer Strukturen und Beziehungen und weniger mit einer Krise der Familie zu tun haben. Aus der Familienforschung ist bekannt, daß es auch in früheren Zeiten unterschiedliche Familienformen gab, die in ihrer Verbreitung und gesellschaftlichen Bedeutung von den jeweiligen soziokulturellen Rahmenbedingungen geprägt wurden. Neben einer Verschiebung des *quantitativen Anteils* der verschiedenen Lebensformen in der Gesamtgesellschaft sind gleichzeitig auch *qualitative Veränderungen* zu beobachten, was die Bedeutung einzelner Familienformen betrifft.
Im Hinblick auf die Veränderung der *quantitativen Verteilung* verschiedener Familienformen in der Gesamtbevölkerung zeigt sich zum Beispiel, daß seit etwa Mitte der siebziger Jahre ein anhaltender Rückgang der Gesamtzahl von Familien mit minderjährigen Kindern zu beobachten ist. Lebten 1972 im Bundesgebiet rund 8,8 Mio. Elternpaare und Alleinerziehende mit Kindern unter 18 Jahren als Familienhaushalte zusammen, gab es 1987 lediglich noch ca. 7 Mio..
Innerhalb dieses sozialgeschichtlich gesehen kurzen Zeitraumes haben sich noch zwei weitere wesentliche Strukturverschiebungen ergeben: Die eine betrifft die zahlenmäßige Verringerung der familialen Lebensgemeinschaften mit minderjähri-

gen Kindern in Form von "vollständigen" Familien: Während ihre Zahl zwischen 1972 und 1987 bundesweit von knapp 8,3 Mio. auf rund 6 Mio. sank, nahm die Zahl der alleinerziehenden Mütter und Väter (Ein-Eltern-Familien) im gleichen Zeitraum von etwa 706.000 auf 935.000 Familien zu. In Bayern beträgt der Anteil von Ein-Eltern-Familien mit minderjährigen Kindern gegenwärtig 12,4 %.

Ein zweites, für die weitere Bevölkerungsentwicklung besonders bedeutsames Merkmal des demographischen Strukturwandels der Familie ist die fortschreitende Tendenz zur "Kleinfamilie", die mit einer starken Reduktion der Geburtenrate einhergeht.

Von Bedeutung sind auch einige Aspekte des Wandels familialer Strukturen und Beziehungen, in denen Veränderungen *qualitativer* Art zum Ausdruck kommen, die insbesondere von Bedeutung für die künftige Elementarerziehung sind. Die Ein-Kind-Familie, deren Häufigkeit zunimmt, birgt Risiken für die Eltern und für das Kind in sich. Die Risiken für das elterliche Erziehungsverhalten sind darin zu sehen, daß alle Erwartungen auf das Kind projiziert werden, das Kind überfordert wird und die Eltern enttäuscht sind, wenn das Kind ihren Erwartungen nicht genügt. Familiäre Konflikte sind die notwendige Folge. Für das Kind sind die Risiken darin zu erblicken, daß Standards an es herangetragen werden, die es nicht erfüllen kann. Damit ist die seelische Entwicklung des Kindes gefährdet. Wenn sich Eltern in hohem Maße mit dem Kind identifizieren und ihre ganzen Hoffnungen auf dieses Kind übertragen, kann zudem die Gefahr auftreten, daß sie das Kind übermäßig an sich binden. Dies kann dazu führen, daß es den Kindern im Jugendalter nicht gelingt, zu ihrer eigenen Identität zu finden und verantwortlich mit den Lebensaufgaben umzugehen (Kruse,1989).

Angesichts der stark reduzierten Geburtenrate und der steigenden Zahl der Ein-Kind-Familien werden in der Früherziehung mehr und detailliertere Kenntnisse zur Situation und zur Entwicklung von Einzelkindern im Vergleich zur Entwicklung von Kindern in Mehr-Kind-Familien unter besonderer Berücksichtigung der Funktion von Geschwisterbeziehungen benötigt.

Ein weiterer wesentlicher Aspekt familialen Wandels betrifft die *Ein-Eltern-Familie*. Familien mit einem alleinerziehenden Elternteil sind, wie bereits erwähnt, keine neue soziologische Erscheinung. Allerdings haben sich die Ursachen verändert, die zu einer alleinerziehenden Elternschaft geführt haben. Waren es früher vornehmlich Verwitwung und Nichtehelichkeit, die diese Familienform bedingten, so sind es heute überwiegend Scheidung und Trennung. Eine subtile Diskriminierung von Kindern aus geschiedenen Familien weisen die spärlichen Arbeiten auf diesem Gebiet auch heute noch nach.

Ca. 13,6 % aller Familien sind sogenannte Ein-Eltern-Familien, davon 15 % mit einem alleinerziehenden Vater und 85 % mit einer alleinerziehenden Mutter (Neubauer, 1988). Die Kenntnisse über die in dieser Familienform vorfindbaren Entwicklungsbedingungen für Kinder sind äußerst begrenzt, und man verfügt kaum über hinreichende Informationen zu den Rahmenbedingungen, die diese Familienkonstellation begleiten. Man geht jedoch heute davon aus, daß sich die Familien mit alleinerziehendem Vater von denen alleinerziehender Mütter in einigen Merkmalen unterscheiden: Vater-Familien sind in den vorliegenden Studien finanziell besser gestellt als Mutter-Familien. Auch die Erwartungen, die die Kinder selbst mit der jeweiligen Familienform verknüpfen, sind unterschiedlich: Kinder alleinerziehender Mütter erwarten von ihrer Mutter, daß sie stets für sie da sei. Sie sind mit ihrer Situation unzufrieden und möchten die Mutter dafür verantwortlich machen. Kinder mit alleinerziehendem Vater sind sich dagegen bewußt, daß der Vater sich freiwillig für die Übernahme der Erziehung und Versorgung entschieden hat, und sind ihm für das dankbar, was er für sie tut (vgl. auch Fthenakis,1985).

In der jüngsten Vergangenheit hat sich eine weitere Facette der Ein-Eltern-Familie herausgebildet. In den achtziger Jahren ist der Anteil der *ledigen* Alleinerziehenden merklich angestiegen. Waren 1980 von den alleinerziehenden Müttern noch 14 % ledig, betrug dieser Anteil 1987 bereits 23 %, wobei geschätzt wird, daß ein Drittel der ledigen Mütter mit einem Partner in einer nichtehelichen Lebensgemeinschaft zusammenlebt.

In den vergangenen Jahren ist eine deutlich wachsende Verbreitung des Zusammenlebens nicht miteinander verheirateter Paare zu beobachten. Es kann hierbei unterschieden werden zwischen einem nichtehelichen Zusammenleben als Lebensphase vor der Ehe bzw. Familiengründung und nichtehelichen Lebensgemeinschaften (unter Umständen auch mit Kindern) als bewußte Alternative zum ehelichen Zusammenleben. Amtliche Schätzungen und andere empirische Erkenntnisse weisen darauf hin, daß die Zahl nichtehelicher Lebensgemeinschaften allein in der ersten Hälfte der achtziger Jahre um ca. 50 % zugenommen hat; für 1987 kann eine Größenordnung von 750.000 unverheiratet zusammenlebenden Paaren als Untergrenze angenommen werden, wobei immerhin 15 % der 26- bis 35jährigen und 26 % der 36- bis 56jährigen unverheiratet mit einem Partner zusammenlebenden Frauen 1987 mindestens ein Kind hatten. In dieser Gruppe dürfte sich auch ein Großteil derjenigen nichtehelichen Lebensgemeinschaften finden, die ihre Lebensform als bewußte Alternative zur "ehebezogenen Familie" ansehen.

Vor allem aus der Wiederheirat geschiedener Eltern resultiert in den letzten Jahren vermehrt eine weitere Familienform, die *Stieffamilie*. Sie bildet bereits jetzt die zweithäufigste Familienform. Acht Prozent aller Familien waren bereits 1984 Stieffamilien. Eine Million minderjähriger Kinder wachsen in solchen Familien auf, davon etwa 800.000 in Stiefvater- und ca. 200.000 Kinder in Stiefmutter-Familien (Schwarz, 1984). Aus der zunehmenden Häufigkeit einer Wiederheirat beider geschiedener Elternteile resultieren bislang unbekannte familiäre Beziehungen. So hat zum Beispiel eine zunehmende Zahl von Kindern nunmehr zwei Stiefelternteile (Nave-Herz, 1989). Es entstehen "elternreiche Familien", in denen auch neue komplexe Verwandtschaftsverhältnisse vorzufinden sind, bei denen wir nicht einmal über angemessene Bezeichnungen für die jeweilige Verwandtschaftsbeziehung verfügen (Furstenberg, 1987). Es potenziert sich in dieser Familienform nicht nur die Großelternschaft, sondern auch die Anzahl von Seitenverwandten, Onkeln, Tanten etc.. Wie Furstenberg (1987) zeigt, rivalisieren im übrigen nicht nur Eltern und Stiefeltern um die Kinder, sondern zunehmend auch die verschiedenen Großeltern.

Diese nicht näher definierten und kulturell verankerten Rollen tragen zur Verunsicherung des Kindes bei und lassen zugleich den Bedarf an Ritualisierung dieser Beziehungsnetze erkennen, will man die aus Rollenunsicherheit resultierenden Auswirkungen für das Kind und für alle beteiligten Erwachsenen reduzieren. Konkrete Maßnahmen sind dringend erforderlich, wenn man Kindern, die in den genannten familialen Kontexten aufwachsen, angemessene Entwicklungsbedingungen bieten möchte. Hier fehlt es allerdings bislang an pädagogischen Konzeptionen.

Nicht zu vernachlässigen sind im Kontext qualitativ sich verändernder Familienstrukturen die Familien, die ein Kind *adoptieren* oder vorübergehend bzw. auf Dauer ein Kind *in Pflege nehmen*. Die Zahl der Adoptionsfamilien hat in den letzten Jahren zwar abgenommen, beträgt aber dennoch jährlich etwa 4.000. Die Entwicklungsbedingungen von Kindern in Pflege- und Adoptivfamilien wurden in der Pädagogik kaum thematisiert, ja es wurde nicht einmal die Frage aufgeworfen, ob diese Kinder der besonderen Hilfe und Betreuung bedürfen.

Wurden voraussehend in erster Linie strukturelle und qualitative Veränderungen innerhalb des Systems der Familie behandelt, so lassen sich vergleichbare Veränderungen jedoch gegenwärtig auf allen Systemebenen feststellen. So werden etwa die familiären Beziehungsnetze im Mesosystem zunehmend kleiner (Wilbers, 1988; Lehr, Wingen, Wilbers & Cornelius, 1988), das heißt, die Anzahl außerfamiliärer Bezugspersonen in Nachbarschaft, Freundeskreis etc. nimmt stetig ab. Generell läßt sich auch eine Reduktion in der horizontalen Komplexität familiärer Beziehungen nachweisen, das heißt, die Verfügbarkeit verwandtschaftlicher Bezugspersonen innerhalb einer Generation ist reduziert, obwohl infolge einer Verlängerung der Lebenserwartung die vertikale Komplexität des verwandtschaftlichen Beziehungsnetzes eher vergrößert ist.

Der Zusammenhang zwischen den Systemebenen läßt sich am Beispiel der mütterlichen Erwerbstätigkeit besonders verdeutlichen. Das Bedürfnis nach Berufstätigkeit ist bei Frauen stark ausgeprägt. Bielenski und Strümpel (1988) haben festgestellt, daß nur eine Minderheit (16 %) von Frauen mit Kindern im Alter unter 15 Jahren nicht berufstätig sein möchte. Die Anzahl tatsächlich erwerbstätiger Frauen betrug im April 1986 jedoch nur 42,1 %. Wie Nauck (1987) zeigte, ist ein kontinuierlicher Anstieg der Erwerbsquoten vor allem bei jüngeren Frauen, also den potentiellen Müttern, nachzuweisen. In der Altersgruppe bis 25 Jahre stieg der Anteil berufstätiger Frauen von 28,5 % im Jahre 1952 auf 64,7 % (im Jahre 1985) an. Ähnliches läßt sich auch für die Gruppe der bis Dreißigjährigen zeigen. Der Anteil berufstätiger geschiedener Mütter liegt für Kinder aller Altersstufen um durchschnittlich 5 % höher als der Prozentsatz verheirateter Mütter.

In der Brigitte-Studie (vgl. Erler et al., 1988) zeigte sich, daß die berufstätigen Frauen zu einem sehr hohen Prozentsatz (69 %) ihre Berufstätigkeit nach der Geburt des ersten Kindes gar nicht unterbrochen haben, sondern nach einem Elternurlaub wieder in den Beruf zurückgekehrt sind. Lediglich nach der Geburt des zweiten Kindes kommt es vermehrt zu einer Unterbrechung der Berufstätigkeit. Als Gründe für einen Ausstieg aus dem Beruf gaben 1983 in Baden-Württemberg 65 % der befragten Frauen die Ankunft eines Kindes an und 15 % fehlende Betreuungspersonen zur Versorgung ihrer Kinder.

Von besonderem Interesse erweisen sich in diesem Kontext die Zahlen der Kinder, die ohne Betreuung auskommen müssen. In der Untersuchung von Rückert und Votteler (1984) konnte gezeigt werden, daß 34 % der unter Dreijährigen zwei Stunden täglich ohne Betreuung auskommen mußten. Der Anteil der drei- bis sechsjährigen Kinder, die bis zu einer Stunde täglich ohne Betreuung blieben, betrug 57 %. Immerhin jedes vierte Kind blieb zwei Stunden täglich alleine und etwa 16 % der Kinder waren mehr als drei Stunden täglich auf sich selbst angewiesen.

Die neuere soziologische Forschung hat vielfach bestätigt, daß Frauen nicht ihre Identität vom Beruf oder von der Familie definieren lassen möchten. Vielmehr treten sie für eine Vereinbarkeit von Familie und Beruf ein und sind in der Lage, beide Verantwortungsbereiche erfolgreich zu integrieren, wenn ihnen die hierfür geeigneten Rahmenbedingungen geboten werden. Auf die Dauer wird es entscheidend sein, ob dies gelingen wird. Gerade in diesem Zusammenhang wird der Bereitstellung qualitativer, familienergänzender und -begleitender Betreuungsmodelle eine Schlüsselrolle zukommen. Familiale Strukturveränderungen aufgrund der Zunahme von kinderlosen Ehen, Ein-Kind-Familien, nichtehelichen Lebensgemeinschaften und alleinerziehender Elternschaft sowie grundlegende Veränderungen in den Zusammenhängen zwischen den verschiedenen Systemebenen beinhalten eine Vielzahl spezifischer neuer Anforderungen, die von der künftigen Elementarerziehung berücksichtigt werden müssen. Konsequenzen ergeben sich hierbei in theoretischer und konzeptioneller Hinsicht, in bezug auf den quantitativen und qualitativen Ausbau von Betreuungsformen (einschließlich Veränderungen in Ausblildung, Curriculum und Organisation), in bezug auf mögliche Formen der Elternbeteiligung, im Hinblick auf Modellversuche und Forschungsstrategien und schließlich hinsichtlich notwendiger politischer Forderungen.

III

Bei den genannten Konsequenzen geht es vorrangig nicht darum, punktuelle Verbesserungen zu erreichen, so wichtig diese für sich genommen auch sein können. Vielmehr muß es darum gehen, Aspekte im systemischen Sinn anzudeuten, die zugleich Ebenen der Veränderung und Neuorientierung der Elementarerziehung darstellen.

1. Systemische Orientierung in der Frühpädagogik: Zu Beginn wurde darauf hingewiesen, daß in den zurückliegenden Jahren eine Elementarerziehung etabliert wurde, die sich allzusehr auf die Institution Kindergarten konzentriert hat. Entwicklungen, die in den anderen Systemebenen stattgefunden haben, wurden demnach kaum berücksichtigt und Veränderungen innerhalb der institutionalisierten Erziehung hinsichtlich ihrer Wechselwirkungen auf andere Systeme nicht hinterfragt. Eine Ausnahme bildeten lediglich Systemzusammenhänge zwischen Kindergarten einerseits und Familie bzw. Schule andererseits. In beiden Fällen blieben jedoch diese Bemühungen in der Regel ohne direkten Bezug zur Systemtheorie. Obwohl die systemtheoretische Betrachtungsweise in anderen Disziplinen weit verbreitet ist, finden sich erst in den letzten drei Jahren einige Bemühungen, dieses Gedankengut auf die pädagogische Forschung zu übertragen (Wehrmann & Seehausen, 1989; Fthenakis, 1988; Huschke-Rhein, 1988; Peters & Kontos, 1987). Wie notwendig es ist, pädagogische Fragestellungen unter systemtheoretischen Aspekten zu betrachten und zu untersuchen, soll an einem Beispiel verdeutlicht werden.

Die Forschung interessiert sich heute für die Feinstrukturen der wechselseitigen Prozesse zwischen Eltern und Kindern, aber auch zwischen Institutionen, die verschiedenen Systemebenen angehören. Gegen Ende der siebziger Jahre kam in der kinderpsychologischen Forschung der Begriff des "kompetenten Babys" auf. In diesem Sinne wird das Kind als ein aktiver Organismus angesehen, der sich in einer Wechselwirkung zu den Personen seiner Umwelt befindet. Die Eltern beeinflussen ihre Kinder, aber auch die Kinder beeinflussen und verändern ihre Eltern. Die Beschäftigung mit diesen z.T. sich sehr fein abspielenden Prozessen hat unser Verständnis von kindlicher Entwicklung verändert. Und es sind, wie Rauh vor kurzem sagte, "vermutlich eher diese feinen Prozesse und ihre Qualität als die großen und dramatischen Ereignisse im Leben eines Kindes, die längerfristig seine weitere soziale und emotionale Entwicklung bestimmen" (Rauh, 1989). Eine systemtheoretische Betrachtung lenkt unseren Blick auf die zwischen Kindern und Erziehern, aber auch auf die unter den Kindern untereinander ablaufenden Prozesse dieser Art, die letztendlich - neben der Qualität des pädagogischen Angebotes - die Erziehungsqualität ausmachen.

Seit etwa drei Jahren wendet sich auch die pädagogische Forschung verstärkt jenen Prozessen zu, die sich als Wechselwirkungen zwischen den verschiedenen Systemenebenen definieren lassen. Eine der interessantesten Einsichten der neueren Forschung auf dem Gebiet der außerfamilialen Betreuung von Kleinstkindern ist die Erkenntnis, daß häusliche Umgebung und Tagesbetreuung in Wechselwirkung miteinander stehen (Philips & Howes, 1987). Einige Faktoren der häuslichen Umgebung erwiesen sich dabei von besonderem Interesse, etwa die emotionale Befindlichkeit der Eltern, ihre Kompetenzen, die Kompetenzen des Kindes, der sozioökonomische Status und die Familienstruktur. Diese waren nicht nur für die Wahl des Betreuungsmodells, sondern auch für dessen Erfolg mitverantwortlich. Zahlreiche Charakteristika von Müttern, Kindern, familialer Umgebung und sozialer Faktoren beeinflussen die Entscheidung von Eltern, ihr Kind im frühen Alter zur Tagesbetreuung zu bringen. Demnach können Zusammenhänge zwischen kindlichen Erfahrungen mit früh erfolgender Tagesbetreuung und späteren Anpassungsproblemen aus diesen Faktoren resultieren und nicht aus der Pflegeerfahrung selbst.

Aber auch umgekehrt gilt: Eine qualitativ gute Betreuung und Erziehung des Kindes in einer Einrichtung kann Auswirkungen auf das Eltern-Kind-Verhältnis haben (Fthenakis, 1989 a, 1989 b). In der Berliner Untersuchung zur Bindungsqualität von Krippenkindern (Rottmann & Ziegenhain, 1988; Rauh, Rottmann & Ziegenhain, 1988) konnte gezeigt werden, daß 23% der Kinder mit unsicherer Bindung zu einer sicheren Bindung wechselten. Die Autoren folgern aus ihrer Studie: "Als Faustregel läßt sich aus diesen Ergebnissen ableiten, daß durch oder trotz Krippenerfahrung entweder eine bereits vor Krippeneintritt entstandene positive Bindung zur Mutter erhalten bleibt oder die Kinder zu einer sicheren Bindung hin wechseln".

Eines der markantesten Beispiele in der Elementarerziehung, die einen Mangel an systemtheoretischem Denken erkennen lassen, ist die Flexibilisierungsdebatte und die Einseitigkeit, mit der sie bislang geführt wurde. Daß auch systemtheoretische Überlegungen hinsichtlich der Beziehungen zwischen verschiedenen Systemebenen angestellt werden können, zeigt sich in Bemühungen, wie sie in Hessen mit Erfolg initiiert wurden und in denen die Systemzusammenhänge zwischen Arbeitswelt und institutioneller Förderung untersucht werden.

Eine konsequente Durchsetzung systemtheoretischen Gedankenguts wird helfen, nicht nur der Komplexität der hier zur Diskussion anstehenden Fragen gerecht zu werden, sondern auch das Interesse auf die Wechselwirkungen zwischen den System- und Subsystemebenen zu lenken und die Auswirkungen unseres pädagogischen Handelns nicht nur im engen institutionellen Rahmen wie bislang zu untersuchen.

2. Entwicklung einer übergreifenden Konzeption der Pädagogik der frühen Kindheit: Eine systemorientierte Betrachtungsweise der Elementarerziehung führt konsequenterweise dazu, eine übergreifende pädagogische Konzeption zu entwerfen, die zeitlich von den ersten Lebensmonaten bis zum Eintritt in die Grundschule führt und die, was die außerfamiliale Betreuung anbetrifft, darüber hinausgeht. Die weitgehend unabhängige Entwicklung der Förderungssysteme: Krippe, Kindergarten, Schule und anderer Institutionen der außerfamilialen Betreuung, formeller wie semiformeller Art, haben zu einer fehlenden Kohärenz zwischen diesen verschiedenen Formen der kindlichen Erziehung und Betreuung geführt, wie es deutlich der von Peter Moss für die Länder der Europäischen Gemeinschaft erstellte Bericht zeigt (Moss, 1988). Dringend benötigt wird eine neue Konzeption von Früherziehung, die Elemente von Betreuung, Erziehung und Bildung in allen Phasen der kindlichen Entwicklung integriert und die künstliche Polarisierung zwischen Bildung und Betreuung überwinden läßt. Es gibt keine gute Betreuung von Kindern, in der Bildungs-und Förderungsinhalte fehlen, und keine Bildungsbemühungen, die frei von Betreuungsmomenten sind. Die Frage der Bildung im Sinne einer entwicklungsadäquaten Stimulierung und Förderung des Kindes darf nicht erst mit dem Eintritt in den Kindergarten gestellt werden.

3. Ausbau außerfamilialer Betreuungsmodelle: Vor diesem Hintergrund erscheint es folgerichtig, neben allen Maßnahmen, die die Übernahme von Erziehungsverantwortung durch kompetente Eltern ermöglichen, den *Ausbau von außerfamilialen Betreuungseinrichtungen* in der angedeuteten integrativen Art zu fördern. Dies trifft - wie die Bundesvereinigung Evangelischer Kindertagesstätten e.V. zur Erziehung und Bedeutung von Kindern unter drei Jahren vor kurzem gefordert hat - vor allem für Kleinstkinder zu.

Der Mangel an öffentlich geförderten Plätzen für Kleinstkinder ist offenkundig. Ende 1986 reichte das Angebot für Kinder unter drei Jahren höchstens für 3% aller Kinder dieser Altersstufen. Berücksichtigt man nur Kinder, deren Mütter erwerbstätig sind oder die mit einem erwerbstätigen alleinerziehenden Elternteil zusammenleben, so sind für nur 8% dieser Kinder öffentliche Plätze vorhanden (Schneider, 1988). Damit gehört die Bundesrepublik Deutschland von allen Mitgliedsstaaten der Europäischen Gemeinschaft zu den Ländern mit den niedrigsten Versorgungsquoten, wie auch der Bericht von Peter Moss (1988). Ähnliches gilt für die Versorgung mit Hortplätzen, die in Bayern bei den 6- bis unter 15jährigen Kindern knapp unter 2% liegen.

Aber auch für Kinder im Kindergartenalter bestehen nach wie vor im institutionellen und noch mehr im außerinstitutionellen Bereich erhebliche Versorgungsdefizite. Für fast 20% der drei bis sechsjährigen Kinder fehlen in Bayern noch Plätze, und es bestehen erhebliche regionale Versorgungslücken. Hinzu kommen Fälle der Doppelbelegung - ca. 80 000 Kinder teilen sich 40 000 Ganztagsplätze - sowie Einrichtungen mit für Erzieher oft unzumutbaren Rahmenbedingungen. Völlig unterentwickelt ist das Versorgungssystem für Kinder im vorschulischen Alter außerhalb der Institution Kindergarten. Hier wartet man mit Interesse auf die Ergebnisse einer bundesweiten repräsentativen Erhebung, die vom BMJFFG finanziert wird.

Seit Mitte der achtziger Jahre erleben wir eine zweite Phase des verstärkten öffentlichen Interesses an der außerfamilialen Betreuung von Kindern. Im Vergleich zur ersten Phase, Anfang der siebziger Jahre, hat sich der politische Fokus verändert: Diesmal stehen nicht bildungspolitische Zielsetzungen, sondern familienpolitische Realitäten und z.T. Ideologien im Vordergrund.

4. Reform der Ausbildung: Daß die *Ausbildung von Erziehern* heute zu wünschen übrig läßt, darüber dürfte Konsens bestehen. In den letzten Jahren haben nicht nur die Erzieher auf sich selbst aufmerksam gemacht; auch manche Institutionen und einzelne Kollegen haben auf die drohende Gefahr hingewiesen, die aus einer bislang ausgebliebenen Reform der Erzieherausbildung resultiert. Die Diskussionen umfassen Fragen des Vorpraktikums (Arbeitsgemeinschaft für Bayerische Fachakademien für Sozialpädagogik, 1988), der Zugangsvoraussetzungen (Lademann, 1988; Lütkemeier, 1989) sowie der inhaltlichen Gestaltung der Erzieherausbildung (Bundesarbeitsgemeinschaft katholischer Ausbildungsstätten für Erzieher, 1988; DPWV,

1989; Wolf, 1988, Ebert, 1988, Fischer,1980; Küppers, 1989). Bei einer zusammenfassenden Würdigung des Diskussionsstandes zur Erzieherausbildung gelangt man zu der Erkenntnis, daß sie derzeit auf breiter Basis nicht thematisiert wird. Es muß deshalb im Interesse der Kinder, der Elementarerziehung und der für sie verantwortlichen Erzieher eine Ausbildung gefordert werden, die den gewachsenen und veränderten Aufgabenstellungen der Elementarerziehung gerecht wird. Daß sich daraus sowohl inhaltliche als auch organisatorische Konsequenzen ergeben, versteht sich von selbst. Die Bundesrepublik Deutschland würde auf diese Weise dem Beispiel anderer Länder der EG folgen, die längst erkannt haben, daß komplexe Aufgaben wie die Bildung, Erziehung und Betreuung von Kleinkindern nicht mit dem niedrigsten Qualifikationsniveau bewältigt werden können und dürfen. Ziel einer reformierten Ausbildung sollte die Entwicklung eines Qualifikationsprofils für einen Pädagogen sein, der für den gesamten Elementarbereich - also für null- bis sechsjährige und für eine außerschulische Betreuung schulpflichtiger Kinder - kompetent und einsatzbereit sein sollte.

Als Übergangsmodell bis zur Durchsetzung der Ausbildungsreform wäre für die in der Praxis tätigen Erzieher ein intensives und umfassendes Fortbildungsprogramm mit tarifrechtlichen Auswirkungen zu fordern.

5. Schaffung neuer Förderungsprogramme: Es ist notwendig, sequentielle Förderungsansätze zu entwickeln, die dem Kind in allen Bereichen der Entwicklung gerecht werden. Diese müssen die soziale und familiale Realität zur Kenntnis nehmen und nicht lediglich einer, von welcher Seite aus auch immer propagierten Form familialer Organisation entsprechen. Darüber hinaus wird die Frage zu beantworten sein, wie die Qualitätskontrolle dieser Ansätze zu erfolgen hat. Verstärkte Evaluationsbemühungen müssen künftig in den Vordergrund treten, und die bislang auf diesem Gebiet geübte Abstinenz ist im Interesse der Elementarerziehung und derer, die sie verantworten, aufzugeben. Die jeweiligen Träger sollten sich verpflichtet fühlen, den Einsatz solcher Curricula im Sinne einer permanenten Rückkoppelung und Evaluation gemeinsam mit den Erziehern zu begleiten. Auf diese Weise könnte man zu einem neuen Ansatz einer Differenzierung kommen und zugleich z.B. überprüfen, ob das Prinzip der Altersmischung die in es gesetzten Erwartungen tatsächlich erfüllt.

6. Neue Formen der Förderungsorganisation: Es muß nach neuen Formen der *Organisation der Förderung* gesucht werden. Diese betreffen nicht nur die Binnenorganisation im Kindergarten, sondern und vor allem die Systemzusammenhänge sowohl zwischen formellen als auch zwischen semi- und informellen Betreuungsformen. Es ist das Ergebnis einer auf Bildungsziele ausgerichteten Elementarerziehung, zwar die vertikale Kontinuität nach oben, nämlich zur Grundschule hin thematisiert, jedoch die vertikale Kontinuität nach unten, nämlich zur Krippe hin vernachlässigt zu haben. Was benötigt wird, ist nicht nur die Überwindung der Diskontinuität zwischen den verschiedenen Betreuungsdiensten, sondern der Entwurf einer Gesamtkonzeption der frühkindlichen Erziehung und Betreuung. In der gegenwärtigen Diskussion werden die Anschluß- bzw. Nachfolgeeinrichtungen zu wenig berücksichtigt. Es erscheint notwendig, eine Gesamtperspektive hinsichtlich der kindlichen Entwicklung einzunehmen, also bezüglich der Betreuung von der Krippe bis zum Hort, die möglichst nicht mehr in getrennten Institutionen stattfindet.

Die veränderten familialen Rahmenbedingungen lassen den Kindergarten heute als einen Ort erscheinen, wo kindgemäße Angebote und Spielpartner zu finden sind. Ähnliches gilt für Eltern, indem zunehmend über den Kindergarten Kontakte zu anderen Eltern entstehen. Der Kindergarten sollte der Ort der Erleichterung der Organisation von Selbsthilfe sein sowie für viele Fragen der Ort der Beratung. Dies ist besonders vor dem Hintergrund zunehmender mütterlicher Erwerbstätigkeit und Instabilität familialer Strukturen und Beziehungen von Bedeutung.

Als letztes soll auf die Folgen der Aufnahmekriterien hingewiesen werden, die zumindest in Ballungsgebieten und einzelnen Einrichtungen eine nicht unbedenkliche Selektion von Kindern aus bestimmten familialen und kulturellen Verhältnissen bedingen. Diese Kinder können dann zu wenig Erfahrungen mit solchen Kindern sammeln, die nicht derartigen Belastungen ausgesetzt sind.

7. *Stärkere Beteiligung der Eltern*: Die Elternbeteiligung hat in vielen Orten der Bundesrepublik Deutschland an Bedeutung gewonnen und immer mehr Kindergärten sind dafür aufgeschlossen, Mütter und Väter in die Förderung einzubeziehen und nach neuen Formen der Zusammenarbeit mit Eltern zu suchen. Dennoch scheint es an der Zeit, die Frage aufzuwerfen, ob diese Zusammenarbeit nicht auch auf Eltern ausgedehnt werden sollte, deren Kinder erst später in den Kindergarten aufgenommen werden oder auf Eltern, die Eltern-Kind-Gruppen auf semiformeller Basis organisieren, um mit Erziehern des Kindergartens stärker zusammenzuarbeiten. Die Debatte um die außerfamiliale Betreuung von Kleinstkindern, wie sie in diesem Jahr vehement geführt wurde, hat deutlich gezeigt, daß Fragen der Erziehung und Betreuung ihrer Kinder Mütter und Väter zentral berühren. Dies sollte stärker als bislang im Interesse des Ausbaus solcher Betreuungsmodelle, aber auch im Interesse einer stärkeren Zusammenarbeit genutzt werden.

8. Eine neue Politik für das Kind: Die Elementarerziehung hat in den achtziger Jahren nicht mehr das politische und z.T. auch nicht das öffentliche Interesse erfahren, das ihr gebührt. Die Reform hat die erwarteten Früchte für manche nicht erbracht, obwohl diese Frage für die Bundesrepublik Deutschland faktisch nicht zuverlässig beantwortet werden kann. Es fehlen geeignete Längsschnittstudien, durch die ein solcher Nachweis hätte erbracht werden können. Die vorwiegend handlungsorientierten Ansätze haben mittelbar durch die Ausschließlichkeit ihres Einsatzes zu dieser Misere beigetragen.

Benötigt wird eine neue Politik für die Betreuung und Förderung aller Kleinkinder. Die Schaffung ausreichender Betreuungsangebote für Kinder (berufstätiger wie nichtberufstätiger Eltern) unter drei Jahren ist eine dringende und nicht mehr aufschiebbare Aufgabe. Die Verpflichtung des Staates, jedem Kind einen Kindergartenplatz zu garantieren, müßte eine längst fällige Maßnahme sein.

Alle diese geforderten Maßnahmen werden allerdings ihr Ziel verfehlen, wenn es nicht gelingt, die öffentliche Meinung erneut für diese Thematik zu sensibilisieren und eine neue, breite Bewegung für die Anliegen unserer kleinen Kinder in Gang zu setzen.

9. Vielfalt der Angebote und freie Trägerschaft: Nicht zuletzt als differenzierte Antwort auf pluralistische gesellschaftliche Bedürfnisse gilt es, die Vielfalt des Angebots auf der bislang bewährten Grundlage der freien Trägerschaft aufrechtzuerhalten und den staatlichen Eingriff auf die Bereitstellung von Rahmenbedingungen einzuschränken, die es erlauben, eine für Kinder und Familie qualitativ hochwertige Erziehungs-, Bildungs- und Betreuungsarbeit zu leisten.

Die veränderten familialen und kontextuellen Rahmenbedingungen, unter denen heute Kinder aufwachsen und Erziehung organisiert werden muß, erfordern Veränderungen auf mehreren Ebenen, wenn man der Förderung unserer Kinder gerecht werden möchte. Mit einigen Beispielen wurde versucht, diese Ebenen anzudeuten und auf die Komplexität der anstehenden Aufgaben hinzuweisen. Diese in eine Konzeption einzubetten, die über alle Stufen der Entwicklung in der frühen Kindheit hinweg die Aspekte Betreuung, Erziehung und Bildung integriert, stellt die größte Herausforderung und zugleich die Chance für eine kind- und familiengerechte Gestaltung unserer Arbeit für und mit Kindern und Familien dar. In diesem Sinne ist für eine Reform der Elementarerziehung einzutreten. Und in diesem Sinne liegt die Zeit der Reform der Erziehung von Kleinkindern nicht hinter, sondern größtenteils vor uns.

Literatur

Arbeitsgemeinschaft für Bayerische Fachakademien für Sozialpädagogik (Hrsg.) (1988). Memorandum zum Berufsbild und der Ausbildung des Erziehers. In: Treffpunkt Kindergarten/Forum Sozialpädagogik, (3), 7-8.

Bloom, B.S. (1964). Stability and change in human characteristics. New York: Wiley.

Bundesarbeitsgemeinschaft katholischer Ausbildungsstätten für Erzieher (Hrsg.) (1988). Sozialpädagogik auf dem Weg ins Jahr 2000. Perspektiven für die Erzieherausbildung. Dokumentation, Direktorenkonferenz 1988. Freiburg.

Deutscher Paritätischer Wohlfahrtsverband (Hrsg.)(1989). Auszug aus dem Protokoll der Tagung "Mütter haben schon immer gearbeitet...", 5.4.1989 in München.

Ebert, S. (1988). Erzieherausbildung als Persönlichkeitsbildung. Sozialpädagogische Blätter, 39, (5/6), 153-161.

Erler, G., Jaeckel, M., Pettinger R., Sass J. (1988). Brigitte Untersuchung 1988. Kind? Beruf? oder Beides? Redaktion Brigitte Hamburg (Hrsg.), DJI München.

Fischer, H. (1980). Identität in der Erzieherausbildung. Ansätze einer handlungsorientierten Ausbildungsdidaktik. Düsseldorf:Patmos.

Fthenakis, W.E. (1985). Väter - Zur Psychologie der Vater-Kind-Beziehung. Band I. Vater-Kind-Beziehung in verschiedenen Familienstrkturen. Band II. München: Urban & Schwarzenberg

Fthenakis, W.E. (1988). Zur Entwicklung frühkindlicher Erfahrungen - Kontinuität versus Diskontinuität in der kindlichen Entwicklung. Zeitschrift für Pädagogik, 23. Beiheft. Erziehung und Bildung als öffentliche Aufgabe (S.262-265). Weinheim & Basel: Beltz.

Fthenakis, W.E. (1989a). Auswirkungen mütterlicher Berufstätigkeit auf die kindliche Entwicklung. München: unveröffentl. Ms.

Fthenakis, W.E. (1989b). Mütterliche Berufstätigkeit, außerfamiliale Betreuung und Entwicklung des (Klein-)Kindes - aus kinderpsychologischer Sicht. Zeitschrift für Familienforschung, 1, (2), 5-27.

Furstenberg, F. (1987). Fortsetzungsehen. Ein neues Lebensmuster und seine Folgen. Soziale Welt, 29-39.

Hunt, J.McV. (1961). Intelligence and experience. New York: Roland Press.

Hunt, J.McV. (1964). The psychological basis for using preschool enrichment as an antidote for cultural deprivation. Merrill-Palmer Quarterly, 10, 209-248.

Hunt, J. McV. (1969). The challenge of incompetence and poverty. Urbana, Illinois: University of Illinois Press.

Huschke-Rhein, R. (1988). Systemische Pädagogik. Bd.1: Systempädagogische Wissenschaftslehre als Bildungslehre im Atomzeitalter. Köln: Rhein.

Krüger, R. (1977). Die altersgemischte Gruppe in der Vorschulerziehung. Störfaktor oder pädagogische Notwendigkeit? Sozialpädagogische Blätter, 28, (2), 97-103.

Kruse, A. (1989). Das Kind im Jahre 2000 und danach. In BMJFFG (Hrsg.): 40 Jahre Bundesrepublik Deutschland. Zur Zukunft von Familie und Kindheit (S.57-66). Bonn

Küppers, H. (1989). Das Chaos beginnt erst! Bildung und Politik, (10), 12-13.

Lademann, B.G. (1988). Aktuelle Probleme der Erzieherausbildung in Hamburg. Sozialpädagogische Blätter, 39, (5/6), 148-153.

Lehr, U., Wingen, M., Wilbers, J. & Cornelius, I. (1988). Veränderte Familienstrukturen und ihre Bedeutung für den älteren Menschen von morgen. In: Staatsministerium Baden-Württemberg (Hrsg.): Altern als Chance und Herausforderung (S.99-108). Stuttgart.

Lütkemeier, W. (1989). Genügt das Niveau der Erzieherausbildung? Treffpunkt Kindergarten/Forum Sozialpädagogik, (2), 5-7.

Mangione, P.L. (1982). Merkmale der Interaktionen zwischen gleichaltrigen und nicht-gleichaltrigen Kindern. Zeitschrift f. Entwicklungspsychologie u. Pädagogische Psychologie, XIV, (2), 110-124.

Moss, P. (1988). Childcare and Equality of Opportunity. Consolidated Report to the European Commission. April 1988.

Nauck, B. (1987). Erwerbstätigkeit und Familienstruktur. Eine empirische Analyse des Einflusses außerfamiliärer Ressourcen auf die Interaktionsstruktur und die Belastung von Vätern und Müttern im Familienzyklus. Weinheim: Beltz.

Nave-Herz, R. (1988). Kinderlose Ehen. Eine empirische Studie über die Lebenssituation kinderloser Ehepaare und die Gründe für die Kinderlosigkeit. Weinheim, München.

Nave-Herz, R. (1989). Familiale Lebensformen in der Bundesrepublik Deutschland. In BMJFFG (Hrsg.): 40 Jahre Bundesrepublik Deutschland. Zur Zukunft von Familie und Kindheit (S.49-56). Bonn.

Neubauer, E. (1988). Alleinerziehende Mütter und Väter - eine Analyse der Gesamtsituation. Schriftenreihe des Bundesministers für Jugend, Familie, Frauen und Gesundheit. Stuttgart, Berlin, Köln, Mainz: Kohlhammer.

Peters, D.L. & Kontos, S. (1987). Continuity and Discontinuity of Experience: An Intervention Perspective. In D.L. Peters & S. Kontos (Eds.): Continuity and Discontinuity of Experience in Child Care. Annual Advances in Applied Developmental Psychology, Vol.2. (pp.1-16). Norwood, N.J.: Ablex.

Philips. D. & Howes, C. (1987). Indicators of quality child care. Review of research. In: D.A. Philips (Ed.): Quality in child care: What does research tell us? (pp.1-19). Washington, DC: National Association for the Education of Young Children.

Rauh, H. (1989). Zur Entwicklung des Sozialverhaltens bei Kleinkindern. In BMJFFG (Hrsg.): 40 Jahre Bundesrepublik Deutschland. Zur Zukunft von Familie und Kindheit (S.75-85). Bonn.

Rauh, H., Rottmann, U. & Ziegenhain, J. (1988). Day care: Infants' adaption to a new setting. Vortrag, 5th Australian Developmental Conference, Sydney, august 1988. Berlin (West): Institut für Pschologie, Freie Universität Berlin.

Rottmann, U. & Ziegenhain, U. (1988). Bindungsbeziehung und außer familiale Tagesbetreuung im frühen Kindesalter. Die Eingewöhnung einjähriger Kinder in die Krippe. (Dissertation). Berlin (West): Fachbereich Erziehungswissenschaften, Freie Universität Berlin.

Rückert, G.-R., & Votteler, M. (1985).Die Erwerbstätigkeit von Müttern und die Betreuung ihrer Kinder in Baden-Württemberg. Materialien und Berichte der Familienwissenschaftlichen Forschungsstelle im Statistischen landesamt Baden-Württemberg, Heft 13.

Schneider, K. (1988). Kinder unter 3 im Zahlenspiegel. Informationsdienst (Deutsches Jugendinstitut), 1/1988.

Schütze, Y. (1989). Individualisierung und Familienentwicklung im Lebenslauf. In: BMJFFG (Hrsg.): 40 Jahre Bundesrepublik Deutschland. Zur Zukunft von Familie und Kindheit (S.57-6). Bonn.

Schwarz, K. (1984). Eltern und Kinder in unvollständigen Familien. Zeitschrift für Bevölkerungswissenschaft, 3-36.

Wehrmann, I. & Seehausen, H. (Hrsg.) (1989). Kindgerechte Arbeitszeitgestaltung. Kinder, Erwachsene, Institutionen im Interessenkonflikt? Bremen: Landesverband für Evang. Kindertagesstätten.

Wilbers, J. (1988). Singularisierung. Ein theoretischer Beitrag zur Gerontologie. Vortrag, XVII: Jahrestagung der Deutschen Gesellschaft für Gerentologie, Kassel.

Wolf, D.H. (1988). Fortbildung schon in der Ausbildung? Unsere Jugend, 40, (4), 169-170.

Zapf, W., Breuer, S., Hampel, J., Krause, P., Kohr, H.- M. (1987). Individualisierung und Sicherheit. Untersuchungen zur Lebensqualität in der Bundesrepublik Deutschland. München: Beck.

AUTORENVERZEICHNIS

Hermann Abel
Bürgermeister der Gemeinde Engelsberg (Landkreis Traunstein)

Dorothea Bildstein-Hank
Fachreferentin beim Bayerischen Landesverband Katholischer Kindertagesstätten

Hanna Cramer
Leiterin des Referats Kinderhilfe beim Deutschen Paritätischen Wohlfahrtsverband, Landesverband Bayern

Hedi Colberg-Schrader
Wissenschaftliche Referentin beim Deutschen Jugendinstitut, München

Ulrich Diekmeyer, Dipl.Psych.
Abteilungsleiter am Staatsinstitut für Frühpädagogik und Familienforschung, München

Prof. Dr. Luis Erler
Ordinarius am Lehrstuhl für Elementar- und Familienpädagogik der Otto-Friedrich-Universität Bamberg

Dr. Günther Erning
Oberstudienrat am Lehrstuhl für Elementar- und Familienpädagogik der Otto-Friedrich-Universität Bamberg

Anton Forster
Bürgermeister der Stadt Spalt (Landkreis Roth)

Prof.Dr.Dr.Dr. Wassilios E. Fthenakis
Direktor des Staatsinstituts für Frühpädagogik und Familienforschung, München

Dr. Josef Hederer
Stadtdirektor, Schulreferat der Landeshauptstadt München

Prof. Dr. Helmut Heiland
Universitätsprofessor im Fachbereich Erziehungswissenschaft-Psychologie-Sport der Universität-Gesamthochschule-Duisburg

Prof.Dr.Dr.h.c. Theodor Hellbrügge
Direktor des Kinderzentrums München und Leiter des Instituts für Soziale Pädiatrie und Jugendmedizin der Universität München

Ministerialrätin Rita Kagerer
Staatsministerium für Unterricht und Kultus, München

Sybille Klings
Referatsleiterin des Kindergartenreferats beim Caritasverband Nürnberg

Ministerialrat Raimund Külb
Staatsministerium für Unterricht und Kultus, München

Peter Kuner
Pfarrer in Bad Krotzingen - Schlatt
Dozent an der Fachschule für Sozialpädagogik in Freiburg

Werner Lachenmaier, Dipl.Soz.
Referent am Staatsinstitut für Frühpädagogik und Familienforschung, München

Ilse Lehner
Referentin am Staatsinstitut für Frühpädagogik und Familienforschung, München

Albert Loichinger
Stadtschulrat der Landeshauptstadt München

Franz Minnerrath
Referatsleiter des Kindergartenreferats der Diözese Augsburg

Dr. Bernhard Nagel, Dipl.Psych.
Abteilungsleiter am Staatsinstitut für Frühpädagogik und Familienforschung, München

Helmut Neuberger
Referent für Eltern- und Familienarbeit beim Diakonischen Werk der Evangelisch-Lutherischen Kirche in Bayern

Pamela Oberhuemer
Referentin am Staatsinstitut für Frühpädagogik und Familienforschung, München

Gabriele Segerer
Mitarbeiterin beim Deutschen Paritätischen Wohlfahrtsverband, Landesverband Bayern

Christine Simmerding
Fachberaterin beim Kindergartenreferat der Diözese Augsburg

Wolfgang Stöger
Stellvertretender Referatsleiter des Sozialreferats und Referent für Jugend- und Arbeitsmarktpolitik der Arbeiterwohlfahrt, Landesverband Bayern

Dr. Michaela Ulich
Referentin am Staatsinstitut für Frühpädagogik und Familienforschung, München

Dr. Klaus Wagner
Leiter des Jugendamtes der Stadt Nürnberg